U0556687

文联版
http://www.clapnet.cn

纪念中国人民抗日战争暨世界反法西斯战争胜利70周年重点出版物

中国·四川抗战文化研究丛书

◉苏 宁 著

中国·四川抗战时期的美学家研究

Research on Aestheticians of Sichuan in China During the Period of Counter-Japanese War

图书在版编目（CIP）数据

中国·四川抗战时期的美学家研究/苏宁著. —北京：中国文联出版社，2015. 9
（中国·四川抗战文化研究丛书）
ISBN 978-7-5190-0373-9

Ⅰ. ①中… Ⅱ. ①苏… Ⅲ. ①美学—社会科学家—人物研究—中国—1937～1945
Ⅳ. ①K825.1

中国版本图书馆CIP数据核字(2015)第216543号

中国·四川抗战时期的美学家研究

作　　者：苅　宁

出 版 人：朱　庆
终 审 人：奚耀华　　复 审 人：蒋　泥
责任编辑：蒋爱民　褚雅越　　责任校对：师自运
封面设计：小宝书装　　责任印制：陈　晨

出版发行：中国文联出版社
地　　址：北京市朝阳区农展馆南里 10 号，100125
电　　话：010-65389682（咨询）65067803（发行）65389150（邮购）
传　　真：010-65933115（总编室），010-65033859（发行部）
网　　址：http://www.clapnet.cn
E - mail：clap@clapnet.cn　　chuyy@ clapnet.cn

印　　刷：中煤涿州制图印刷厂北京分厂
装　　订：中煤涿州制图印刷厂北京分厂
法律顾问：北京市天驰洪范律师事务所徐波律师
本书如有破损、缺页、装订错误，请与本社联系调换

开　　本：710×1000　　1/16
字　　数：306千字　　印 张：19.25
版　　次：2015 年 9 月第 1 版　　印 次：2015 年 9 月第 1 次印刷
书　　号：978-7-5190-0373-9
定　　价：62.00元

版权所有 翻印必究

中共四川省委宣传部、四川省社会科学院重大课题

中国·四川抗战文化研究丛书

编委会

总顾问：陶武先

主　任：李后强　侯水平

副主任：李明泉　苏　宁

编　委（按姓氏笔画排序）：

王骏飞　文天行　冯宪光　向宝云

苏　宁　苏光文　李北东　李建平

陈思广　姜　建　段从学　魏红珊

总　序

李后强

文化是民族的灵魂和血脉，在危难时期往往能释放出巨大的能量。

今年是抗日战争胜利70周年。这场战争起于1931年9月，止于1945年9月。旷日持久的战争给中国人民带来了巨大的灾难。冰冷的刺刀、震耳的炮声、凌厉的炸弹，殷红的鲜血、残断的尸体、焦黑的废墟，深深地铭刻在中国人民的记忆中。中华民族到了生死存亡的关头，神州大地到处燃烧起反侵略的烈焰，抗日民族统一战线的旗帜升起来了。抗日战争是中国近代抗击外敌入侵第一次取得完全胜利的民族解放斗争。四川作为抗战大后方，为抗战胜利付出了巨大牺牲，做出了重大贡献：当时四川总人口4000万，近350万川军中伤亡64万人。抗战初期川军出川时，各界普遍认为这是当时中国“最糟糕的军队”。然而，就是这支“最糟糕的军队”，从1937年的“淞沪会战”开始，几乎无役不与，无仗不惨烈。到抗战后期，曾经“最糟糕的部队”得到的评价是“川军能战”“无川不成军”的赞誉。抗日战争留下了光耀千秋的抗战文化。

1945年，中共中央机关报《新华日报》曾发表《感谢四川人民》的社论，称赞四川是“历史上最大规模的民族战争之大后方的主要基地”，称赞四川人民“对于正面战场，是尽了最大最重要的责任”。此外，由于国土的大批沦陷和国民政府迁都，大批工厂、学校、文化单位西迁入川，四川成为抗战时期中国的政治文化中心。在漫长的抗战岁月中，在中国共产党领导下，伴随着民族统一战线的形成和民族解放战争的推进，形成了波澜壮阔而又独具特色的四川抗战文化。抗战时期，四川成为世界反法西斯战争的指挥中心之一，成为大后方的政治、经济、军事、文化中心，成为世界反法西斯统一战线与中国抗日民族统一战线的交汇点，为二战的胜利和民族解放战争的胜利做出历史性的贡献。尘封了大半个世纪的抗战文化，是四川宝贵的精神文化财富。

四川抗战文化不仅具有四川特色，还具有全国影响和世界意义，是中国现代史研究内容的重要方面。从中国现代文化发展史来看，四川抗战文化是中国现代文化发展中最为辉煌的阶段，具有里程碑的意义。四川是大后方核心之地，也是抗战文化的主战场。可以说，把四川抗战文化搞清楚了，大后方的抗战文化就基本搞清楚了，对于我国抗战文化的研究无疑具有重大的意义。

中国现代文化的发展经历了漫长的历史过程，但比较而言，抗战时期更为辉煌。西南是抗战的大后方，陪都在重庆。四川的地位举足轻重，抗战文化的重点在四川。战争会毁灭文化，这在国际上不乏范例。可中国的抗日战争不仅没有使我们的民族文化毁灭，还促进了中国现代文化的发展。四川的抗战文化在战火硝烟中谱写出历史新篇章，这正是中国文化强大生命力的表现。

抗日战争的胜利是中华民族文武两条战线的胜利。文化战线的抗战文化，启发了民众的觉悟，激励了将士的斗志，揭露了日寇的暴行，抨击了汉奸的无耻。如果没有抗战文化的鞠躬尽瘁，抗日战争要取得胜利是难以想象的。左翼文化的作用还不止此。周恩来说：鲁迅是导师，郭沫若是主将。鲁迅逝世后，郭沫若便是带领着大家一道前进的向导。郭沫若为旗帜的文化队伍以新民主主义思想浸润人们的心田，拓宽了新民主主义的文化阵地，削弱了其他文化形态的影响，为中国共产党赢得了人心，构筑了更加坚实的通往新中国的大道。

抗战文化是中国的，也是世界的。它是世界反法西斯文化的重要组成部分。而世界文化也因为有了中国的抗战文化才更加灿烂。抗战文化为战胜日本侵略者立下了卓越的功勋，也为世界反法西斯战争做出了自己的独特贡献。

抗战文化是丰富多彩的文化。统一战线的建立为抗战文化的繁荣营造了相对自由的天地。新民主主义文化、三民主义文化、民族主义文化、自由主义文化、中国传统文化都有自己被认同的空间。但至大至刚的浩然正气和历代民族英雄典范是没有文化或只有少量文化的民众参加抗战的精神力量。要知道，他们的精神力量正是抗战最广大的原动力。纵观中国数千年文化史，很少有哪个时期的文化如抗战时期那样壮观。横看西方文化，也少有能出其右者。战争是一把双刃剑。侵略战争是摧毁被侵略者文化的罪魁，反侵略战争亦能促进文化的发展。中国不是能被入侵者从地球上抹去的国家，也绝不可能，因为她有广袤的反侵略的土地。抗战文化独有的价值正在这里。

研究四川抗战文化，对于当前的文化建设有着重大作用和现实意义。第一，抗战文化是爱国主义文化，爱国主义是中华民族的光荣传统，是推动中国社会前进的巨大力量，是各族人民共同的精神支柱，是社会主义精神文明建设主旋律的重要组成部分。抗战文化研究是爱国主义教育的重要组成部分，是提高全民族整体素质的基础性工程，是引导人们特别是广大青少年树立正确理想、信念、人生观、价值观，促进中华民族振兴的一项重要工作。第二，抗战文化是追求理想、追求进步的文化，是社会主义先进文化的重要组成部分，对于清除文化垃圾，净化人文环境，将起到积极作用。第三，抗战文化是统一战线的文化，是全民族的文化，推进抗战文化研究对于海峡两岸关系的和谐、增强中华文化的凝聚力和向心力，将起到积极的推动作用。第四，抗战文化是四川的重要文化史实，其宝贵的精神文化价值至今能发挥重要作用。它具有显著的地方特色、全国意义和世界影响，对于把四川建设成文化强省具有不可替代的作用。

20世纪80年代，在中共四川省委宣传部的领导和支持下，四川省社会科学院会同西南师范学院、重庆师范学院等单位率先在全国吹响向抗战文学、文艺进军的集结号。各种形式的研究成果也陆续问世。国内国际都有了一定的影响。在纪念世界反法西斯胜利70周年的背景下，我们将这些研究进一步拓展，向中国抗战文化迈进。

由于种种原因，我们过去的抗战文化研究总体来看对历史的描述并不那么全面，有的评价也较粗疏，范围也嫌狭窄。抗日战争已经结束七十年了，似乎很遥远了，可日方依然有人在那里做这样那样、隐形或非隐形的否定。如果能有先哲孟子说的“同情之心人皆有之”的话，就应该真诚地对那场给中国造成数千万人伤亡的侵略战争说不，更应该像祈祷“上帝饶恕我们”的德国总理勃兰特那样谢罪。作为抗战文化的研究者，除了对否定者感到愤懑之外，更多的还是责任。那就是理智地客观地书写历史的真相，不能让历史被某些人作为小姑娘随意打扮，误导后人。

多卷本“中国·四川抗战文化研究丛书”即将付梓出版，这部书凝聚了四川省社会科学院及四川省内多家院校学者们的数年心血。参加撰写工作的都是在这方面多年深耕、研究有成者。尊重历史，是研究历史的基本原则，是历史唯物主义的态度，也是中国文化的传统。司马迁撰写《史记》，注重的就是调查、实录与秉笔直书。相信他们能写出有个性、有创见、有水平、有影响的学术著作。

“中国·四川抗战文化研究”将是四川省社会科学院长期支持的重点项目，我们将持续推进，分批出版学术著作，希望各界批评指正。

2015年3月26日于百花潭

（作者系四川省社会科学院党委书记、教授）

Preface

By Li Houqiang

Culture is the soul and blood vessel of a nation, which could release huge power in peril.

This year marks the 70th anniversary of victory of the Counter-Japanese War which lasted from September 1931 to September 1945. The protracted war caused terrible disaster for the Chinese people. The cold sword, thunders of cannons and bombs, blood, broken bodies and charred ruins have left an ever-lasting imprint on the memory of the Chinese people. When the Chinese nation was at the moment of life-and-death, the flame of anti-aggression was lighted across the land of China. The anti-Japanese national united front was formed. The Counter-Japanese War is the first successful national liberation struggle since modern times in resistance against foreign aggression. As the Rear Area, Sichuan made considerable sacrifice and contribution to the victory of the Counter-Japanese War. Sichuan had a total population of 40 million, nearly 3. 5 million of whom were soldiers, 640000 of whom died or injured during the war. In the early period of the war when the Sichuan troops went out of Sichuan, they were widely believed to be the "worst troops" in China. However, it was these very "worst troops" that fought in almost all the battles since the breakout of the Battle of Shanghai in 1937. In the later period of the war, the "worst troops" was claimed as troops good at fighting. The eight-year long war produced the splendid Counter-Japanese War cultures.

In 1945, *Xinhua Daily*, the mouthpiece of the Central Committee of the Communist Party of China carried an editorial, *Expressing Gratitude to Sichuan People*, which said that Sichuan was "a major base of the Rear Area of the largest national struggle in history", and that Sichuan people "played the most important role in frontline battlefield". Sichuan became the political and cultural center during the Counter-Japanese War due to the loss of vast territory and the move of the capital of National Government and a large number of factories, schools and cultural departments moved westwards to Sichuan. During the long resistance war, the Counter-Japanese War cultures featuring Sichuan characteristics was nurtured in Sichuan, under the leadership of the Communist Party of China, with the formation of the national united front and the development of the national liberation war. During the war, Sichuan made great contributions to the victory of the Second World War and national liberation war, as one of the command centers of the world's anti-fascist war, the political, economic, military and cultural center of the Rear Area and the crossing of the world's anti-fascist war united front with China's Counter-Japanese united front. The Counter-Japanese War cultures which have been buried for over half a century are the valuable cultural treasure of Sichuan.

The Counter-Japanese War cultures of Sichuan feature Sichuan characteristics and national and international significance. It is a major content of the research on China's modern history. From the perspective of the development of China's modern culture, the Counter-Japanese War cultures of Sichuan represent the most splendid stage in the development of China's modern culture, which marked a milestone. Sichuan was the center of the Rear Area during the eight-year resistance war and the main battlefield of the Counter-Japanese War cultures. The understanding of the Counter-Japanese War cultures of Sichuan means the understanding of the Counter-Japanese War cultures of the Rear Area, which is of vital significance to the research on China's Counter-Japanese War cultures.

The development of China's modern culture experienced a long history, but the Counter-Japanese War period is the most splendid one. Southwestern China was the Rear Area of the Counter-Japanese War and chungking was the second capital, which showed the important position of Sichuan. The focus of the Counter-Japanese War cultures was in Sichuan. War destroys culture, as embodied by the numerous examples in the world. However, instead of destroying our national culture, China's Counter-Japanese War promoted the development of China's modern culture. The Counter-Japanese War cultures of Sichuan developed further during the war, which proved the vitality of Chinese culture.

The victory of the Counter-Japanese War was the victory of the cultural and military fronts of the Chinese nation. The cultural front Counter-Japanese War cultures aroused the awareness of the masses, boosted the morale of the generals and soldiers, revealed the atrocities of the Japanese troops and criticized bitterly the shameless traitors. It would be unimaginable to win the Counter-Japanese War if there were no contribution from the Counter-Japanese War cultures. The left wing culture's effect was more than that. As Zhou Enlai said, Lu Xun was the mentor and Guo Moruo was the general. After the death of Lu Xun, Guo Moruo was the guide to lead us along the way. The new democracy by Guo Moruo infiltrated people's hearts, broadened the cultural field of the new democracy, weakened the impact of other cultural forms, won the support from the people for the Chinese Communist Party and built a more solid road leading to the New China.

The Counter-Japanese War cultures belong to China as well as the world. It is an important part of the world's anti-fascist culture and the world's culture become more splendid for its existence. The Counter-Japanese War cultures contributed greatly to the defeat of the Japanese invaders and made special contribution to the world's anti-fascist war.

The Counter-Japanese War cultures contain a variety of cultures. The formation of the united front created a free land for the booming of the Counter-Japanese War cultures, where the New Democracy culture, Three People's Principles culture, nationalism culture, liberalism culture and traditional Chinese culture all found their places. The awe-inspiring righteousness and the heroic deeds of previous heroes served as the spiritual strength of the public who joined the Counter-Japanese War. This spiritual strength was the primary driving force for the Counter-Japanese War. Throughout the thousands-years history of Chinese culture or the Western culture, there was no single culture in any period that was as splendid as that during the Counter-Japanese War. War is a double-edged sword as it is the culprit for the destroying of the culture of the victim of the aggression, and also promotes the development of culture. China is not a country that can be wiped off the earth by invaders for it had a vast land of anti-aggression, which was exactly the unique value of the Counter-Japanese War cultures.

The research on the Counter-Japanese War cultures of Sichuan is of great significance to the building of modern culture. First, the Counter-Japanese War cultures is a patriotism one, and patriotism is the glorious tradition of the Chinese nation, the huge driving force for the development of China's society, the shared spiritual pillar of the people of all nationalities and an important part of socialist cultural and ethical progress. The research on the Counter-Japanese War cultures is an important part of the education in patriotism, a basic project to improve the overall quality of the entire nation and an important undertaking to guide people, particularly the teenagers in pursuing ideal, forming faith and outlook on life and the rejuvenation of the Chinese nation. Second, the Counter-Japanese War cultures feature the pursuing of ideals and progress and represent an important part of an advanced socialist culture. It will play an active role in removing cultural rubbish and purifying cultural environment. Third, the Counter-Japanese War cultures is a united front culture and culture of the whole nation, and the research on Counter-Japanese War cultures will promote the harmony of cross-strait relations and enhance the cohesive force of the culture of the Chinese nation. Fourth, the Counter-Japanese War culture is an important cultural historical fact of Sichuan with a valuable spiritual and cultural value which has extended its influence over today. It has a prominent local color, a nationwide significance and an influence around the world. It has an irreplaceable role in building Sichuan into a cultural province.

In the 1980s, under the leadership of and support from the Publicity Department of Sichuan Provincial Committee of the Communist Party of China, the Sichuan Academy of Social Sciences, along with Southwest China Normal University, Chungking Normal University and other organizations initiated the research on literature and art of the Counter-Japanese War throughout China. Fruits come outin succession which have had exerted certain influence both at home and abroad. To echo the 70th anniversary of the victory of the world's anti-fascist war, we are extending our research further, advancing towards Chinese Counter-Japanese cultures.

For various reasons, our previous research on anti-aggression cultures failed to deliver a comprehensive description of the history in general and some comments contain inattentive contents and narrow research scopes. Although the Counter-Japanese War ended 70 years ago, some Japanese are still trying to deny it in different ways. They should have admitted the aggressive war which caused casualties of millions of Chinese, and should have apologized like Germany Chancellor Brandt who said "God Forgive us", if they really had natural sympathies that all men have as Mencius said. As researchers of the Counter-Japanese War cultures, in addition to feeling outraged by those who are trying to deny the crime, they should also reveal the historical truth in a rational and objective way in order to prevent history from being twisted by someone who intends to mislead later generations by dressing up history like a little girl.

Multivolume "Counter-Japanese War Cultures Research Series, Sichuan, China" are to be published soon. This series are the fruit of the painstaking efforts by scholars from the Sichuan Academy of Social Sciences and universities and colleges in Sichuan who have authored many related writings. Respect for history is the fundamental principle in studying history, an attitude of historical materialism and a tradition of Chinese culture. Sima Qian paid a lot of attention to collecting facts and true recording of facts when writing the Record of the Grand Historian. I believe the authors of this series can come up with creative, high-level influential academic writings.

"Counter-Japanese War Cultures Research Series, Sichuan, China" is a key project which has won support by the Sichuan Academy of Social Sciences in a long term. Related academic writings will be published in batches and are open to criticism.

May 26, 2015

In Baihuatan

(The author is the professor in the Sichuan Academy of Social Sciences.)

目　录

CONTENTS

导 论

抗日战争是近代以来中国抵御外国侵略规模最大的战争。在漫长的战争岁月中，伴随着民族统一战线的形成和民族解放战争的推进，形成了波澜壮阔而又独具特色的抗战文化。抗战文化是中国的，也是世界的，已成为世界反法西斯文化的重要组成部分。战争会毁灭文化，这在国际上不乏范例。可中国的抗日战争不仅没有使我们的民族文化毁灭，还促进了中国现代文化的发展。四川的抗战文化在战火硝烟中谱写出了历史新篇章，这正是中国文化强大生命力的表现。日本的一些教授、学者也在关注这个话题。2014 年 9 月，笔者应邀到名古屋大学参加“移动的战时媒体与宣传——身体·声音·映像”国际学术研讨会，会后和日本学者进行了比较深入的交谈，他们说的一句话使我印象深刻：战争离现在越来越远了，但作为文化，还要继续研究下去。

1937 年“七七事变”，把中华民族推到了危亡边缘。在这场艰苦卓绝的抗战中，这个曾经无比辉煌的民族再一次以强者姿态站立在世界面前。正如《新华日报》发刊词所讲：“我们深信，当前挽救国家危亡的民族自卫抗战实为我中华民族复兴之必经途径及其起点。为我们民族的光辉前途计，不仅需要在今天全国同胞精诚团结共同救国，而且需要在抗战胜利后和衷共计共同建国。”这场战争对中国人民来说，既是一场空前浩劫，也是一个转折点，它改变了一百年来中华民族备受欺侮的历史。中国现代文化的发展有三个高峰：“五四”时期、左联时期、抗战时期。不容否认，每个时期都有各个时期不同的特点和意义，但相较而言，抗战时期更为辉煌。因为它始终伴随着民族复兴思潮的不断高涨。它绵延时间长，内容非常丰富，聚焦于中国现代文化多义项的重建与复兴，中国现代美学的奠基与发展也和这一时段形成交叉。

本书撰写以朱光潜为首的几位美学家抗战时期活动在大后方的历史足

迹与美学创建，尤以流寓四川或川籍美学家为重。朱光潜、宗白华等人堪称中国现代美学的先驱，是中国现代美学史的主要支撑。全书展现一代美学家在抗战中的痛苦与彷徨及复杂的精神历程，探索身处战争危机中的美学家们如何用艺术的方式寻找拯救国家民族的良方，作为一支“笔部队”，在时代源流与民族意识中完成诗性的嬗变，开启了中国美学在苦难中艰难前行的步伐。我们力图从一个全新的角度打开中国现代美学史，填补中国现代美学研究的某种空白，在现代中国知识分子内在精神的流变中，发掘美学发展的更细微的线索。本书将通过返回抗战历史情境的叙述，探索属于中国美学史自己的解释方法和叙述方法，以当下的思维、语境、叙事方式将历史事实与当代美学有机结合。

民族的记忆、国家的记忆、人类走向和平的共同记忆，共同凝聚“捍卫良知、反对战争、维护和平”的国际共识。西方世界在回顾第二次世界大战历史时，把它上升到一个人类生存的困境，今天的中国应该用什么方式追问这段最残忍的历史？美学是对人类战争与和平提出反思的一个独特视角。因为它能体现人类反对战争、追求和平的愿望，体现正义对邪恶、生命对死亡、人性对兽性的殊死较量。

一、抗战时期特有的地域政治文化与美学的“笔部队”

在了解这一阶段的美学之前，我们必须回溯历史，回到这一段血与火的文化现场。

日本侵略者给中国人民带来了巨大的灾难，沦陷区人民流离失所，纷纷随国民政府向西南大后方撤退。真所谓“遗民泪尽胡尘里，南望王师又一年”（陆游《秋夜将晓，出篱门迎凉有感》）。作为大后方的四川，曾经如董必武所说，笼罩在“法西斯主义的政令，失败主义的军令”之下。①但巨大的国耻使中华民族空前觉醒，民族复兴思潮蓬勃兴起。由于国土的大片沦陷和国民政府迁都，大批机关、工厂、学校、文化单位西迁入川，四川成为大后方的政治、经济、军事、文化中心。它承担了最复杂的矛盾与血腥，成为世界反法西斯统一战线与中国抗日民族统一战线的交汇点。

---

① 董必武：《大后方的一般情况》，《中共党史参考资料》（五），人民出版社1979年版，第320页。

从文化地位看，四川是大后方核心之地，是世界反法西斯战争的指挥中心之一，也是抗战文化的主战场，为第二次世界大战的胜利和民族解放战争的胜利做出了历史性的贡献。“四川，正在敌人凶残的野心下逐渐走向着残破之途。”[①] 中华大地上到处燃烧起了反侵略的烈焰。当时四川总人口 4000 万，近 350 万川军，伤亡 64 万人。抗战初期川军出川时，各界普遍认为这是当时中国“最糟糕的军队”。然而，就是这支“最糟糕的军队”，从 1937 年的“淞沪会战”开始，几乎无役不参与，无仗不惨烈。到抗战后期，曾经“最糟糕的部队”得到的评价是“川军能战”“无川不成军”的赞誉。1945 年，中共中央机关报《新华日报》曾发表《感谢四川人民》的社论，称赞四川是“历史上最大规模的民族战争之大后方的主要基地”，称赞四川人民“对于正面战场，是尽了最大最重要的责任”。血与火的文化在历史事变与亡国之危中形成了独有特质。

正是这块贫瘠的、满目疮痍的土地，抗战时期接纳了一大批中国的精英知识分子，承载了中国现代文学、美学的一个重要时段。钱理群、温儒敏、吴福辉等在《中国现代文学三十年》中，分析了战争制约下不同政治地域的审美心态的变化及文学分割情况，尤其指出四川（国统区）文化在战时的中心地位：“连绵的战争使中国处于一个非常动荡的时期，又是我们民族从血与火中走向新生的历史大转折时期。特殊的历史时期，要求文学担负起民族救亡的使命。从‘五四’以来形成的新文学运动不得不调整步履，适应战时的形势。形成了不同于二三十年代的另一种文学史景观。这十二年的文学（通常又称四十年代文学）最显著的特征是和战争与救亡产生紧密的联系。战时特殊的政治文化氛围，包括思维方式与审美心态，促成了许多唯战时特有的文学现象；战争直接影响作家的写作心理、姿态、方式以及题材、风格。即使某些远离战争现实的创作，也会不自觉地打上战时的烙印。而且由于战争局势的变化发展，不同的阶段有不同的时代审美倾向，这又决定着不同的创作潮流与趋势，文学发展的时段性显得很明晰。和其他历史时期不同之处在于，战时形成的地域政治文化，对文学的发展、风貌形成了强有力的制约。”这一时期划分的几个区域：国统

① 廖全京、文天行、王大明编：《作家战地访问团史料选编》，四川省社会科学院出版社 1984 年版，第 181—182 页。

区、解放区、沦陷区及上海“孤岛”，“几个区域的文学都受战争环境（乱世）的影响，又都共同承接着‘五四’以来新文学的传统……不同区域的制度与政治文化背景直接影响和制约着文坛的状态，各个区域的文学面貌也有所不同。由于国统区在全国所占面积最大，拥有作家最多，而且有不同的流派倾向，文学思潮与创作都比较活跃，所以比起其他区域文学来，也更能代表‘四十年代文学’的主潮”。[①] 抗战文化研究专家文天行则对四川抗战文化做了更具体的描述，认为呈现出以政治为基础、以群众为对象、以批判为武器、随时变而涌动的基本形态。而这一特征也为抗战文学、美学的兴起奠定了基础。

“七七事变”以后，抗日民族统一战线的旗帜升起来了。1938 年在武汉，1000 多名文艺界人士成立中华全国文艺界抗敌协会，郭沫若为负责人，作家老舍、茅盾、巴金等，理论家成仿吾、周扬、朱光潜等当选为理事。郭沫若在成立大会上发表演讲：“中国人现在不应该只死而后已，应该有鞠躬尽瘁、死而后已的计划和决心”，“使我们的子子孙孙就在我们死后，也要和暴寇继续干”。宣言写道：抗敌救国“是我们的旗号”，“诚心抗日的是我们心目中的英雄，妨碍抗日的是汉奸”。“文艺是政府与民众的桥梁，必须沿着抗战到底的国策，把抗敌除暴的决心普遍地打入民间。”[②]

上海的战时文艺协会发起纪念鲁迅逝世周年演讲会，郭沫若、巴金等文艺家，发表继承鲁迅精神，加强文艺界抗战力量的宣言。四川的知识分子“在成都发起组织四川省抗敌后援会，誓为抗敌将士后盾。重庆各界以‘日军又在华北挑衅，我守土将士英勇抗战’为号召，纷纷募捐慰劳前方战士，新蜀报代为收款。7 月 20 日，重庆成立援助平津守土抗敌将士大会。四川大学组成乡村宣传队，赶赴温江、新繁等地进行抗日宣传。四川学生还组织了 30 余人的前线战地服务团，启程北上”。[③] 郭沫若发表旧体诗《归国吟》：“又当投笔请缨时，别妇抛雏断藕丝。去国十年余泪血，等舟三宿见锦旗。欣将残骨埋诸夏，哭吐精诚赴此诗。四万万人齐蹈厉，同心同德一戎衣。”

“中华文艺界抗敌协会的成立，标志着文艺界抗日民族统一战线的组

① 钱理群、温儒敏、吴福辉：《中国现代文学三十年》，北京大学出版社 1999 年版，第 446 页。
② 《大公报》1938 年 3 月 28 日。
③ 王金铭等著：《中国现代知识分子的历史轨迹》，吉林教育出版社 1989 年版，第 264 页。

成。表明一切从事于文学艺术工作者，无论是诗人、戏剧家、小说家、批评家、文学史专家，不分派别，不论新旧、不分阶层，一致团结起来，形成文艺行列的大进军。全国文协还创办机关报《抗战文艺》，由罗荪、蓬子、适夷、以群、乃超主编。"① 1942 年重庆爆发大规模倒孔（祥熙）运动，学生民主运动高潮迭起。"1940 年成立的文化工作委员会，在皖南事变后黑暗的日子里，在大批文人已撤离重庆等地的情况下，利用合法地位，艰苦奋斗，掀起了轰轰烈烈的进步文化运动，成为大后方坚持抗战、坚持民主的重要阵地。文化工作委员会实际上是第三厅的继续。主任郭沫若、副主任阳翰笙、谢仁钊。"委员和工作人员中，有蜚声中外的著名的历史学家、文学家、社会学家、教育家、经济学家、戏剧家、美术家、音乐家、电影艺术家，在社会上有很高的声誉。"文工会虽然不能像第三厅那样，以国家的名义宣传群众、组织群众，而主要从事学术研究、文学创作，其周围团结了一大批专家、学者、作家、艺术家、编辑、记者、导演、演员、大批剧团和演出团体，所属知识分子和周围人，著书立说、讲学论争，从事文艺创作，在后方进步文化运动中，发挥了很大的作用。中国共产党主要依靠它来领导大后方的文化运动。"②

从文化功能看，抗日战争是文武两条战线的斗争。抗日战争的胜利是中华民族文武两条战线的胜利。四川抗战的文化力量，是一支支尖锐的"笔部队"。抗战初期，郭沫若号召文化人要"永远保卫这支笔杆，不让法西斯有抬头的那一天，不让人类的文化有倒流的一天"。③ "到前方去，是每个热血男儿的迫切愿望。""伟大的时代需要的是有血有肉的文章。在伟大的时代里，每个国民都该有所贡献。"④ 著名作家老舍先生在欢送"文协战地访问团"出发时这段振聋发聩的话道出了那个时代爱国作家学者的心声。文协提出"文章下乡""抗战建国"的响亮口号。这一切使当时的《新华日报》等媒体称抗战"笔部队"诞生了。战争环境下坚持用"笔"做部队，继续文学艺术创作、延续文化研究，这正是知识分子国家意识和民族

① 王金铭等：《中国现代知识分子的历史轨迹》，吉林教育出版社 1989 年版，第 284 页。

② 同上，第 382 页。

③ 《新华日报》1944 年 10 月 1 日。

④ 廖全京、文天行、王大明编：《作家战地访问团史料选编》，四川省社会科学院出版社 1984 年版，第 181—182 页。

情感的自觉表现。“从1937年7月7日卢沟桥事变到1938年10月武汉失守，是抗战初期，整个国统区文学的基调，表现为昂扬激奋的英雄主义。‘救亡’压倒了一切，文学活动也转向了以‘救亡’的宣传动员为轴心。‘救亡’焕发了巨大的民族凝聚力，昔日因政治或文学观点的不同而彼此对立的各家各派作家，此时也都捐弃前嫌，在民族解放的旗帜下实现了统一。……‘文协’的成立标志着30年代无产阶级革命文学、自由主义文学，以及国民党民族主义文学等几种文学运动的汇流，组成了文学界的抗日民族统一战线，是现代文学史上第一次，也是唯一的一次包括国共两党作家在内的大联合。”① 作家、美学家们走出书斋，有的去了抗敌前线，有的参加后方抗敌工作。美学家们的思想情感和观念必随之而变。“在国难当头，炮火连天的时刻，文学创作有了共同的爱国主义的主题和共同的思想追求；表现民族解放战争中新人的诞生，新的民族性格的孕育与形成。甚至情绪与风格上也相同，无不在热诚地渲染昂奋的民族心理与时代气氛，英雄主义的调子贯穿一切创作，表现出来的统一的色彩，鲜明而单纯。”“伟大的民族革命战争的两年间，使中国的一切生活方式，生活状态完全改变了一个全新的样式，非常丰富、复杂，多样的生活在每一个人的中间生长着、变化着，特别是在战地、在敌后方，滋长着伟大的民族革命的史诗，自然这并不是说作家的出发前线是专为了储备写作的材料，然而，为了人类文化而服务的意义是必须存在的。特别是为了宣传中华民族为自由独立而抗战的精神，为建立和平、幸福的新中国而奋斗的意志，需要经过作家的笔，传达到世界上来。”② “中国现代知识分子队伍形成和发展的过程，同时就是民族危机深重和国破家亡的过程。因此他们始终明确地把斗争锋芒指向帝国主义，把反对帝国主义侵略作为自己的历史使命。”③

“自抗战开始以来，多少作家在南北各战地各前线使用它们的武器——笔去抗敌；也有许多作家，在放下笔，拿起枪，在战场上和他们的伙伴用血肉去保卫祖国；还有许多士兵、农民、工人等在壕沟中、在田庄

---

① 钱理群、温儒敏、吴福辉：《中国现代文学三十年》，北京大学出版社1999年版，第447页。

② 荪：《送作家战地访问团出发》，廖全京、文天行、王大明编《作家战地访问团史料选编》，四川省社会科学院出版社1984年版，第3页。

③ 王金铭等：《中国现代知识分子的历史轨迹》，吉林教育出版社1989年版，第5页。

上、在工厂里用他们的笔去写他们亲身经历或目见耳闻的惨痛的或壮烈的经验。枪在今天不是士兵所专用的，笔也不是作家所专用的。不过我们十三个人是中华全国文艺界抗敌协会第一次派出的笔部队——或者因为目的在敌后方，即叫作笔游击队——所以我们感到自己责任的重大……我们最重要的责任当然是写。我们当尽我们的能力把敌后方一切可歌可泣的壮烈英雄的事实，用我们钝的可是纯真的热情的笔把他们写出来，用诗歌的形式，用小说的形式，用戏剧、散文、图画种种形式去写，我们的枪已经够使敌人发抖，我们还要用笔去暴露敌人的残暴，去'消灭'侵略者的灵魂。"① 1941年10月，中国共产党领导成立中华剧艺社。著名导演应卫云任社长。当年即演出《天国春秋》《孔雀胆》《屈原》等戏。此后陆续上演了《法西斯细菌》《长夜行》《风雪夜归人》等戏。历史剧《屈原》的创作、演出获得了极大的成功。新中国成立后，郭沫若回顾该剧创作时曾说，当时"中国社会又临到阶级不同的蜕变时期，而且我的眼前看见了大大小小的时代悲剧……全中国进步的人们都感受着愤怒，因而我便把这时代的愤怒都复活到屈原时代去了"。②

周恩来曾说过，鲁迅是导师，郭沫若是主将。以鲁迅、郭沫若为旗帜的这支包含着美学力量的文化队伍拓宽了新民主主义的文化阵地，激发起一支支"笔部队"的抗敌热情，构筑了更加坚实的民族复兴的大道。

二、血与火的美学现场

"抗战时期的美学"不仅是地理空间和时间范围的简单叠加，而是一个有着自身特殊内涵的历史文化空间，它的内核是血与火的文化，彰显了正义战胜邪恶。这一时期美学现象趋于复杂多样，朱光潜、宗白华等美学家在抗战时期坚持研究美学，一批中国现代美学的早期开拓者甚至开始了构筑中国现代美学体系的尝试；马克思主义美学开始在中国进行较为广泛的引进与传播；对西方美学大量译介与借鉴。还有对中国古典美学的整理研究，美学思想与时代潮流、文艺思潮产生紧密的联系，这一切都在抗战时期集中反映出来。这是一个美学史与战争现实的双重向度问题。实际上

① 《作家战地访问团告别词》，《抗战文艺》1989年第4卷第3、4期合刊。

② 转引自《中国现代知识分子的历史轨迹》，第386页。

审美活动作为一种文化生存方式，已经与人的全部物质生活和精神生活产生内在关联。可以毫不夸张地说，一部人类文明史，就是一部人类战争史。战争作为人类社会的特殊现象，正义与邪恶的较量，美与丑的极致表现，必然深深地烙在哲学家、美学家的精神世界中。正因为此黑格尔和萨特都曾正面写过战争，思考过战争给人类命运带来的深刻而持久的影响。黑格尔甚至称自己撰写的一部书为“马背上的精神现象学”。

胡风在《人民大众向文学要什么?》中说：“‘九一八’以后，民族危机更加迫急了。整个的中华民族已经走到了生死存亡的关头。因为这，人民大众的生活起了一个大的纷扰，产生了新的苦闷新的焦躁，新的愤怒和新的抗战，凡这一切形成了一个新的历史阶段。这个历史阶段当然向文学提出反映它底特质的要求，供给了新的美学的基础。”[①] “面对着大片国土的相继沦陷和纷乱动荡的战争生活，作家失去了从容写作的环境和心情。许多作家纷纷走出都市的‘亭子间’，摆脱原先较狭隘的生活圈子，走向内地、走向乡村和抗日前线，不同程度地投入了抗日战争的洪流。……时代对文学提出了新的要求，不能不促使文学本身也发生很大变化。作家亲身经历了战火的洗礼，感受到颠沛流离的生活，耳闻目睹了抗日战争的现实，探索新的生活和创作道路（茅盾：《在反动派压迫下斗争和发展的革命文艺》，载《中华全国文学艺术工作者代表大会纪念文集》）。”[②]

王国维曾经说过：“诗之为道，既以描写人生为事，而人生者，非孤立之生活，而在家族、国家及社会中之生活也。”[③] 当时的四川及整个中国，已经放不下一张平静的书桌。战争摧残着知识分子的肉体和心灵，使知识分子生活陷入贫穷困顿。正所谓“无高尚伟大之人格，而有高尚伟大之文学者，殆为之有也”[④]。

战争改变了知识分子的精神境界。为了不至于饿死，朱自清卖掉了宝贵的藏书和碑帖；闻一多全家只能每天吃一顿干饭，教课之余给人刻图章。成都几所高校的著名教授们迫于生计而四处兼课。尽管如此，知识分

① 《文学丛报》1936 年第 3 期。

② 唐弢、严家炎：《中国现代文学史》（第三卷），人民文学出版社 1981 年版，第 2—3 页。

③ 王国维：《屈原之精神》，转引自周锡山编校《王国维文学美学论著集》，华岳文艺出版社 1987 年版，第 31 页。

④ 王国维：《文学小言》，转引自周锡山编校《王国维文学美学论著集》，华岳文艺出版社 1987 年版，第 26 页。

子们绝不甘心于“遗民肠断在凉州（白居易《西凉伎》）”式的消沉。在如此困顿的情况下，仍坚持着学术研究和创作，梅兰芳蓄须，张大千用画笔表现民族大义……为抗战的胜利和中华民族的复兴顽强坚持着。许多学者取得学术上的重要贡献。闻一多的《神话和诗》、陈寅恪的《唐代政治史述论稿》、汤用彤的《汉魏两晋南北朝佛教史》、蔡仪的《新美学》、朱光潜的《诗论》、李安宅的《美学》、范寿康的《美学概论》、陈望道的《美学概论》……都是这一时期完成的。

血与火的美学在“抗战时期的四川”这个特殊的文化空间里产生、壮大。随着大量美学家、文学家从上海、天津、南京、广州和武汉等城市进入四川，使得四川从战前的学术“沙漠”、“严霜里的小花”（周文《成都抗战文艺运动鸟瞰》），变成了新文学第三个十年的中心区域。抗战催生出四川现代文化史上最生机勃勃的美学家群体：朱光潜、宗白华、蔡仪、范寿康、王朝闻……文学创作群更是灿若星辰：巴金、老舍、沙汀、艾芜、何其芳、张恨水、吴组缃等等，这些名字至今仍闪耀着光辉。审美风尚方面既有“前线诗人”带来的反复吟哦的孤独、感伤和孤寂情调；也有郭沫若等作家们心灵深处生长出的“路”，即在生死抉择中集合起正义的力量，“去捕捉人类的豺狼”的抗争之路。“在正面战场坚持四年有余的臧克家，在表现抗战上颇具代表性。其叙事诗《国旗飘在鸦雀间》《锄头语枪杆》《送军麦》《和驮马一起上前线》等诗篇中，民众的国家意识、牺牲精神与坚韧的生活态度表现得淋漓尽致、感人肺腑。中华民族在血火交织的抗战中经受了一次精神洗礼，增强了民族凝聚力。抗战文学真实地反映了民族的精神历程，表现出中国之凤凰涅槃式的痛苦与新生。”①

如何从光明和黑暗的交织中去正确地理解光明和黑暗是美学家们思考的核心问题。“在抗日战争中，中国以弱敌强，打得惨烈悲壮。作家纷纷走上前线，以带着硝烟味的作品为抗战写实，满怀激情讴歌为国家与民族流血牺牲的抗战将士与百姓。”②可见，抗战美学精神中，英雄主义是主旋律。《新华日报》曾对郭沫若剧本《雷电颂》有高度赞扬，可以看作抗战时期美学风骨的总评：“这里面有现实人的声音，有崇高的人格，正义凛然的气节，使你爱憎已分之感分外分明”，“她唱出你要唱的诗，他说出你

①② 张中良：《中国现代文学的民族国家问题》，《文学评论》2014年第4期，第120页。

要说的话！美与丑在这诗篇中的斗争，强烈的使你的灵魂做了最忠实的裁判”。[1] 也可以说，这段述评代表了进步文艺思想在当时的审美标准：反对黑暗，拥抱光明，反对邪恶，拥护正义的号召。[2]

抗战美学的风骨可追溯到儒家重节操重道义，庄子“与道合一”的精神境界。作为美学的主要研究对象，战时文学艺术作品虽然不乏以“标语口号”的方式，宣告要为祖国的抗战而献出生命的大量作品，但从其想象的壮阔、讽刺的犀利、细节的真实上，处处可见与中国文化审美风骨的相似。清代顾炎武“文之于天地间不可绝者，曰‘明道者，纪政事也，察民之隐也，乐道人之善也’”（《日知录》）；白居易说诗三百“其言直切着，欲使闻之者深诫也”等等，好像就在评说抗战文学的审美品格。不难看出抗战大时代的审美文化功能意识。战时沦陷区“由于环境险恶，抗日文学不容生存，许多爱国作家只能蛰伏封笔，只有部分作品曲折的蕴含着民族抗争意识”。[3] 大后方作家艺术家必须自觉地肩负起历史赋予他们的神圣职责。如同当时《抗战文艺》的发刊词所宣称的那样：“在震天动地的抗战的炮火声中，必须有着和万万千千的武装健儿一齐举起了大步的广大的文艺的队伍；笔的行列应该配布于枪的行列，浩浩荡荡地奔赴前线而去！满中国吹起进军的号声，满中国沸腾战斗的血流，以血肉为长城，拼头颅作爆弹，在我们钢铁的国防线上，要并列着坚强的文艺的堡垒。”与这种文化精神相符，抗战时期的美学要担当救亡图存的使命，才能在火热的文化世界中表达人民的意志，反映人性的质点，体现“为君、为臣、为民、为物、为事而作也，不为文而作”的特点。这样的美学是一个民族拒绝征服、捍卫尊严的热血证词。诗与火、笔与刃血脉相连，体现着中华文化强大而不可征服的精神内核。

“与民族共忧患，是中国知识分子一种源远流长的传统，又是一种最可贵的现代意识。战争最大限度地调动了广大知识分子的抗日热忱，使他们自‘九一八’以来早已压抑在胸中的怒火，火山般的爆发。”[4] 日本侵略者对中华民族存亡的外在威胁和“以天下为己任”的内在儒家传统：“不

---

① 转引自《中国现代知识分子的历史轨迹》，第386页。

② 参见《郭沫若文集》（第17集），人民文学出版社1982年版，第117页。

③ 汪文顶：《战时沦陷区散文的苦吟》，《文学评论》2014年第5期，第99页。

④ 王金铭等著：《中国现代知识分子的历史轨迹》，吉林教育出版社1989年版，第5页。

用远逆溯到拜伦为希腊独立而战，满江红作者岳飞，正气歌作者文天祥……"[①]"这一部惨痛的英勇的无前例的巨大历史，是要全国的作家来撰写，要千秋万世的作家继续地来完成。""只是尽我们的力量做去。我们除笔以外没有什么，有的只是和全国人民所有的一样，一片热忱的牺牲决心。"[②]这是战时总体的审美基调。战争破坏了很多，改变了人们看待世界的角度，带走了太多东西。但是战争带不走所有东西，希望是其中之一，美是其中之一，善是其中之一。战争也阻止不了人们对未来、对理想、对人性善恶美丑的思考，这就给美学留出了空间。"引西入中"，同时又具有中国本土美学品格的现代美学应运而生。

三、现代中国美学兴起与救亡图存

"抗战时期的四川"不仅促成了"四川抗战文化"的产生，也形成了中国现代美学的发展。从 1931 年"九一八事变"，至 1945 年日本宣告投降，前后 14 年，占中国现代文学史、美学史近三分之二的时间。流寓四川的朱光潜、宗白华等美学家们在这一时期的学术创建，构成中国现代美学的主体脉络，为中国当代美学打下了基础。没有他们的特殊贡献，中国当代美学将是另一番情景。如此重要的时段，重要学术贡献，竟研究甚少，几近空白，这是我们不愿看到的。

整体上讲，这是一段时代性大于美学性，认识价值大于美学价值的美学时代。作为中国现代美学发展的历史起点与逻辑起点，抗战时期对于整个 20 世纪中国美学发展具有规定方向的意义。它开启了中国现代色彩的美学精神，建立了现代美学研究的知识模式，形成了抗战时期独特的审美功能观。

（一）开启中国现代色彩的美学探索

从中国现代美学发生史来看，近代以来有识之士，正是带着强烈的"救亡图存"的功利性诉求，从西方引进美学。"引西入中"成为 20 世纪前半页中国美学研究的基本范式，即以西方观念为参照系来建构中国美学理论模态。在如何更好地实现"救亡图存"的根本目的上，中国近代有识之士，选择了两种不同形态的道路：其一，引入西方无功利美学，培养新

---

①② 《作家战地访问团告别词》，《抗战文艺》1989 年第 4 卷第 3、4 期合刊。

民，从根本上实现人生解放与国家的富强，本质上属启蒙主义美学；其二，引入苏联的功利性美学，改造国民性，实现文艺为社会革命服务。前者以王国维、蔡元培、朱光潜等为代表；后者以瞿秋白、鲁迅、蒋光慈、蔡仪等为代表，两派对西方美学的阐发及中国美学的建立，都做出了重要贡献，为中国现代美学奠定了基础。

王国维引进西方美学，意在“学术救国”。王国维先生采纳了康德、席勒、叔本华等人的无利害美学观，正是强调审美自律，以反对传统儒家的政教工具论文艺观。从王国维对“境界”的纯形式化界定来看，其意在构建纯文艺的美学观，根本目的在于培养新世界观和新人生观。蔡元培也同样引进西方的无功利美学，旨在“培养新民”，即要通过美育，改造旧中国封建教育思想，培养适应现代社会需要的新青年。[①] 蔡元培推行的是“教育救国”之路。

可以说，中国现代美学的建立，伴随着新文化运动而来，是中国近现代有识之士探索救亡之路的副产品。真正以历史主义态度，以美学现象来对待美学研究的，起于民国，特别是抗战艰苦岁月之时。朱光潜的《与青年谈美》、蔡仪的《新美学》等书，将现代美学从中国美学整体中脱离出来，以崭新的面貌示人。他们以现实生活为研究对象，着眼于火热的文学与生活现象来探讨美的发生发展和对人生的意义。特别是引进了西方的美学流派、美学原理，并采用本体论、认识论和方法论等西方哲学的研究方法，这对其后的中国现代美学研究都有重要的影响。

中国现代美学形成的过程是与反抗帝国主义的侵略与控制，争取民族独立与统一的过程同步的。这又使对本土文化品格的追求上升到民族大义的立场。民族矛盾、救亡与启蒙的矛盾，这一切都对中国现代美学的面貌产生影响，深刻地制约着现代美学的发展。美学不是孤立的，现代中国美学始终是在现实的复杂矛盾中发展的。“九一八事变”之后，曾有一个“文化建设运动”在当时引起强烈争论。1935 年 1 月，陶希圣、王新命等人联名发起《中国本位的文化建设宣言》，以配合国民党在 1934 年发起的“文化建设运动”，即陈立夫在《中国文化建设论》中所主张的“合理配合”中西文化，建立一种“新文化”。“须先恢复固有的至大至刚至中至正

---

① 参见彭锋《引进与变异——西方美学在中国》，首都师范大学出版社 2006 年版，第 80 页。

的民族特性，再加以礼义廉耻的精神，以形成坚强的组织和纪律，再尽量利用科学的发展，以创造人民所必须关于衣食住行之资料，则民族复兴，当在最近的将来。”他们主张以中国为“主体”，为“本位”，“中国本位文化”首先是中国的固有道德。一些主张民主、革新的知识分子，则反对之。1941 年 8 月，西南联大、中央大学、浙江大学和云南大学教授钱穆、贺麟、张荫麟等六人，组织“思想与时代社”，朱光潜作为主要成员参加了这一团体，发行《思想与时代》月刊。开展“建国时期主义与国策的理论研究”，“固有文化与民族理想根本精神之探讨”，“青年修养有关问题之探讨”。宣传“适度之自由”“真正之平等”。“中国早在两千年前早为一自由之民族，历来中国人民享受自由之程度，比较言之，为世界各国所不及。”认为儒家思想是“中国现代思想之主潮”。“儒家思想的命运与民族前途的命运，盛衰消长，是同一而不可分的。许多中国问题，必达到契合儒家精神的解决，方算达到至中至正最合理而无流弊的解决。”① 抗战时期美学的发展不得不面对它特有的时空意义，对民族本位与启蒙思想进行探索与反思。

抗战时期中国美学建立的另一线索，是瞿秋白、鲁迅、冯雪峰、蒋光慈、蔡仪等人，本着“救亡图存”的强烈愿望，将目光投向了苏联，引进卢那察尔斯基的“真善美合一说”、普列汉诺夫的“劳动起源说”、车尔尼雪夫斯基的“美是生活说”等苏联的马克思主义美学观。他们不断批判资产阶级文艺美学观的天才论、超阶级论，无功利论等，探索建立马克思主义实践论为基础的功利主义美学。② 显然，随着战争危机的不断升级，“救亡”逐步压倒了“启蒙”。王国维、蔡元培、朱光潜等人希望通过审美教育培养新民，启发民智，从根本上实现强民富国。但如春风沐雨般的审美感化，毕竟来得太慢，时代需要金刚怒目式的激情，而非静穆的熏陶，需要文艺为政治社会革命服务，蔡仪的美学正是这一功利性美学思潮的集大成。蔡仪在《新艺术论》《新美学》中，提出美的社会学研究方法论、美是客观反映论、美在典型说、艺术的工具论等思想，运用的正是马克思主义唯物论美学观，也预示着新中国美学建设的新方向。抗战前后，出版了

① 《思想与时代》1941 年第 1 期。

② 参见聂振斌《中国近代美学思想史》，中国社会科学出版社 1991 年版，第 370—371 页。

一系列代表早期中国现代美学的专著，如朱光潜的《谈美》、金公亮的《美学原论》、蔡仪的《新美学》、范寿康的《美学概论》、陈望道的《美学概论》、吕澂的《美学概论》《美学浅说》等等。这一大批美学论著的出现，标志着现代意义上的中国美学开始建立。

（二）刚健雄浑的美学境界

战时特殊的政治文化氛围，促成了许多唯战时特有的审美文化现象。战争直接影响到学者的精神风貌。借用海德格尔的话，救亡“是在一个历史性民族的命运中质朴而本质性的决断的敞开状态”（《艺术作品的本源》）。正所谓“文变染乎世情，兴废系乎时序”，血与火的战争美学其实是时代精神、文学传统与知识分子心灵相交感的产物。战争动员期间知识分子选择小我向大我的投入，但这中间有复杂细微的过程。正如李泽厚在《二十世纪中国文艺》中对中国知识分子的判断：将这种矛盾的心态称为“忠诚的痛苦”，“带来了真正深沉、痛苦的心灵激荡”。在抗战的大环境下，已经不能安坐书斋了。战争的激烈残酷、政治上的黑暗，经济上的危机迫使知识分子必须面对现实、担当磨难。由于抗战而撤退到大后方的一大批学者，如马一浮、朱光潜、宗白华等，从不问政治到关心民族解放大业，经历了思想的升华。许多流寓四川或者四川籍的美学家、文艺理论家，都希望到火热的生活中去体验国人实际需要，以为救国图存出力。爱国知识分子很快从幻灭和沮丧中走出来，开始了自己创造光明，创造理想社会的战斗。

从美学的精神风貌及美学境界来看，抗战期间知识分子面对忧患，做出与苦难抗衡的策略，正在于追求“至德之世”（庄子语）的爱国情怀。假如借司空图《二十四品》所谓精微之笔与广大之势来言说，可以说抗战时期的美学是“广大”一派的，或者说是“雄浑”的，是刚健雄浑的美学境界。其“广大”之境，来源于战争年代的人生况味。其美学思想的出发点和归结点，是要在大动荡的时代找到一个给予国人理想与希望的“常道”，进而影响世人的人格追求。

在战争背景下知识分子的心理、情感和思想历程都发生了改变。朱光潜曾坦言他绝没有想到其后来会走上美学的路上去。战争使他改变了。在国家处于危难的紧要关头，朱光潜开出的济世药方，与王国维、蔡元培两位先生相通，是主张审美教育救国。因此，在山河破碎的紧要关头，朱光潜不断出版《谈美》《谈修养》《谈文学》《诗论》等美学著作，朱光潜并非在谈“风月”，而是旨在感化青年，他说“要求人生净化，先求人生美化”，主张通过青年人格培养来实现救亡图存的根本动机。

钱锺书1942—1943年发表在蓝田国立师范学院刊物《国立月刊》上的诗中所说：“危邦当哭尽情难。”（《得龙丈书却寄》）还有“千年赴笔论青史，万甲撑胸读素书。磊落伊子拼懒费，只供商略到蠹鱼”。“同其慷慨、相濡以沫。”可见其家国情怀，坚守民族气节，绝不随波逐流的风骨。

宗白华喊出：“擎起时代的火炬。”“诗人在这个钢铁炮火的世界里面真不是滋味，而内心所感到的矛盾心情和不能体合时代的痛苦，尤其有一种不易说出的烦闷，空虚。”他悲愤地喊出：“我们这时代还有‘诗’吗？环顾全世界，只有中国的一片浴血奋战的土地上面才是有理想，有热情，有主义，有‘诗’。”

王朝闻称自己是“朝闻道，夕不甘死”的寻美者。

美学家们糅合西方哲学思想、美学理论，吸收《庄子》《论语》《礼记·乐记》等著述中的思想精华，将中国传统宇宙观、价值观、人生观与西方优秀思想文化融合在一起，共同阐发出对美的境界的理解。他们不断地提到“中国这样百孔千疮的时代”，只有到火热的生活中去，以为救国图存出力，才有真正的“诗与美”。即便是那些看起来与抗战无关的美学及文论著作，在精神背景上仍透露出战争的萧肃氛围，字里行间，所举案例可见满目疮痍的战争景象。而且由于战争局势的变化发展，不同的阶段有不同的时代审美倾向，这又决定着不同的审美趋势。可以说，抗战时期的美学是在战争中磨砺出来的，是在西部广阔的被蹂躏的土地上彻悟出来的，抗战美学的内核是血与火的美学，有着抗战时期特有的民族化追求，苦难感和沉重感贯穿始终。

它其实是时代精神，诗学传统与美学家心灵相交感的产物。四川颠沛流离的战争经历，使美学家们彻悟了很多，迎来一个学术迸发期。借用俄罗斯诗人曼德尔施塔姆的诗句能更好地表达身处战争的心境：“你们夺走了我的海我的飞跃和天空，而只使我的脚跟勉力撑在暴力的大地上。从那里你们可得出一个辉煌的计算？你们无法夺走我双唇的咕哝！”（1935年）这直抵灾难核心的心灵写照正是对战争美学的描绘。

小　结

这本书的目的，正在于通过打捞挖掘一手历史材料，直接切入历史深处，考订美学谱系，呈现中国现代美学现象自身的存在方式及自我的理性表达方式，展现一代美学家在战争中的苦难与辉煌，叙述一代美学家的民族尊严、历史担当。

谨以此书纪念中国人民抗日战争的胜利。希望通过我们的研究，唤起善良的人对和平的向往和对美的坚守。

第一章　抗战时期朱光潜的美学研究

朱光潜（1897—1986），安徽桐城人，是中国现代美学最重要的奠基人之一，在中国近现代美学史上，对美学阐发之深，涉猎之广，用情之笃，可以说无人出其右。朱光潜先生自 28 岁发表美学处女作《无言之美》（1924），直到自己 83 岁高龄，仍写出《谈美书简》（1980），可以说美学研究伴其一生。朱光潜先生走上美学之路，绝非偶然。在山河破碎，国难当头之际，朱光潜选择与国民谈美、谈文学、谈修养、谈诗，也绝非是颓废主义和逃避主义的“谈风月”，而是在深入反省国民劣根性之后，所开出的救亡药方。在朱光潜看来，当时中国社会之所以腐浊不堪，不全是制度的原因，而是人心出了问题。朱光潜旨在通过谈美、谈文学、谈修养、谈诗，来改造国民性，使其在暖衣足食外，尚能有更高的企求；尤其使青年人由不断与蝇蛆争温饱的俗人，通过审美的“怡情养性”而成为完全的人，懂得生活的人，有情趣的人，有理想的人。进而，朱光潜认为通过艺术创造和欣赏活动，不仅可以使青年人消解烦闷，还能够超脱现实，从充满障碍的现实界进入自由理想界。在朱光潜看来，只有人在“无所为而为地玩索”状态下，人才是自己心灵的主宰，才能成就伟大的人生作品。

1931 年至 1945 年期间，中国人民遭遇日本帝国主义发动侵华战争的“危难存亡”关头，朱光潜随武汉大学一路颠沛流离到“大后方”四川。抗战期间，朱光潜曾任四川大学文学院院长和武汉大学教务长，当选为中华全国文艺界抗战协会理事。朱光潜在《谈美》开场话中坦言，“在这个危机存亡的年头，我还有心肝来‘谈风月’么？是的，我现在谈美，正因为时机实在是太紧迫了”。[①] 这一时期，朱光潜发表了一系列美学著述。被誉为其“文艺思想的起点”的《悲剧心理学》，完成于 1933 年；自称

① 朱光潜：《谈美》，《朱光潜全集》（第二卷），安徽教育出版社 1987 年版，第 5 页。

其用力最著的《诗论》，初稿完成于1931年，出版于1943年，自称对西方形式派美学具有“补苴罅漏”贡献的《文艺心理学》，初稿写于留学欧洲时期，定稿于1936年；提出“人生的艺术化”理论的《谈美》，完成于1932年，其中“人生的艺术化”，被朱自清誉为朱光潜最重要的理论。随着中国社会危机的不断加深，朱光潜对美学研究也随之转变，自1936年到1945年期间，朱光潜从早期热衷于美学基本原理的研究，转向美学原理的具体运用，完成了《谈修养》（1940—1943）、《我与文学与其他》（1943）、《谈文学》（1946）等著作，朱光潜因救时心切，表现出激愤文风，而有别于此前的娓娓道来的温雅。因此，将朱光潜美学思想，置于抗战这一时代大背景，加以观照，不仅有助于更清晰地捕捉朱光潜美学思想演进的内在脉络，也是管窥朱光潜美学思想精华的重要路径。

第一节　危难存亡的现实与朱光潜的美学研究

朱光潜如何走上美学研究之路，并终其一生矢志不渝的呢？这是个值得深入探讨的问题。从朱光潜自传中，他说自己走向美学道路，看似纯粹出于机缘巧合，但经过我们深入爬梳朱光潜先生的文集等文献，发现朱光潜走上美学研究之路，既与其本人的个性禀赋有关，也与当时中国社会面临危难存亡相连。可从三个方面探讨朱光潜走向美学研究之路的内在动机：其一，救亡图存的直接动机。中国社会自1840年鸦片战争起，不断陷入灾难的深渊。中国近代有识之士，也从未停止过各种救亡图存的努力，20世纪初的王国维、蔡元培等人已经开始引进借鉴西方无功利美学，以期达到救亡图存的根本目的。朱光潜于1918年到1922年期间，在香港大学学习教育学，自称刚到香港大学不久就看了一些《新青年》上的文章，深受影响，开始放弃古文改用白话文写作。朱光潜深受20世纪初20—30年代“救亡与启蒙”时代潮流影响，探索救亡图存之道，也成为朱光潜走上美学研究的重要原因。其二，培养青年的浅在动机。朱光潜自称他的大部分著述都是为青年写的，他也认为“情感比理智重要”，[①] 并且认为中国社会之所以如此之糟，不是器械不如人，而是人出了问题，[②] 他认为中国将来的希望在青年。其三，人生艺术化的深层动机。朱光潜认为人之所以为人，注定就是苦多乐少，而人生的审美化、意象化，可以超脱现实世界进入理想境界，达到与物推移，万物一体的生存状态，从而获得无限与永恒。人生的艺术化才是朱光潜从事美学研究的最深层次的动机。

一、救亡图存的直接动机

朱光潜自述，其出生于安徽桐城乡下的一个破落地主家庭，从六岁到十四岁，在他父亲的鞭挞下接受的是封建私塾教育，儒家经典四书五经大半都可以背下来，甚至可以做出科举考试的策论时文。十五岁进入“洋学堂”，半年后就升入桐城中学，学的也是桐城派古文。朱光潜自称在桐城中学对他影响最著的是国文教师潘季野，潘先生是一位宋诗派的诗人，在他的熏陶下，朱光潜对中国旧诗产生了浓厚兴趣。1916 年，朱光潜中学毕业，在家乡当了半年小学教员。朱光潜也坦言因慕名北京大学的“国故”，而很想考进北京大学，但因家庭经济原因，而就近考了武昌高等师范学校中文系，但那里的老师，朱光潜称还不如桐城中学，除了圈点一部段玉裁的《说文解字注》，一无所获。在武昌高等师范学校读了一年后，朱光潜考取了北洋军阀的教育部选派师范生到香港大学读书，学的也是教育学。从 1918 年到 1922 年，朱光潜在香港大学学了教育学和英国语言和文学，以及生物学和心理学，他说在香港大学所学的一些教育学和心理学奠定了其一生教育活动和学术活动的方向。[③] 此方向，正是朱光潜终其一生的教育救国和学术救国，1925 年出国留学前的教育救国和 1933 年欧洲学成归国后的学术救国，我们将在下文中详细阐述。

朱光潜在进香港大学之前，已经可以写出受到桐城中学老师称赞的古文，心慕北京大学也是出于其“国故”考虑。可以说朱光潜在去香港之前接受的都是中国传统文化，从其请同乡前辈方守敦给他写的“恒恬诚勇”

① 朱光潜：《开场语·谈美》，《朱光潜全集》（第二卷），安徽教育出版社 1987 年版，第 6 页。

② 朱光潜：《一番语重心长的话——给现代中国青年·谈修养》，《朱光潜全集》（第四卷），安徽教育出版社 1988 年版，第 12 页。

③ 朱光潜：《作者自传》，《朱光潜全集》（第一卷），安徽教育出版社 1987 年版，第 1—2 页。

四个大字横幅，并加以装裱，挂在自己在香港大学的小书斋里，作为自己的座右铭，足以清晰地说明朱光潜在接受西方现代学术之前，是个传统儒家思想的服膺者。“恒恬诚勇”正是传统儒家人格境界追求的诤言。在朱光潜晚年一次答记者问中，也坦言其思想渊源和人格结构：“像我们这种人，受思想影响最深的还是孔夫子。道家思想有一些，后来还受一些佛家的影响。”[①] 儒家思想中的人格追求，很好地体现在“恒恬诚勇”之中。恒，就是恒心、毅力、忍耐、有操守。当朱光潜看到日本出兵东三省，轰炸松、沪，一些人已遭惨死，有些人已因天灾人祸而废学，有些人已经拥有高官厚禄或者正在忙高官厚禄。朱光潜认为这些人的变节，正是没有做到儒家的“恒”，没有操守的体现。朱光潜在《朝抵抗力最大的路径走》一文中指出：“目前中国社会腐败的根源，以为一切都由于懒。懒，所以苟且因循敷衍，做事不认真；懒，所以贪小便宜，以不正当的方法解决个人的生计；懒，所以随俗浮沉，一味圆滑，不敢为正义公道奋斗；懒，所以遇引诱即堕落，个人生活无纪律，社会生活无秩序。”[②] 朱光潜在《给青年的十二封》中，也告诫青年人要超越“十字街头”，不能湮没在“十字街头”，而失去自己的操守。恬，就是儒家人格追求的恬淡、简朴、清心寡欲。这也是儒道有交集之处，所以庄子许多地方骂孔子，却对颜回褒奖有加，正因为颜回可以做到一箪食，一瓢饮，在陋巷而不改其乐。朱光潜在抗战时期最重要的著作《诗论》中，重点介绍了陶渊明的身世、郊游、情感、思想、人格、风格等，也可知朱光潜对陶渊明的恬淡生活，并乐在其中的认可。朱光潜在其香港大学书斋中，“恒恬诚勇”四字横幅的另一面所挂的正是陶渊明《形影神》诗中的最后四句，“纵浪大化中，不喜亦不惧。应尽便须尽，无复独多虑”。诚，就是诚实、诚恳，待人诚恳而不自欺。朱光潜在谈论人生的艺术化时，谈到两种人最不艺术，一种是俗人，另一种是伪君子。其中的伪君子就是极尽“沐猴而冠”的伎俩。他们的特点就是不诚实、虚伪。勇，就是能经受打击，敢于进取的勇气，就是“天行健，君子以自强不息”。可以说朱光潜的一生，无不践行着“勇”，考取香港大学，再到考取公派出国留学，并且终其一生，从未停止过对前

① 王攸欣：《朱光潜传》，人民出版社2011年版，第31页。

② 朱光潜：《朝抵抗力最大的路径走·谈修养》，《朱光潜全集》（第四卷），安徽教育出版社1988年版，第24页。

沿知识的汲取与播散。他自称在英法留学八年中，听课、预备考试只是他的一小部分工作，大部分的时间都花在大英博物馆和学校的图书馆里。朱光潜直到自己晚年，还坚持自学俄语，并能达到翻译的程度。他在《朝抵抗力最大的路径走》一文，更是明确地指出，人的本质就在于朝抵抗力最大的路径走，也就是自强不息的“勇”。

以上我们不惜重墨地叙述朱光潜出国前的儒家思想渊源，正是为了更清晰地理解朱光潜后来走上美学之路的必然性，以及朱光潜一生都为之奋斗的教育救国和学术救国的内在原因。众所周知，当社会失序，儒家开出的药方是“礼”与“乐”。“乐”的作用就是可以让人们在内心自觉地遵守“礼”，即所谓“克己复礼为仁”。儒家特别重视“乐”在社会生活中的作用，正所谓“知之者不如好知者，好知者不如乐之者”。孔子认识到审美和艺术在人们达到“仁”的精神境界，而进行的主观修养中能起到一种特殊的作用。因此，孔子特别强调审美教育，从其对《诗》的删订，以及内容与形式上的一些具体要求，都是认识到了艺术对人的思想熏陶上的重要意义。而朱光潜于 1922 年香港大学毕业后至 1925 年去英国留学前，正是践行着孔夫子式的教育救世之路的。正如他在《谈美》开场语中所说的，当他听说他的一些青年学生，因天灾人祸而废学，有些人已经变质拥有高官厚禄或正在“忙”高官厚禄。朱光潜坦言，听到这些消息比他听到日本出兵东三省和轰炸淞沪时还要伤心。他说：“在这个危急存亡的年头，我还有心肝来‘谈风月’么？是的，我现在谈美，正因为时机实在是太紧迫了。朋友，你知道，我是一个旧时代的人，流落在这纷纭扰攘的新时代里面，虽然也出过一番力来领略新时代的思想和情趣，仍然不免抱有许多旧时代的信仰。我坚信中国社会闹得如此之糟，不完全是制度的问题，是大半由于人心太坏。我坚信情感比理智重要，要洗刷人心，并非几句道德家言所可了事，一定要从‘怡情养性’做起，一定要于饱食暖衣、高官厚禄等等之外，别有较高尚、较纯洁的企求。要求人心净化，先要人生美化。”[①]《谈美》写于 1932 年，是其《文艺心理学》的缩写版，而从时间段来看，这个时期的朱光潜已经在欧洲留学 7 年多，对西方的学术前沿早

---

① 朱光潜：《开场语·谈美》，《朱光潜全集》（第二卷），安徽教育出版社 1987 年版，第 6—7 页。

已谙熟于心了，但是他依然将自己定位为旧时代的人，并抱有旧时代的信仰，我们认为朱光潜所谓的“旧时代”的信仰，正是孔子践行的通过审美教育来改变人们的境界。由此实现救亡图存的目的。因此，我们认为朱光潜走上美学之路的最直接动机，正是救亡图存的实际需要。

朱光潜产生通过审美来改造国民性的思想，一方面，如上文所述有来自中国传统儒家思想的元素。另一方面，也是20世纪初期一直盛行着审美救亡社会思潮的影响。随着中国半殖民地半封建社会危机的不断加深，中国近代有识之士，从早期的“师夷长技以制夷”，到学习西方先进的政体制度，再到学习引进西方的思想文化，开始从根本上反省中国传统文化和国民的劣根性。王国维、蔡元培、鲁迅等人都是从思想文化上救亡的重要先驱。自20世纪初至20世纪30年代，正是中国社会危机存亡的紧急时刻，在这一阶段，在如何更好地实现“救亡图存”的根本目的上，中国近代有识之士，选择了两种不同形态的道路：其一，引入西方无功利美学，培养新民，从根本上实现人生解放与国家的富强；其二，引入苏联的功利性美学，改造国民性，实现文艺为社会革命服务。

引进西方无功利美学观的代表性人物为王国维和蔡元培。两位先生采纳了康德、席勒、叔本华等人的无利害美学观，而无利害美学思想正是强调审美自律，将审美的快感与日常功利满足和伦理要求所引起的快感相区分。这种审美的愉悦与自由，无须实用的满足也不受伦理道德的束缚，正是当时深受苦难的中国人所需要的精神慰藉，也是改造国民长期以来太重功利实用弊病的利器。中国人是世界上最重实用的民族。王国维沉痛地指出：“我中国非美术之国也！一切学业，以利用之大宗旨贯注之。治一学，必治其有用与否；为一事，必问其有益与否。”① 因此，王国维完全接受了西方无功利美学观，来改造根深蒂固的实用主义国民性。他说：“美的性质，一言以蔽之曰：‘可爱玩而不可利用者是也’。”② 再从其对文艺是天才之制作和游戏之发泄等观点看，王国维意在构建纯文艺的美学观，反对传

① 王国维：《孔子之美育主义》，《王国维文集》（第三卷），中国文史出版社1997年版，第158页。

② 王国维：《古雅之在美学上之位置》，周锡山编校《王国维文学美学论著集》，北岳文艺出版社1897年版，第37页。

统的实用工具论文艺观，其根本目的在于培养“新世界观和新人生观”。[①] 王国维美学思想带有深刻的近代性，是中国现代美学的真正奠基人。蔡元培也同样引进西方的无功利和游戏说，也旨在“培养新民”。蔡元培推行的是“教育救国”之路。他的美学根本出发点就在于通过审美教育引导人们从充满利害纠纷的现象世界进入自由的实体世界。

20 世纪 20—30 年代，“救亡与启蒙”成为时代的潮流。随着中国社会危机的不断升级，“救亡”逐步压倒了“启蒙”，从 20—30 年代到 40 年代，审美自律的无功利论与为社会的工具论之间，经过了一次又一次的争论，直到 1942 年毛泽东发表《在延安文艺座谈会上的讲话》，标志着 20 世纪前 50 年中国化的马克思主义文艺观的理论完成。它总结了抗战以来的文艺方针，也预示着新中国文艺理论的基本走向。

如前文所述，朱光潜曾于 1918 年至 1922 年期间，在香港大学学习，开始受到新文化运动以来的新思想影响。反思中国文化和改造国民性，也成为青年朱光潜思考的重要领域所在。他说：“我到香港大学后不久，就发生了五四运动，洋学堂和五四运动当然漠不相干。不过我在私塾里就酷爱梁启超的《饮冰室文集》，颇有认识新鲜事物的热望。在香港还接触到《新青年》。我看到胡适提倡白话文的文章，心里发生过很大的动荡。我始而反对，因为自己也在‘桐城谬种’之列，可是不久也就转过弯来了。”[②] 朱光潜香港大学毕业后，积极践行反思与改造国民性的工作，从其与叶圣陶、刘大白、夏衍等好友成立立达学园，创办开明书店来看，其启蒙意图非常明显。朱光潜后来经过从北京大学辗转到四川大学和武汉大学的一些人事纷争，更加清晰地认识到：“我们需要一番严厉的自我检讨，然后才能有一番勇猛的振作。”[③] 可以说，通过艺术活动来培养国民的精神境界，正是朱光潜通过一番严厉的民族反省之后，所进行的对症下药工作。

二、培养青年的浅在动机

朱光潜在《文艺心理学》一书的作者自白中，指出其走上美学之路纯

① 王国维：《古雅之在美学上之位置》，周锡山编校《王国维文学美学论著集》，北岳文艺出版社 1897 年版，第 24 页。

② 朱光潜：《作者自传》，《朱光潜全集》（第一卷），安徽教育出版社 1987 年版，第 2 页。

③ 朱光潜：《谈处群（下）·谈修养》，《朱光潜全集》（第四卷），安徽教育出版社 1988 年版，第 54 页。

属偶然。他说："从前我绝没有梦想到我有一天会走到美学的路上去。"①从作者自传中，也可以得知，朱光潜先后在香港大学、爱丁堡大学、伦敦大学、巴黎大学、斯特拉斯堡大学学了几十门功课，他说自己解剖过鲨鱼，制造过染色切片，读过建筑史，学过符号名学，用过熏烟鼓和电气反应表测验心理反应，但是从来没上过一次美学课。可以说朱光潜求学之路，本身就是美学的，体现出审美的无所为而为的特征。

那么，朱光潜从事美学研究真的完全出于偶然的个人兴趣爱好吗？他在作者自白中，确实也说道："我原来的兴趣中心第一是文学，其次是心理学，第三是哲学。因为欢喜文学，我被逼到研究批评的标准，艺术与人生、艺术与自然、内容与形式、语文与思想诸问题；因为欢喜心理学，我被逼到研究想象与情感的关系、创造和欣赏的心理活动以及趣味上的个别的差异；因为欢喜哲学，我被逼到研究康德、黑格尔和克罗齐诸人讨论美学的著作。这么一来，美学便成为我所欢喜的几种学问的联络线索了。"②其实，只要我们回顾朱光潜的个性禀赋和生活历程，我们不难发现，朱光潜先生走上美学之路，进而为美学研究贡献一生，与其深受儒家"穷则独善其身，达则兼济天下"思想的影响有关，与希望深陷灾难的中国恢复秩序有关。我们在上文朱光潜美学研究"救亡图存"的直接动机中，多有阐述。不论从朱光潜生活历程还是学术历程，可看出他始终践行着儒家人格理想的"恒恬诚勇"四字诤言，也无愧于"穷则独善其身，达则兼济天下"的要求。朱光潜和当时的中国有识之士一样，看到了中国社会的各种弊病症候，朱光潜开出的药方正是审美教育救国，通过培养理想青年来达到救国宏愿。

（一）青年是国家民族的希望

1937年"卢沟桥事变"之后，日本发动全面侵华战争，华北很快沦陷，中华民族面临着亡国灭种的考验。自1937年到1945年期间，朱光潜逃难到成都的四川大学和乐山的武汉大学。四川当时成为中国的大后方，成都和乐山都是以风景优美著称，正符合朱光潜一向喜欢清静的环境要求。而此时的朱光潜内心深处却不沉静，台湾学者齐邦媛近年出版的反映

①② 朱光潜：《作者自白·文艺心理学》，《朱光潜全集》（第一卷），安徽教育出版社1987年版，第200页。

抗战史的著作《巨流河》，回忆了这一时期的朱光潜：

朱老师用当时全世界的标准选本，美国诗人帕尔格雷夫主编的《英诗金库》，但武大迁来的图书馆只有六本课本，分配三本给女生、三本给男生，轮流按课程进度先抄诗再上课。我去嘉乐纸厂买了三大本最好的嘉乐纸笔记本，从里到外都是梦幻般的浅蓝，在昏暗灯光下抄得满满的诗句和老师的指引。一年欣喜学习的笔迹仍在一触即碎的纸上，随我至今。

朱老师虽以《英诗金库》作课本，但并不按照编者的编年史次序——分莎士比亚（William Shakespeare，1564 – 1616）、弥尔顿（John Milton，1608 – 1674）、格雷（Thomas Gray，1716 – 1771）和浪漫时期（The Romantic Period）。他在上学期所选之诗都以教育文学品位为主，教我们什么是好诗，第一组竟是华兹华斯（William Wordsworth，1770 – 1850）那一串晶莹璀璨的《露西组诗》（*Lucy Poems*）。

那幽雅静美的少女露西是谁，至今两百年无人确定，但他为追忆这早夭的十八岁情人所写的五首小诗，却是英国文学史的瑰宝，平实简朴的深情至今少有人能超越。最后一首《彼时，幽暗遮蔽我心》（*A Slumber Did My Spirit Seal*）是我六十年来疗伤止痛的最好的良药之一。我在演讲、文章中背诵它，希望证明诗对人生的力量，当年朱老师必是希望以此开启对我们的西方文学的教育吧。这组诗第三首《我在陌生人中旅行》（*I Travelled among Unknown Men*），诗人说我再也不离开英国了，因为露西最后看到的是英国的绿野——这对当时爱国高于一切的我，是最美最有力的爱国情诗了。

朱老师选了十多首华兹华斯的短诗，指出文字简洁、情景贴切之处，讲到他《孤独的收割者》（*The Solitary Reaper*），说她歌声渐远时，令人联想唐人钱起诗："曲终人不见，江上数峰青"的余韵。

直到有一天，教到华兹华斯较长的一首《玛格丽特的悲苦》（*The Affliction of Margaret*），写一妇女，其独子出外谋生，七年无音讯。诗人隔着沼泽，每夜听见她呼唤儿子名字：“Where are you, my beloved son, ...”（你在哪儿，我亲爱的儿啊……）逢人便问有无遇见，揣想种种失踪情境。

朱老师读到“the fowls of heaven have wings, ...Chains tie us down by land and sea”（天上的鸟儿有翅膀……连紧我们的是大地和海洋），说中国古诗有相似的“风云有鸟路，江汉限无梁”之句，此时竟然语带哽咽，稍微停顿又继续念下去，念到最后两行：

If any chance to heave a sigh,（若有人为我叹息，）

They pity me, and not my grief.（他们怜悯的是我，不是我的悲苦。）

老师取下了眼镜，眼泪流下双颊，突然把书合上，快步走出教室，留下满室愕然，却无人开口说话。

也许，在那样一个艰困的时代，坦率表现感情是一件奢侈的事，对于仍然崇拜偶像的大学二年级学生来说，这是一件难于评论的意外，甚至是感到荣幸的事，能看到文学名师至情的眼泪。[①]

抗战时期武汉大学旧址 朱光潜曾在这里讲课

① 齐邦媛：《巨流河》，生活·读书·新知三联书店2013年版，第113页。

在国难当头，炮火连天的时刻，美学研究有了共同的爱国主义的主题和共同的思想追求。“无不在热诚地渲染昂奋的民族心理与时代气氛，英雄主义的调子贯穿一切创作，表现出来的统一的色彩，鲜明而单纯”。“我们知道伟大的民族革命战争的两年间，使中国的一切生活方式，生活状态完全改变了一个全新的样式，非常丰富、复杂，多样的生活在每一个人的中间生长着、变化着，特别是在战地、在敌后方，滋长着伟大的民族革命的史诗，特别是为了宣布中华民族为自由独立而抗战的精神，为建立和平、幸福的新中国而奋斗的意志，需要经过作家的笔，传达到世界上来。”①

朱光潜在这一时期，除了教书以外，并没有多少美学理论研究成果出版，唯一的美学专著只有《诗论》。可是《诗论》早在1933年朱光潜回国时，就写好了初稿，并凭借《诗论》为自己学识凭证，而受聘为北京大学西语系教授。朱光潜在四川期间，学术活动大多是一些演讲、评论之类。论文结集为《谈修养》和《谈文学》两书出版。朱光潜因救亡心切，也表现出激愤文风，而有别于此前的温雅。

朱光潜在《一番语重心长的话——给现代中国青年》中指出其从事教育事业的根本动机，他说：“像我这样教书的人把生命断送在粉笔屑中，眼巴巴地希望造就几个人才来，得一点精神上的安慰，而年复一年地见到出学校门的学生们都朝一条平凡而暗淡的路径走，毫无补于文化的进展和社会的改善。这种生活有何意义？岂不是自误误人？其次，就国家民族的设想，在这严重的关头，性格已固定的一辈子人似已无大希望，可希望的只有少年英俊，国家耗费了许多人力和财力来培养成千成万的青年，也正是希望他们将来能担负国家民族的重任。”② 朱光潜和当时有志之士都普遍认识到，中国落后挨打并非简单的器械、体格、物质等硬件上不如人，而是人的精神和素养不如人。他说：“我个人深切地感觉到中国社会所以腐蚀，实由我们人的质料太差，学问、品格、才力，件件都经不起衡量。要

① 荪：《送作家战地访问团出发》，参见廖全京、文天行、王大明编《作家战地访问团史料选编》，四川省社会科学院出版社1984年版，第3页。

② 朱光潜：《一番语重心长的话——给现代中国青年·谈修养》，《朱光潜全集》（第四卷），安徽教育出版社1988年版，第8页。

把中国社会变好，第一须先把人的质料变好。”[①] 朱光潜有着根深蒂固的观念，就是认为“情感比理智重要”，将中国青年的质料变好的重要途径就是艺术创造与欣赏，这是其从事美学之路的重要动机。他说：“这些年来我在学校里教书任职，和青年人接触的机会多，关于修养的许多实际问题引起这本小册子里所发表的一些感想。问题自身有些联络，我的感想也随之有些联络。万变不离宗，谈来谈去，都归结到做人的道理。”[②] 可见，将青年人培养为除了与蝇蛆争温饱之外，尚能有高尚的企求，是朱光潜美学研究的又一动机。《谈美》写于朱光潜远在海外留学的1932年，而《谈修养》写于1940年到1942年间，中间相隔十年，但朱光潜对青年的期望一直没有改变。

朱光潜在其自传中也坦言他的大部分著作都是为青年写的。当抗日战争进入最困难的时期，朱光潜坚信中国必胜，他在《朝抵抗力最大的路径走》一文中，明确分析了中日之间，最后的胜利在中国，但是当时的中国最缺乏的正是必胜的信心和克服困难的勇气。从其《谈美》一书，更能看到朱光潜对青年人的殷切希望，他说：“悠悠的过去只是一片漆黑的天空，我们所以还能认识出来这漆黑的天空者，全赖思想家和艺术家所散布的几点星光。朋友，让我们珍重这几点星光！让我们也努力散布几点星光去照耀那和过去一般漆黑的未来。”[③] 可见，朱光潜在危难关头，急切地与青年朋友们谈美、谈修养、谈文学，并非是闲谈风月，而是希望在不经意间培养、感化青年，其动机是启蒙与救亡的。

（二）青年的病态

从王攸欣的《朱光潜传》中，可以清楚地了解朱光潜一生都在读书、写书、教书，一直与青年人打交道，并且对青年有特殊的感召力。他的好友夏丏尊在《给青年的十二封信》所写的序言中指出：“他那笃热的情感，温文的态度，丰富的学殖，无一不使和他接近的青年感服。他的赴欧洲，目的也就在谋中等教育的改进。作者实是一个终身愿与青年为友的志

---

① 朱光潜：《个人本位与社会本位的伦理观·谈修养》，《朱光潜全集》（第四卷），安徽教育出版社1988年版，第40页。

② 朱光潜：《谈修养》，《朱光潜全集》（第四卷），安徽教育出版社1988年版，第4页。

③ 朱光潜：《谈美》，《朱光潜全集》（第二卷），安徽教育出版社1987年版，第13页。

士。”[①] 可知朱光潜对青年充满深情，对其存在的病态也有着深刻的体察。朱光潜从事美学研究并孜孜不倦，诚如陈文忠指出的始于为青年消除烦闷，并旨在培养理想青年[②]。朱光潜在危机时刻与青年谈美，并认为这是青年最迫切需要的清凉散。可见其别有深意。

那么当时的中国青年存在哪些心理病态呢？朱光潜在《给青年的十二封信》《谈美》《谈修养》等著作中，都有论及青年的病态。其中，还专门有一篇文章《谈青年的心理病态》，在该文中朱光潜指出青年的三大心理病态分别为压迫感、寂寞感和空虚感。朱光潜指出青年人本来应朝气蓬勃，但是现实又往往不能尽如人意，就会产生烦闷、压抑，进而堕落、庸俗化，要么产生自杀心理。朱光潜在中国公学的得意学生夏孟刚就因不能排遣自己的烦闷而自杀，朱光潜还写了篇《悼夏孟刚》。朱光潜之所以走上美学之路，也确实始于思考如何消除青年人的烦闷。从朱光潜早期著作《无言之美》中也可以看出朱光潜认为人生本来就是悲剧的。他说：“我们所居的世界是最完美的，就因为它是最不完美的。这句表明看去不通，但是实在含有至理。假如世界是完美的，人类所过的生活——比好一点，是神仙的生活，比坏一点，就是猪的生活——便呆板单调已极，因为倘若件件都尽美尽善了，自然没有希望发生，更没有努力奋斗的必要。人生最可乐的就是活动所生的感觉，就是奋斗成功而得的快慰。”[③] 可见朱光潜认为只要是人就难免是苦多乐少的，但是当时青年优秀者如夏孟刚竟然走上自杀的道路，着实让朱光潜震惊。他在《悼夏孟刚》一文中批判享乐主义和悲观主义两种病态人生观，而提倡自强不息超越性人生观。他说：“所谓‘绝我’，其精神类自杀，把涉及我的一切忧苦欢乐的观念一刀斩断。所谓‘不绝世’，其目的在改造，在革命，在把现在的世界换过面孔，使罪恶苦痛，无自而生。”朱光潜将这样人生态度概括为“以出世的精神，做入世的事业”。[④] 可见朱光潜所忧虑的正是当时青年“太贪容易，太浮浅粗疏，太不能深入、太不能耐苦”了，进而走上玩世、绝世，甚至绝我的悲惨境

---

① 夏丏尊：《给青年的十二封信·序》，《朱光潜全集》（第一卷），安徽教育出版社 1987 年版，第 77 页。

② 陈文忠：《一生与青年为友的美学家——论朱光潜的美学动机和美学情结》，《美育学刊》2012 年第 4 期，第 24 页。

③ 朱光潜：《无言之美》，《朱光潜全集》（第一卷），安徽教育出版社 1987 年版，第 71—72 页。

④ 朱光潜：《悼夏孟刚》，《朱光潜全集》（第一卷），安徽教育出版社 1987 年版，第 75—76 页。

地。他说:“很多青年人的一生是一部悲惨的三部曲:时光向前疾驶,毫不留情去等待人,一转眼青年变成中年老年,一不留意便陷到许多中年和老年人的厄运。这厄运是一部悲惨的三部曲。第一部是悬一个很高的理想,要改变社会;第二部是发现理想与事实的冲突,意志与社会恶势力相持不下;第三部便是理想消灭,意志向事实投降,没有改变社会,反被社会腐化。给它们一个简题,这是‘追求’、‘彷徨’、‘堕落’。”[①] 朱光潜沉痛地说道,“青年们,这是一条死路”!所以,朱光潜深刻体察到青年人的病态心理之后,开出的药方就是通过艺术创造与欣赏,来怡情悦性,使其免俗,并具有“出世的精神”,进而更好地“做入世的事业”。

(三)理想青年的培养

综上所述,朱光潜找到中国社会病症所在,也开出疗治的方法,就是希望在青年。但并非所有的青年都能担此重任。唯有脱去病态的理想青年,才是国家社会的希望。理想青年的培养就成为朱光潜在危难存亡时期的重要动机,他提出的方法就是审美教育,人格感化。朱光潜早年从香港大学毕业,就开始萌生教育自由,反对官僚对教育的商业化运营,青年朱光潜在上海与一批志同道合的朋友,创建立达学园,直接的目标就是培养改造社会的领袖人物,使他们脱尽中华民族的劣根性。立达中学,校名也取自《论语》的“己欲立而立人,己欲达而达人”。立达中学的办学宗旨第一条就是人格感化。可见,青年朱光潜就在积极从事着教育救国的实践。

那么,什么样的青年才是理想青年呢?从朱光潜的《给青年的十二封信》到《谈美》和《谈修养》,再到从《消除烦闷与超脱现实》到《谈理想的青年——回答一位青年朋友的询问》等论述中,朱光潜关于理想青年有以下条件:

首先,应当具有超越十字街头的免疫力。朱光潜主要用意是理想青年应走出象牙之塔,来到十字街头,意在与现实社会接触,但是要有超越十字街头各种腐蚀剂的免疫力。他告诫青年要能于街头叫嚣中不至于自我沉沦,“以冷静态度,灼见世弊;以深沉思考,规划方略;以坚强意志,征

① 朱光潜:《一番语重心长的话——给现代中国青年·谈修养》,《朱光潜全集》(第四卷),安徽教育出版社1988年版,第8—9页。

服障碍”。[1] 当时振聋发聩，今天也发人深省。

其次，应当具有“超效率”观念。所谓“超效率”就是不要太短视，急功近利，也是朱光潜针对青年病态之一的“太贪容易、太浮浅粗疏、太不能深入、太不能耐苦”而发的。

再次，应当确立“多元宇宙”观念。即要求青年具有多元的价值和多元的知识体系。朱光潜指出多元宇宙基本由三个方面构成，即道德宇宙、科学宇宙和美术宇宙。现在青年应具有多元的价值体系，成为一个完全的人，而非单向度的人。

最后，朱光潜在 1943 年发表的《谈理想的青年》一文也指出理想青年具有四大条件：其一为运动选手的体格，其二为科学家的头脑，其三为宗教家的热忱，其四为艺术家的胸襟。可见，理想青年的诸多要求也体现了朱光潜自己的艺术化人生理想的追求。

三、人生艺术化的深层动机

艺术与人生的关系，才是朱光潜思考的最根本的问题，人生的艺术化是其美学研究的最深层次的动机。朱光潜提出“人生的艺术化”，是在《谈美》一书的最后一章，而《谈美》是其美学原理色彩最重的《文艺心理学》的缩写版，他自己也坦言后来的很多著作都是《文艺心理学》基本原理的具体运用，如他在《文艺心理学》作者自白中说：“本书泛论文艺，我另外写了一部《诗论》，运用本书的基本原理去讨论诗的问题。”[2] 可见，朱光潜不惜笔墨地与青年朋友谈论艺术的创造与欣赏，只是为其阐述“人生的艺术化”做足理论上的支撑。从中国现代青年人生的艺术化，进而探讨人类如何艺术化生存，才是朱光潜用一生守护美学的最根本动力。

从朱光潜早年的《无言之美》（1924）中也可以看出，朱光潜认为：“世界之所以美满，就在有缺陷，就在有希望的机会，有想象的田地。”[3] 其实，早年朱光潜就已经具有很深刻的悲剧思想了，也难怪其留学欧洲一

① 朱光潜：《谈十字街头·给青年的十二封信》，《朱光潜全集》（第一卷），安徽教育出版社 1987 年版，第 22—25 页。

② 朱光潜：《作者自白·文艺心理学》，《朱光潜全集》（第一卷），安徽教育出版社 1987 年版，第 200 页。

③ 朱光潜：《无言之美》，《朱光潜全集》（第一卷），安徽教育出版社 1987 年版，第 72 页。

直对悲剧理论情有独钟，并且以悲剧研究拿到斯特拉斯堡大学的博士学位，并于1933年，由斯特拉斯堡大学正式全英文出版。朱光潜于1929年，远在欧洲留学得知自己在立达学园教过的得意弟子夏孟刚因烦闷而自杀，专门写了一篇《悼夏孟刚》，讨论其对自杀的看法，以及坚持认为人之所以为人注定就是悲剧的观点。他说："人生是最繁复而诡秘的，悲字乐字都不足以概其全。愚者拙者混混沌沌地过去，反倒觉庸庸多厚福。具有湛思慧解的人总不免苦多乐少。"[①] 人之所以为人全在于其有意识活动，愚者拙者，在朱光潜看来都有愧为人。那么，人注定为悲剧的命运，如何获得解脱与超越呢？朱光潜深受传统儒家思想影响，主张积极进取自强不息的奋斗精神，来抗争战胜人生中的苦难与障碍。从其写于20世纪40年代的《朝抵抗力最大的路径走》一文中，朱光潜坚持自己在青年时就持有的抗争苦难的观点，他再次掷地有声地说："人之所以为人，就在能不为最大的抵抗力所屈服。我们如果要测量一个人有多少人性，最好的标准就是他对于抵抗力所拿出的抵抗力。"[②] 20世纪40年代，中国遭遇日本全面侵华战争，国土沦丧，山河破碎，东北、华北、华南都已陷于日军铁骑的肆意践踏之中，此时的朱光潜也已到四川，他发出了作为一名知识分子的强有力的抗战宣言。朱光潜在该文的最后，直击要害，指出如果我们朝着抵抗力低的路径走，就是失去人的资格。行文上也可以看出朱光潜的激愤，改变了其早年行文的温雅，而是奋笔疾书。他激愤地说："生命就是奋斗，不能奋斗，就失去生命的意义与价值。"还沉痛地指出当前中国社会腐败的根源，以为"一切都由于懒"。[③] 具体到中国当时面临的日本侵略战争，朱光潜指出："于今我们又临到严重的关头了。横在我们面前的只有两条路，一是汪精卫和一班汉奸所走的，抵抗力最低的，屈伏；一是朝抵抗力最大的路径走，抗战。"[④]

那么，人生的艺术化，与朱光潜所认为的人之所以为人就在奋斗之间有何关联呢？朱光潜为何谈人生的艺术之前，大谈艺术的创造与欣赏呢？

---

① 朱光潜：《悼夏孟刚》，《朱光潜全集》（第一卷），安徽教育出版社1987年版，第75页。

② 朱光潜：《朝抵抗力最大的路径走·谈修养》，《朱光潜全集》（第四卷），安徽教育出版社1988年版，第20页。

③ 同上，第24页。

④ 同上，第26页。

因为在朱光潜看来，只有人在艺术创造与欣赏中，才可以获得精神上的自由与解放，生命力才能达到最完全地彰显。这样的自由超脱的人生，正是人的生命展开的过程，也是其艺术化的过程，其间自然伴随着对烦闷、困苦、灾难的抗争与超脱。朱光潜认为在艺术创造与欣赏中，人才与现实保持距离，暂时脱离实用的功利性和伦理的道德束缚，人在艺术中才真正是自己的主人，“人生本来就是一个较广义的艺术。每个人的生命史就是他自己的作品”。[①] 因此，朱光潜倡导创造的人生，不断超越自己的人生，不断改造社会的人生，也就是“绝我而不绝世”的人生，就是以无所为而为之的自由的生命来创造和改造社会。这正是朱光潜在抗日战争时期，以艺术救亡的基本思路，也是其从事美学研究的最根本的动力。可以看成朱光潜一生奋斗不息的精神源泉，并希望中国青年也与之一起共勉，去为人类的历史散布照亮未来的星光。朱光潜一生确实做到了生命不息奋斗不止，也确实成为中国现代美学史上一缕最璀璨的星光。

朱光潜指出自由的人生，是人的生命最完整的彰显，不为实用和伦理所牵绊，又是至性至情的流露。在这种状态下，人达到了与外物的交感共鸣，在微尘中见大千，从而超越有限获得永恒。我们将在下一节朱光潜美感特征分析中再详述。他说：“景物变动不居，情趣亦自生生不息。我有我的个性，物也有物的个性，这种个性又随时地变迁而生长发展。”[②] 朱光潜看似在论述艺术创作上的“修辞立其诚”，其实质是在论人生，即这种至诚至深的生命得以敞开，就是美满的生命的表现，所谓艺术的生活就是本色的生活。朱光潜说世间有两种人的生活最不艺术，一种是俗人，一种是伪君子。俗人根本就缺乏本色，伪君子则竭力遮盖本色。朱光潜还指出文章与生活都忌俗滥，俗滥就是自己没有本色而蹈袭别人的成规旧矩，而落实到人生的俗滥，就是朱光潜所说的没有做到至情至性的本色生活，也就是被湮没在十字街头、被流俗腐蚀。这样的人生，朱光潜认为就是“生命的机械化”，只能做喜剧中的角色。生活落到喜剧里去的人，大半都是不艺术的。

朱光潜进而指出，艺术的人生与伦理的人生具有相通性。因为在当时

① 朱光潜：《“慢慢走，欣赏啊！”——人生的艺术化·谈美》，《朱光潜全集》（第二卷），安徽教育出版社1987年版，第91页。

② 同上，第91—92页。

山河沦陷的时代下，朱光潜大谈艺术的创造与欣赏，被一些左翼作者批评。批评者包括鲁迅、巴金等著名人物，都批评过朱光潜的静穆艺术观，以及将青年带进精神的象牙塔内，而脱离社会现实等。其实，朱光潜和鲁迅都是以改造国民性的启蒙者自居的，都旨在救亡图存，只是各自所开的药方不同。鲁迅提倡的是金刚怒目式的“动”的方式；朱光潜却崇尚从人生的感化入手，属于春风沐雨式的“静”的方式。在朱光潜看来，人只有在“无所为而为的玩索”状态下，生命活动才能绝对自由。他说人愈能摆脱肉体需要的限制而做自由活动，则离神亦愈近。“无所为而为的玩索”是唯一的自由活动，所以成为最上的理想。[①] 因此，朱光潜认为，最高的美也是最高的善，人达此境界，也就进入了诗的境界、艺术化的境界。

朱光潜接着说：“艺术是情趣的活动，艺术的生活也就是情趣丰富的生活。人可以分为两种，一种是情趣丰富的，对于许多事物都觉得有趣味，而且到处寻求享受这种趣味。一种是情趣干枯的，对于许多事物都觉得没有趣味，也不去寻求趣味，只终日拼命和蝇蛆在一块争温饱。后者是俗人，前者就是艺术家。情趣愈丰富，生活也愈美满，所谓人生的艺术化就是人生的情趣化。”[②] 朱光潜从事美学研究的深层动机，再清楚不过了，即追求艺术化的生活，情趣化的人生，希望青年人因审美感化而脱离烦闷，走上有高尚情操的人生道路。朱光潜在《谈美》开场话，坦言中国社会闹得如此之糟，大半因人心不能免俗，而济世之道，正在于从“怡情养性”做起，一定要于饱食暖衣、高官厚禄等之外，别有较高尚、较纯洁的企求。要求人心净化，先要人生美化。朱光潜正是想通过创造艺术和欣赏艺术，来把玩它的意象、领略它的趣味，来获得自由自在的美感享受，因为“在欣赏时，人和神仙一样自由，一样有福”。[③] 不仅可以解脱烦闷，更在于使人免俗。

总之，我们认为朱光潜走上美学之路，并矢志不渝，直接的动机在于救亡图存，在国难当头的紧急时刻，朱光潜和近代中国有志之士一样，充满救亡激情。朱光潜救世所开的药方是通过培养青年，审美救国。朱光潜

---

① 朱光潜：《“慢慢走，欣赏啊！”——人生的艺术化·谈美》，《朱光潜全集》（第二卷），安徽教育出版社 1987 年版，第 95 页。

② 同上，第 96 页。

③ 同上，第 96 页。

认为中国的希望在于理想青年，使青年走出烦闷和免俗，成为朱光潜美学研究的出发点，并且认为通过艺术创造与欣赏，可以使青年走出心理病态，成为理想化青年。朱光潜进而探索人生艺术化的路径。人生如何获得最根本的自由与解放，又成为朱光潜美学研究的更深层动机，也为朱光潜美学思想增添了宗教超越性情怀。

第二节 “物我同一”与朱光潜的美感经验研究

在第一节中，我们不惜笔墨详细阐述朱光潜走上美学道路的直接动机和深层目的，可以说朱光潜在山河残破国难当头之际，正以一名有良知、有担当的知识分子，为国家民族进言献策。朱光潜选择在这危难紧急时刻，与青年朋友谈美、谈修养、谈文学、谈诗，正缘于朱光潜认为中国社会之所以如此之糟，是因为人心太坏，人们除了与蝇蛆争温饱之外，别无更高的企求。因此，他认为救亡图存的关键是培养中国青年，使其免俗、人生美化，而要实现青年人的人生美化，最有效的方式，就是从“怡养性情”开始，从谈美、谈修养、谈文学、谈诗开始。这也与朱光潜认为的人性本质本身就存在除了饮食男女之外，尚有精神上的饥渴，除了与蝇蛆争温饱之外，更应有更高的企求，这是人之所以为人的尊严；也是中国走出混乱、落后、腐败，以及走上秩序、富强、高尚的方剂。

从朱光潜自传来看，朱光潜追求的是独立自由的人格，他说自己是世界大舞台里的一个演员，却站在台下喝彩。朱光潜将自己置身于世界之外，以一个欣赏者来把玩、回味世界这一“图画”或“诗”，诚如朱光潜在《谈学文艺的甘苦》一文指出的，这种旁观者的静观，被一些人批评为“颓废”“滑头”“不严肃”。但是我们认为朱光潜的良苦用心，绝非如人们所说的颓废主义和滑头主义，他说“人本来需要同情”，在我们看来，朱光潜在当时是多么寂寞，缺乏知音，“爱好文艺的人们总难免有几分书呆子的心习，以书呆子的心习去处身涉世，总难免处处觉得格格不入”。[①]

① 朱光潜：《谈学文艺的甘苦·我与文学及其他》，《朱光潜全集》（第三卷），安徽教育出版社 1987 年版，第 342 页。

朱光潜的这样以跳出世界之外去观世界的方式，绝非是颓废和不严肃，而是一种至诚至性的最高严肃。他说："我所懂得的最高的严肃只有在超世观世时才经验到，我如果有时颓废，也是因为偶然间失去超世观世的胸襟而斤斤计较自己的利害得失。我不敢说它对于旁人怎样，这种超世观世的态度对于我却是一种救星。它帮助我忘去许多痛苦，容忍许多人所不能容忍的人和事，并且给我许多生命力，使我勤勤恳恳地做人。"[①] 因此，朱光潜以自己现身说法，得出谈美、谈文学、谈诗等超世观世方式，更能激发自己的生命力，是超脱现实、改造现实的最严肃的体现，是改造国民劣根性的根本途径。

之所以产生以超世观世的审美救亡道路，并非其有意为之，而是在大灾大难面前，朱光潜更加深刻地看到了中国国民的劣根性。朱光潜也从自己一直崇尚的世界大舞台的旁观者变为一名"演员"，直接参与了争取教育自由和校务管理这类实际工作。1937 年，"卢沟桥事变"爆发，日本发动全面侵华战争，朱光潜与北京大学的一些同事从北京辗转天津、烟台、济南、南京、上海，最后由上海来到成都。一路上，朱光潜更加深切地体会到中国人的无秩序、自私自利等劣根性。朱光潜于 1937 年 7 月到 1946 年 8 月，先后在成都的四川大学担任文学院院长和乐山的武汉大学教务长等职务，在危亡面前，朱光潜接受了自己一向不热心的行政职务，在两校任职期间，还组织并领导了四川大学"易长风潮"，经历了武汉大学的安徽籍教授与湖南籍教授直接的相互排挤斗争。[②] 朱光潜经过这些人事纷争和战乱更加促使其对国民性的反思，此期间朱光潜陆陆续续写出《谈群处》《谈恻隐之心》《个人本位与社会本位的伦理观》《谈羞恶之心》《谈立志》《一番语重心长的话——给现代中国青年》《朝抵抗力最大的路径走》等一系列论文，来反省国民性。

朱光潜痛心地看到，中国人的自私自利、麻木不仁，不能团结同心等弱点，正是导致中国腐浊混乱的根源。他说："我们民族性的优点很多，

① 朱光潜：《谈学文艺的甘苦·我与文学及其他》，《朱光潜全集》（第三卷），安徽教育出版社 1987 年版，第 344 页。

② 参见王攸欣《朱光潜传》，人民出版社 2011 年版，第七章"辗转巴蜀"，第 221 页。"朱光潜在川大仅待了一年多时间，易长风潮就起来了，朱光潜成为此次风潮的领袖人物，第一次参与争取学术自由的权力和政治派系之争。"

只是不善处群。‘一个和尚挑水吃，两个和尚抬水吃，三个和尚没水吃’，这个流行的谚语把我们民族性的弱点表现得最深刻。在私人企业方面，我们的聪明、耐性、刚毅力并不让人，一遇到公众事业，我们便处处暴露自私、孤僻散漫和推诿责任。这是我们的致命伤，要民族复兴，政治家和教育家首先应锐意改革的就在此点。”① 朱光潜的反省是深刻的，认识到国民问题，并提出了疗治的药方，即审美感化。在我们看来，朱光潜和鲁迅在救亡图存的热情上是一致的，只是鲁迅较朱光潜更为冷酷地揭示国民的劣根性，他也坦言希望引起疗治的注意。而朱光潜揭示得比较温和，并且也提供了有针对性的疗治国民劣根性的方略。在《谈恻隐之心》一文中，朱光潜引述罗素的《中国问题》中指出的我们民族性格的三个弱点：贪污、怯懦和残忍。“我在中国时，成千成万的人在饥荒中待毙，人们为着几块钱出卖儿女，卖不出就弄死。白种人很尽了力去赈荒，而中国人自己出的力却很少，连那很少的还是被贪污吞没。”② 朱光潜在《谈恻隐之心》一文中，逐一对罗素对中国民族三个弱点进行了辩护，但也深切地感到国民确实存在很多弱点。他将出现这些弱点的原因归结为自私，为一点儿暖衣饱食而与蝇蛆争温饱的俗。因此，朱光潜认为在艺术的创造与欣赏中，国民能得到心灵的陶冶，人格的感化和生命精神的自由，可以从充满限制与障碍的现实世界进入梦幻般的意象世界。朱光潜认为人性是多方面的，只有“真善美三者俱备才可以算是完全的人。人性中本有饮食欲，渴而无所饮，饥而无所食，固然是一种缺乏；人性中本有求知欲而没有科学的活动，本有美的嗜好而没有美感的活动，也未始不是一种缺乏。真和美的需要也是人生中的一种饥渴——精神上的饥渴。疾病衰老的身体才没有口腹的饥渴。同理，你遇到一个没有精神上的饥渴的人或民族，你可以断定他的心灵已到了疾病衰老的状态”。③ 他认为如果青年可以达到审美的境界，不仅是青年人性本身的要求，也可以以此免俗，救亡图存也会水到渠成，并且可以获得生命的最根本的解放与自由。

---

① 朱光潜：《谈处群（上）·谈修养》，《朱光潜全集》（第四卷），安徽教育出版社 1988 年版，第 42 页。

② 朱光潜：《谈恻隐之心·谈修养》，《朱光潜全集》（第四卷），安徽教育出版社 1988 年版，第 62 页。

③ 朱光潜：《我们对于一棵古松的三种态度——实用的、科学的、美感的·谈美》，《朱光潜全集》（第二卷），安徽教育出版社 1987 年版，第 12 页。

可见，如果我们在具体分析朱光潜美学思想之前，没有关于朱光潜这些知识背景的了解，就会对朱光潜美学思想的理解出现偏差甚至误解，其审美与人生关系本来是如此紧密联系在一起的，却得出朱光潜谈美是一种逃避人生、逃避现实的颓废主义和滑头主义，将青年引进脱离生活的精神象牙塔。而朱光潜走上美学研究之路，就始终贯穿着“以无所为而为的方式”去更好地实现人生生命的充分展开，即“以出世的精神做入世的事业”，也就是以超世观世的审美方式，来实现救亡图存、人生的审美化。朱光潜所谓的“出世的精神”正是与其美学研究的核心美感经验相通，朱光潜美感经验的具体特征也正是其审美救亡和人生艺术化的理论支撑。因此，朱光潜美感经验理论，是其美学思想的前提，我们认为朱光潜美感经验主要具有三大特征：其一，美感经验是形象的直觉；其二，美感经验具有物我同一性；其三，美感经验处于永恒的动态创构中。

一、美感经验是形象的直觉

朱光潜坦言美学的最大任务就是分析美学经验，“美感经验”是朱光潜美学研究的核心，从其留学欧洲的1930年前后写作《文艺心理学》起，就开始对美感经验进行了精细的分析，再到20世纪50年代，朱光潜为自己美学思想进行辩护的论文：《关于美感问题》，再到1983年再次发表《美感问题》，可以说朱光潜的美学研究，开始于美感经验的分析，也终于美感问题。因此，美感经验具体特征的把握，是把握朱光潜美学思想的关键。

朱光潜有关美感经验的分析集中在其《文艺心理学》一书中，他说：“美感经验是一种聚精会神的观照。我只以一部分‘自我’——直觉的活动——对物，一不用抽象的思考，二不起意志和欲念；物也只以一部分——它的形象——对我，它的意义和效用都暂时退避到意识阈之外。我只是聚精会神地观赏一个孤立绝缘的意象，不问它和其他事物的关系如何。”[①] 概括来说，美感经验即是形象的直觉。形象与直觉是理解朱光潜美感经验的两个关键词，这两个关键词也可以转换为“心与物”之间的关系问题，朱光潜的美学研究方法正是以“自下而上”的经验主义路径，而反

---

① 朱光潜：《文艺心理学》，《朱光潜全集》（第一卷），安徽教育出版社1987年版，第269页。

对康德、黑格尔、克罗齐等人从哲学原理抽象推理美学思想的“自上而下”的方法。朱光潜美学研究方法，是首先抛开一切哲学成见，以具体的艺术创造和欣赏活动为对象，从事实中归纳出主体在审美活动的当下的心理状态，物在审美活动当下的具体变化。进入美感经验之中的主体，就是排空自我实用功利意识和科学认知意识，也就是朱光潜一再强调的进入“无所为而为”的心理状态，也诚如老子所谓的“涤除玄鉴”、庄子的“心斋”“坐忘”等最彻底地排除利害观念后的“真我”状态。这种境界就是“至美至乐”的高度自由的境界。庄子把这种境界称为“游”的境界，“游”即为没有功利目的，是“不知所求”“不知所往”的状态。朱光潜借助康德审美具有无功利性，以及克罗齐的“直觉说”，强调进入审美状态的主体，才可以达到如庄子所谓的“游心与物之初”的大美自由逍遥境界。在朱光潜看来，我们中国传统一直都太讲实用，以功利实用心理，而导致自己的烦闷与自私、麻木。用朱光潜自己的话来说，就是与蝇蛆争温饱。他不止一次地说：“现世只是一个密密无缝的利害网，一般人不能跳脱这个圈套，所以转来转去，仍是被利害两个大字系住。在利害关系方面，人已最不容易调协，人人都把自己放在首位，欺诈、凌辱、劫夺种种罪孽都种根于此。”① 朱光潜之所以选择审美救亡之路，正是缘于其对中国国民劣根性的深刻反思所开出的针对性药方，从其1929年的《给青年的十二封信》就要求青年人要“超效率”。朱光潜好友夏丏尊先生在本书序中，对朱光潜提出的“超效率”有非常深刻的阐释，他说：“‘超效率！’这话在急于近利的世人看来，也许要惊为太高踏的论调了。但一味急于效率，结果就会流于浅薄粗疏，无可救药。中国人在全世界是被推为最重实用的民族的，凡事都怀一个极近视的目标：娶妻是为了生子，养儿是为了防老，行善是为了福报，读书是为了做官，不称入基督教的为基督教信者而称为‘吃基督教’的，不称投身国事的军士为军人而称为‘吃粮’的，流弊所至，在中国，甚么都只是吃饭的工具，甚么都实用，因之，就甚么都浅薄。”② 夏丏尊的阐释深得朱光潜本意，也是朱光潜一以贯之的以超世观世思想的体现。朱光潜在《谈人生与我》一文中，提出看待

① 朱光潜：《谈美》，《朱光潜全集》（第二卷），安徽教育出版社1987年版，第6页。

② 夏丏尊：《给青年的十二封信·序》，《朱光潜全集》（第一卷），安徽教育出版社1987年版，第78页。

人生的方法有两种，其一为把自己摆在前台，和世界一切人和物一块玩把戏；其二为把自己摆在后台，将自己和万物看成一体，都作为一幅画，自己静观其趣味。在前台看人生的人，把自己看得太重，就会无比痛苦，诚如日本哲学家阿部正雄说的："作为人就意味着一个自我，作为自我就意味着与自身及其世界的分离；而与其自身及其世界分离，则意味着处于不断的焦虑之中。这就是人类的困境。"① 因此，朱光潜认为现实世界是充满密密无缝的利益，很不自由，人生必然在现实面前自我受到阻碍、打击，以至于烦闷、痛苦，甚至走向自杀。而朱光潜也一再强调自己对待人生的态度，采取的是超世观世的方法，他说："我平时很欢喜站在后台看人生。许多人把人生看作只有善恶分别的，所以他们的态度不是留恋，就是厌恶。我站在后台时把人和物也一律看待，我看西施、嫫母、秦桧、岳飞也和我看八哥、鹦鹉、甘草、黄连一样，我看匠人盖屋也和我看鸟鹊营巢、蚂蚁打洞一样，我看战争也和我看斗鸡一样，我看恋爱也和我看雄蜻蜓追雌蜻蜓一样。因此，是非善恶对我都无意义，我只觉得对着这些纷纭扰攘的人和物，好比看图画，好比看小说，件件都很有趣味。"② 这些都是朱光潜在实际的艺术欣赏中，所获得的美感经验的切身体验，从根本上解脱人生烦闷，并且也是人性自我生命尊严的体现。他说："真善美都是人所定的价值，不是事物所本有特质。离开人的观点而言，事物都浑然无别，善恶、真伪、美丑就漫无意义。"③ 并且认为人性就本应具有艺术创造与欣赏的生命要求，是人精神上的饥渴和人之所以为人的尊严。他说："人所以异于其他动物的就是于饮食男女之外还有更高尚的企求，美就是其中之一。是壶就可以贮茶，何必又求它形式、花样、颜色都要好看呢？吃饱了饭就可以睡觉，何必又呕心沥血去作诗、画画、奏乐呢？'生命'是与'活动'同义的，活动愈自由生命也就愈有意义。人的实用的活动全是有所为而为，是受环境需要限制的；人的美感的活动全是无所为而为，是环境不需要他活动而他自己愿意去活动的。在有所为而为的活动中，人是环

---

① ［日］阿部正雄著，王雷泉译：《禅与西方思想》，上海译文出版社1989年版，第11页。

② 朱光潜：《谈人生和我·给青年的十二封信》，《朱光潜全集》（第一卷），安徽教育出版社1987年版，第59页。

③ 朱光潜：《我们对于一棵古松的三种态度——实用的、科学的、美感的·谈美》，《朱光潜全集》（第二卷），安徽教育出版社1987年版，第11页。

境需要的奴隶；在无所为而为的活动中，人是自己心灵的主宰。”① 在抗日战争年代，朱光潜也是在深入反思国民劣根性之后，提出审美救世策略的。在他看来，只有在美感经验中，国民才能超脱现实的自私自利与麻木不仁，才能激发生命力的全面展现，才能改造混乱、腐浊的社会。

朱光潜认为人只有跳出世界之外，站在人生的后台，才能有助于美感经验的产生，朱光潜所谓的审美心理距离，正是要求人们以超脱利害的方式去看待事物。主体与事物保持一定的心理距离，绝非要主体脱离现实生活，而是要与实用功利拉开距离。实际上，实用功利的态度往往遮蔽人的生活世界的本来面目，而审美的态度因为超越了实用功利性，反而能照亮世界的本来面目。以花店的老板为例，成天生活在花丛中，但是他眼中的鲜花，在他看来，都是金钱，他希望每天都是情人节，他并没有把花作为花本身来欣赏。朱光潜认为任何事物除了实用功利性和科学认知性价值之外，它本身作为一个孤立绝缘的意象，作为一幅画来看，也同样是有价值的，并且是事物本真的自身。朱光潜举例子说，同是一棵梅花，你如果采用科学的态度时，你就会想到它的名称、在植物分类学中属于某一门某一类；当你以实用的态度看时，又会想到做买卖或送亲友。科学家的态度只注重梅花的实质、特征和成因；抛开实质、特征和成因，梅花对于科学家便无意义；实用的态度，只注重梅花的效用，除了效用，梅花对于实用便无意义。但是梅花除了实质、特征、成因、效用等以外，是否还有什么？朱光潜认为将梅花作为形象本身来看，把玩它的色彩与线条，会得到美的意义，也才是梅花之所以是梅花本身。因此，朱光潜将美感经验最基本的特征定义为形象的直觉。这一理论的实质，就是让我们在面对外在世界时，将一条路，看作通往某银行或食堂的实用的路标之外，还能将其当成一幅画来把玩它的形象和线条。那么，世界将变成美的世界。所谓“万物静观皆自得，四时佳兴与人同”，人一旦进入美感世界，就可以超乎利害关系而自由。人沉浸在美感经验中，摆脱的是日常繁复错杂的世界，所获得的是单纯的意象世界。意象世界虽是现实世界的回光返照，却没有现实世界的牵绊，它是独立自足，别无依赖的。

① 朱光潜：《我们对于一棵古松的三种态度——实用的、科学的、美感的·谈美》，《朱光潜全集》（第二卷），安徽教育出版社 1987 年版，第 12 页。

二、美感经验的物我同一性

叶朗先生对朱光潜美学做过评价，认为："朱光潜的美学思想反映了西方美学从古典走向现代的趋势。西方美学从古典走向现代的趋势，从思维方式看，就是从主客二分的模式走向'天人合一'的模式。"① 叶朗指出朱光潜美学反映了从主客二元论走向主客合一论，是非常有道理的。朱光潜在对具体的审美活动进行分析时，认为美存在于物我两忘，进而走向物我同一的关系中。朱光潜强调审美对象不是物理意义上的"物"，而是经过主体"见"之后的包含着主体的情趣的"意象"，是主体情趣与对象形式之间的契合。朱光潜说："无论是欣赏或是创造，都必须见到一种诗的境界。这里'见'字最紧要。"② 因为，"见"必须是建立在"无所为而为"的状态之下的"直觉"，而非知觉。是主体凝神观照对象本身，不旁涉他迁。另外，"见"的对象，也要恰能表现主体当下的情趣，"见"为见的主动，不纯粹是被动的接受。朱光潜说："所见对象本为生糙零乱的材料，经'见'才具有它特殊形象，所以'见'都含有创造性。比如天时的北斗星体本为七个错乱的光点，和它们邻近星都是一样，但是现于见者心中的则为象斗的一个完整的形象。这形象是'见'为直觉时尤其是如此。凝神观照之际，心中只有一个完整的孤立的意象，无比较，无分析，无旁涉，结果常致物我由两忘而同一，我的情趣与物的意态遂往复交流，不知不觉之中人情与物理互相渗透。"③ 如前文所述，朱光潜美感经验正是主体在"见"中，所获得的心灵自由与超脱，而美就是所"见"的意象。此"意象"，正是朱光潜所谓的既不全在心，也不全在物，而是心物契合一体的新生儿。

朱光潜认为人在实用的现实世界中是不自由的，在艺术创造与欣赏中，见其所乐见，没有外在的要求与限制。生命的实质就是活动，生命越自由，活动也越自由，越有价值。在实用世界里，人的活动受环境的限

---

① 叶朗：《从朱光潜"接着讲"》，《美学的双峰——朱光潜、宗白华与中国现代美学》，安徽教育出版社1999年版，第3页。

② 朱光潜：《诗的境界——情趣与意象·诗论》，《朱光潜全集》（第三卷），安徽教育出版社1987年版，第51页。

③ 同上，第53页。

制；而在艺术活动中，却是无所为而为的，人是自己心灵的主宰。这与朱光潜一直主张的人生来就是苦多乐少的思想也是一致的，因为人终究不能跳出自然的因果律，而怎样获得精神上的超脱，也是朱光潜美学研究的重要出发点。他说："一个人如果只能在现实界活动，现实如果顺遂，他自然可以快乐；但是现实如果使他的活动不成功，而他又没有别条路可以去求慰安，他自然要失望悲观。但是，倘若他的精神能够超脱现实，现实的困难当然不能屈服他的精神，那么，他自然可以坚持到底和环境奋斗了。"① 因此，朱光潜认为以出世的精神反倒更能做出入世的事业来，人在美感经验中，排除了实用功利和逻辑认知的心理，而是以无所为而为的心理，去把玩对象，不仅可以获得精神上的自由，也可以见到事物在平常所不易见到的另一面。因为，在审美态度下，主体的生命精神才可能从一切杂念和干扰中净化出来，方能完全敞开自己的生命精神，并与对象适然融合，达到无我两忘的境界。恰如老子所说的"为学日益，为道日损"。这里的"道"为"事物未分化状态"，② 可以理解为事物的原初、本真；"为学日益"是指认知事物的经验知识，"美感的态度就是损学而益道的态度"。③ 再如庄子的"象罔"寓言，可以作为老子"为学日益，为道日损"的注脚，同样表明只有象征着混沌的象罔才能寻得象征"本真情态"的"玄珠"，也就是说对象美的感知，主体必须超越一切实用功利和逻辑认知，超越尘俗之外，方能入乎其内。在中国古代文人画论中，无不推崇《庄子·田子方》中的"解衣盘礴"境界。"宋元君将画图，众史皆至，受揖而立，舐笔和墨，在外者半。有一史后至者，儃儃然不趋，受揖不立，因之舍。公使人视之，则解衣盘礴，臝。君曰：'可矣，是真画者矣'。"④ 后至这位"画史"出场的神态为"儃儃然不趋"。郭庆藩注疏："儃儃，为宽闲之貌。"⑤ 宋元君也以此断定这位后至者为"真画者矣""解衣盘礴"。后来成为中国绘画创作中，关于主体要求的代名词。而与"解衣盘礴"状态相对的"画史习气"则表现为"受揖而立，舐笔和墨"

---

① 朱光潜：《朱光潜全集》（第八卷），安徽教育出版社 1993 年版，第 91 页。
② 陈鼓应：《老子注译及评介》，中华书局 1984 年版，第 250 页。
③ 朱光潜：《文艺心理学》，《朱光潜全集》（第一卷），安徽教育出版社 1987 年版，第 210 页。
④ ［清］郭庆藩：《庄子集解》，中华书局 1961 年版，第 728 页。
⑤ 同上，第 729 页。

的不自由状态的代名词。“解衣盘礴”正是主体超脱了功利性之后的自由宽快，而“画史习气”正是被董其昌所批评的宫廷画师受制于人的不自由状态。

朱光潜认为实现人生艺术的重要途径，就是在艺术创造与欣赏中，主体进入美感的境界。美感的境界就是凝神的境界，在凝神境界中，我们不但忘记欣赏对象以外的世界，而且忘记我们自己的存在，在纯粹直觉中，把整个的心灵寄托在那个孤立绝缘的意象上，于是我和物便打成一气了。我们很容易理解，朱光潜在危机时刻，谈美、谈文学、谈修养、谈诗的根本目的在于人生的艺术化，也在于使国民暂时与现实世界保持一定的心理距离，就是超越功利性而获得精神上的除了温饱之外的更高的企求。他说：“在观赏的一刹那中，观赏者的意识只被一个完整而单纯的意象占住，微尘对于他便是大千，他忘记时光的飞驰，刹那对于他便是终古。”[①] 物我两忘的必然结果，就是物我同一，一片自然就是一种心境。观赏者在兴高采烈之际，无暇区别物我，于是我的生命和物的生命往复交流，在无意间，我的性格灌输到物，同时，物的姿态吸收于我。达到物我同一的境界，就是美感高峰体验的境界，也就是庄子所说的与天地精神相往来的境界。可见，黑格尔指出的审美具有令人解放的性质，朱光潜在具体的艺术欣赏中，具体体验了黑格尔所谓的绝对精神的自由状态。

朱光潜在20世纪50年代美学大讨论中，仍然坚持自己对美感经验的物我同一性观点。他认为美是主客观的统一，主张美既不全在物，也不全在心，而是在心物关系上。例如，一棵古松，它本身只是美的条件，还需加上观赏者的情趣，成为古松的形象，才成为美。在论证他的主张时，朱光潜在50年代提出“物”与“物的形象”的区分。他认为，美感的对象是“物的形象”而不是“物”本身。“物的形象”是“物”在观照者已有的主观条件的影响下反映于人的意识的结果。这“物的形象”就其为对象说，它也可以叫作“物”，但已经不同于物理意义上的“物”了。朱光潜将“物的形象”称为“物乙”，物理意义上的“物”称为“物甲”。他说：“物甲是自然物，物乙是自然物的客观条件加上人的主观条件的影响而产生的，所以已经不纯是自然物，而是夹杂着人的主观成分的物，换句话

① 朱光潜：《文艺心理学》，《朱光潜全集》（第一卷），安徽教育出版社1987年版，第213页。

说，已经是社会的物了。美感的对象不是自然物而是作为物的形象的社会的物。美学所研究的也只是这个社会的物如何产生，具有什么性质和价值，发生什么作用；至于自然物则是科学的对象。"[①] 朱光潜明确指出美不是物，而是物的形象。这一思想是朱光潜一以贯之的，即使在50年代，作为"反动文人"之一，需要进行思想改造，朱光潜也以非常巧妙地方式坚持着自己的美学观点。朱光潜运用马克思主义唯物论为理论根基，不断发表论文批评美在自然物本身的机械性和错误。他说："美的条件未尝与美无关，但是它本身不就是美。"[②] 并且指出："如果美全在物，则物之美者人人应觉其为美，艺术上的趣味不应有很大的分歧；如果美全在心，则美成为一种抽象的概念，它何必附丽于物，固是问题，而且在实际上，我们审美并不是想到任何抽象的概念。"[③] 美不仅在物，亦不仅在心，它在心物的关系上面。朱光潜主客观统一论的美感论，有助于解决心物的主客二元对立。

朱光潜认为真正的美感经验是直觉的而不是反省的。在聚精会神之中，我们既忘却自我，自然不能觉得我是否欢喜所观赏的形象，或是反省这形象所引起的是不是快感。他说："真正的美感经验都是如此，都要达到物我同一的境界，在物我同一的境界中，移情作用最容易发生，因为我们根本就不分辨所生的情感到底是属于我，还是属于物的。"[④] 因此，从美学观点看，朱光潜认为是美就不自然，只是自然还没有成为美。如果你觉得自然美，自然就已经过艺术化，成为你的作品，不复是生糙的自然了。正所谓情人眼里出西施。

三、美感经验处于永恒的动态创构中

朱光潜坦言其有关美感经验的理论来源，大半采用康德到克罗齐一线相传的态度。即将美感经验划成独立区域来研究，认为美感经验是孤立绝缘的意象，但是朱光潜对康德至克罗齐的西方形式派美学并非完全接受，

---

① 朱光潜：《美学怎样才能既是唯物的又是辩证的》，《朱光潜美学文集》（第三卷），上海文艺出版社1983年版，第34—35页。

② 朱光潜：《文艺心理学》，《朱光潜全集》（第一卷），安徽教育出版社1987年版，第341页。

③ 同上，第345页。

④ 朱光潜：《谈美》，《朱光潜全集》（第二卷），安徽教育出版社1987年版，第23页。

而是一种“补苴罅漏”。他说：“‘形象直觉’、‘意象孤立’以及‘无所为而为的观赏’诸说大致无可非难。但是根本问题是：我们应否把美感经验划为独立区域，不问它的前因后果呢？美感经验能否概括艺术活动全体呢？艺术与人生的关系能否在美感经验的小范围里面决定呢？形式派美学的根本错误就在忽略这些重要的问题。”① 因此，朱光潜认为美感经验并非完全孤立绝缘的，而是与人生关系密切，只是人的心理经验的一种，科学的人、实用的人和美感的人也是同时共存于人体的，不可截然分开的。假如就观照者的“我”来说，只有单纯的直觉，没有意志和思考；就所观赏的“物”来说，只是单纯的形象，没有实质、成因、效用种种意义，照此分析，文艺创作与欣赏、抽象思考和实用生活自然无关了。朱光潜认为美感经验只能算是艺术活动中的一部分。形式派美学把美感经验和艺术活动看成同义，于是拿全副精神关注美感经验本身，既不问它如何可以成立，又不问它的影响如何。进而，朱光潜批判说：“任何艺术和人生绝缘，都不免由缺乏营养而枯死腐朽；任何美学把艺术看成和人生绝缘的，都不免像老鼠钻牛角，没有出路。”② 朱光潜明确指出美感经验只是人的心理情感中的一种，并且认为孤立地只培养人的美感经验，也会像只注意实用态度和科学态度一样，也是不完整的，有缺陷的。

综合前文所述，朱光潜美学研究至少存在三大动机，最直接的动机是“救亡图存”；浅在的动机为感化青年，使青年能够在与蝇蛆争温饱之外，尚有更高的企求；最深层的动机，旨在探索人生的艺术化，使人的生命活动具有尊严地绽开。朱光潜认为艺术创造与欣赏活动，正是实现其三大动机的有效途径。因此，朱光潜融合西方形式派无功利美学和中国传统儒家人格理想的生命精神，形成了自己的独特的美感经验思想。其中，朱光潜认为美感经验和美都处于永恒的创构中，不存在实体化的美。“美”都是创造出来的，不是天生自在俯拾即是的，它都是情趣的表现。

（一）创造与欣赏同一

朱光潜一贯主张美是主客观的统一，不完全在物，也不完全在心，它

① 朱光潜：《文艺心理学》，《朱光潜全集》（第一卷），安徽教育出版社1987年版，第314页。
② 同上，第362页。

是心物婚媾后所产生的婴儿。[1] 美感起于形象的直觉，形象属物而不完全属于物，因为已经融入了我的情趣和性格，“美不自美，因人而彰”；[2] 直觉属于我却又不完全属于我，因为无物的触动则直觉也无从发生。美之中要有人情也要有物理，审美活动就是使本来自然形态的“物甲”人情化，成为“物乙”，使本来无形态的“情”意象化。再以欣赏古松的例子来说，松的苍翠劲直是物理，松的清风亮节是人情。从“我”的方面说，古松的形象并非天生自在的，同是一棵古松，千万人所见到的形象就有千万不同，因为每个形象都是每个人所创造的艺术品，它有艺术品通常所具有的个性，它能表现各个人的性分和情趣。因此，朱光潜说一个人的生命史就是他自己的人生，也就是他的作品。从“物”的方面说，创造都要有创造者和所创造物，所创造物并非无中生有，也要有若干材料，这材料也要有创造成美的可能性。松所生的意象和柳所生的意象不同，和癞蛤蟆所生的意象更不同。所以松的形象这一艺术品的成功，一半是我的贡献，一半是松的贡献。[3]朱光潜认为直觉本身就是一种创造，是心灵从混乱的自然中见出整体，见出形象。我们常人与艺术家的区别正在于能否在自然面前，见出形象来，并且还能够将其所见赋予艺术传达。自然中的事物常在变动发展中，无绝对相同的情趣，也无绝对相同的景象。情景相生，所以美感的境界是创造出来的，生生不息的。不同的人所见相同的景象，所见也是其个性、气质的反映。即使是同一个人，在不同的情境下，所见景物也会迥异，所以美感经验处于恒新恒异的创构中。那些以为“景”是天生自在的，俯拾即得，对于人人都是一成不变的，这是常识的错误。每个人所见到的世界都是他自己创造的。物的意蕴深浅与人的性分情趣深浅成正比例，深人所见于物者亦深，浅人所见于物者亦浅。朱光潜指出，诗人与常人的分别就在此，同一个世界，对于诗人常呈现新鲜有趣的境界，对于常人则永远是那么一个平凡乏味的混乱体。从这里也可以理解，朱光潜为何认为艺术的创造与欣赏，可以让人摆脱现实世界的羁绊而获得自由和趣味了。也可以理解，在抗日战争最艰苦的时期，朱光潜却写出《陶渊明》，正是取其超世观世的诗人般的真诚。因此，朱光潜得出了：“诗和其他艺

①③ 朱光潜：《“情人眼里出西施”——美与自然·谈美》，《朱光潜全集》（第二卷），安徽教育出版社1987年版，第44页。

② ［唐］柳宗元：《柳宗元集》，中华书局2006年版，第730页。

术都各有物质的和精神的两方面。物质的方面如印成的诗集，它除着受天时和人力的损害以外，大体是固定的。精神的方面就是情景契合的意境，时时刻刻都在‘创化’中。创造永不会是复演，欣赏也永不会是复演。真正的诗的境界是无限的，永远新鲜的。”①

（二）美的创造是人的本质表现

朱光潜美感经验分析与人的本质特征紧密相连。他认为人之所以为人，就在于除了饮食男女之外，尚有更高的企求，美的需要就是其中之一。并且明确指出只有真善美三者俱备的人，才是完全的人，人对于美的需要，是一种最原始、最本质的需要。他举例说，是壶就可以贮茶，何必又求它的形式、花样、颜色都要好看呢？吃饱了饭就可以睡觉，何必又呕心沥血去作诗、画画、奏乐呢？“生命”是与“活动”同义的，活动愈自由生命也就愈有意义。因此，朱光潜认为美感经验的获得不是被动的，而是主动的，是人自我实现的内在要求。人之所以是人，就在于其有意识的活动。显然，人有自我意识是人自身的悲剧，也是人之所以为人的所在。朱光潜写于1926年的《悼夏孟刚》一文，就提出：“人生是最繁复而诡秘的，悲字乐字都不足以概其全。愚者拙者混混沌沌地过去，反倒觉庸庸多厚福，具有湛思慧解的人总不免苦多乐少。”② 朱光潜所谓的愚者拙者反倒多厚福，其实是反话，从其“我们所居住的世界是最完美的，就因为它是最不完美的。这话表面看去，不通已极。但是实在含有至理。因为倘若件件都尽美尽善了，自然没有希望发生，更没有努力奋斗的必要。人生最可乐的就是活动所生的感觉，就是奋斗成功而得的快慰”。③ 从其自认为用力最多的《诗论》中，他明确指出悲剧才是人的本质。但是朱光潜反对向悲剧低头，而走向享乐主义和颓废主义，主张以创造和奋进来抗争现实的缺陷与不足。他说：“人永远不能由自我与其所带意志中拔出，所以生命永远是一种苦痛。生命苦痛的救星即为意象。意象是意志的外射或对象化，有意象则人取得超然地位，凭高俯视意志的挣扎，恍然澈悟这幅光怪陆离的形象大可以娱目赏心。”④ 朱光潜明确主张通过不断的创造来改造、弥补

① 朱光潜：《诗论》，《朱光潜全集》（第三卷），安徽教育出版社1987年版，第56页。

② 朱光潜：《悼夏孟刚》，《朱光潜全集》（第一卷），安徽教育出版社1987年版，第75页。

③ 朱光潜：《无言之美》，《朱光潜全集》（第一卷），安徽教育出版社1987年版，第71—72页。

④ 朱光潜：《诗论》，《朱光潜全集》（第三卷），安徽教育出版社1987年版，第62页。

现实的不足，并对其意象化。其写于20世纪40年代的《朝抵抗力最大的路径走》一文中，更是强调人之所以为人，就是朝抵抗力最大的路径走，不屈服。在朱光潜看来，这是人性的尊严。

第三节　朱光潜论文艺功能

在第一节中，我们详细阐述了朱光潜美学研究的三大动机。其中“救亡图存”是朱光潜走上美学之路的直接动机。朱光潜认为中国之所以如此之糟，原因是人心太坏，尤其是亲历了从北京避难到四川，一路上深切地感受到中国人的无秩序、自私自利、麻木不仁等国民性格弱点。再经过在四川大学参与“易长风潮”，在乐山的武汉大学参与校务管理，使其更加认识到国民的一些痼疾所在。他说：“目前我们大多数人似太缺乏守法执礼的精神。比如到车站买票，依先来后到的次序，事本轻而易举，可是一般买票者踊跃争先，十分钟可了的事往往要弄到几点钟才了，三言两语可了的事往往要弄到摩拳擦掌，头破血流才了，结果仍是不公平，并且十人坐的车要挤上三四十人，不管车子出事不出事。这虽是小事，但是这种不守秩序的精神处处可以看见，许多事之糟，就糟于此。”[①] 因此，朱光潜针对中国当时社会面临的一系列问题，开出了自己的审美救世药方。在朱光潜看来，中国一切问题出现的根源在于人心，那么疗救的方法，只能从治疗人开始。他说：“我个人深切感觉到中国社会所以腐浊，实由我们人的质料太差，学问、品格、才力，件件都经不起衡量。要把中国社会变好，第一须先把人的质料变好。”[②] 朱光潜审美功能论，正是认为审美活动可以培养完全的人展开的。

在朱光潜看来，美不仅是人之所以为人的最本质、最原始的需要，也是超脱现实与自我的重要工具。朱光潜之所以以审美救亡，正在于其看到了美具有特殊的功能。那么，有关美的功能阐释，换句话来说，就是艺术

① 朱光潜：《谈处群（上）·谈修养》，《朱光潜全集》（第四卷），安徽教育出版社1988年版，第44页。

② 朱光潜：《个人本位与社会本位的伦理观·谈修养》，《朱光潜全集》（第四卷），安徽教育出版社1988年版，第40页。

的创造与欣赏所具有的价值及其影响，也是朱光潜美学建树的重要领地之一。朱光潜也坦言自己原本就是对文学最感兴趣，尤其对古诗情有独钟。在亲身经历文艺创作与欣赏中，所获得的精神愉悦与自由，是无以言表的。自我情趣与物的个性交融往复，在微尘中见大千，在一花一木中，见出充满意蕴的世界。因此，朱光潜认为人是情感的动物，在与蝇蛆争温饱之外，更需要精神上的慰藉，文艺的欣赏正是慰藉的工具，也是感化情感的良药。在朱光潜看来，只有在艺术状态中，人才真正的自由，自我情趣才得以最本真地敞开，也才能做出大事业，成就自我。因此，朱光潜认为文艺的功能，是巨大的：其一，只有审美的眼睛才能见到美。我们现实中的人，大多因陷入实用功利的“善”和科学认知的“真”不能自拔，而对事物本身的“美”，视而不见、听而不闻。朱光潜认为保持适当的审美心理距离，不仅对于创作者还是观赏者，都会发现一个全新的世界。其二，以出世的精神，才能做出入世的事业。人具有意志，是人的宿命，正因为有了意志就会有需要，而在现实中总不能得到完满的满足，而只有在“无所为而为的玩索”中，主体才是自己心灵的主宰，自我生命精神才可以最完全地绽开，才能更好地完成在名缰利锁心态下所不可能完成的事业。其三，美感的世界纯粹是意象的世界。艺术的创造与欣赏，是超脱自我烦闷与走向人生艺术化的重要路径。

一、具有审美的眼睛才能见到美

朱光潜认为文艺最基本的价值，正在于其可以让人见到事物本身的美。现实中的人，更多的时候，被实用功利心所占据，成为崇尚功利实用的奴隶。朱光潜说到不仅我们普通人如此，就是一些声名煊赫之人，也会受实用心的困扰，而对事物的美视而不见。他说：“英国 19 世纪有一位学者叫作罗斯金，他著过几十册书谈建筑和图画，就曾经很坦白地告诉人说：‘我从来没有看见过一座希腊女神雕像，有一位血色鲜丽的英国姑娘的一半美。’”① 罗斯金的看法，可以说是我们大多人以实用功利的眼睛看事物、评价事物的代表。尤其我们中国人更是以重实用著称于世。娶妻是

① 朱光潜：《希腊女神雕像与血色鲜丽的英国姑娘——美感与快感·谈美》，《朱光潜全集》（第二卷），安徽教育出版社 1987 年版，第 27 页。

为了生儿子，生儿子是为了防老，即使是纯粹的文艺，也会看其是否“致用”与“载道”。

朱光潜反复强调，美感经验起于形象的直觉，不带实用的目的和名理的推理，既如前述，我们一般人站在实用世界里面，专心去满足实际生命的需要，而忘记这个世界是可以当作一幅图画供人欣赏的。在美感经验中，我们所面对的还是眼前的世界，不过自己跳脱实用的圈套，把世界摆在一种距离以外去看。可见，朱光潜一直都认同审美心理距离说的，他所谓的心理距离，并非是跳出五行外，与现实生活、具体人生脱离，而是指与自己的实用功利心脱离。只有以审美的距离，你才可能看到一个不一样的世界。朱光潜举持不同态度的三个人为例，他说：“假如你是一位木商，我是一个植物学家，另外一位朋友是画家，三个人同时来看这棵古松。我们三个人可以说同时都‘知觉’到这一棵树，可是三人所‘知觉’到的却是三种不同的东西。你脱离不了你的木商的心习，你所知觉到的只是一棵做某事用，值几多钱的木料。我也脱离不了我的植物学家的心习，我所知觉到的只是一棵叶为针状、果为球状、四季常青的显花植物。我们的朋友——画家——什么事都不管，只管审美，他所知觉到的只是一棵苍翠劲拔的古树。我们三人的反应态度也不一致。你心里盘算它是宜于架屋或是制器，思量怎样去买它、砍它、运它。我把它归到某类某科里去，注意它和其他松树的异点，思量它何以活得这样老。我们的朋友却不这样东想西想，他只在聚精会神地观赏它的苍翠的颜色，它的盘曲如龙蛇的线纹以及它的昂然高举、不受屈挠的气概。”① 朱光潜这段话明确地指出了只有具有审美的眼睛才能见到事物的美。而审美的眼睛，就是无利害的眼睛，也就是这位画家朋友看古松的眼睛。

我们很多人都迫于生存竞争的需要，身为物役，名缰利锁，把自己全副精力费在饮食男女的营求，这丰富多彩的世界，对于他来说，除了可效用于生活需要之外，便无其他意义。朱光潜先生不无惋惜地说，我们大多数人就像海边农夫当别人称赞他的门前海景美时，常会羞涩地转过身去指着屋后的菜园说：“门前虽然没有什么可看的，屋后这一园菜却还不差。”

① 朱光潜：《我们对于一棵古松的三种态度——实用的、科学的、美感的·谈美》，《朱光潜全集》（第二卷），安徽教育出版社 1987 年版，第 8—9 页。

我们大多数人谁不像这位海边农夫呢？一看到瓜果就想到可以摘来吃，一看到瀑布就想到它的水力可以利用来发电，一看到图画或雕刻就估算它值多少钱，一看到美人就起占有的冲动。[①] 朱光潜再举例来说，当西方人初置身东方世界或东方人初到西方世界，都会感受到无比的欣悦，每件东西都值得玩味了。这就是审美眼睛的功能，也可以说，艺术家和诗人的长处就在于能够把事物摆在某种“距离”以外去看。他们看一条街只是一条街，不是即刻想到是通往某银行或某商店去的指路标；看一棵树只是一棵树，不是结果实的或是架屋造桥的材料。在艺术家的心目中，这个世界只是许多颜色、许多线形和许多声音所组成的图画、诗或意象。我们一般人和科学家将世界只看作实用的工具和认知的名理，而忽视世界本身的形象。

朱光潜反问道，难道世界除了意义和名理之外，就别无价值了吗？难道一条街真的只是通往某银行的路标，而本身却无线形和情趣？难道娶妻就是为了生子？生子就是为了防老？整个世界，一下子就变为密密无缝的利害网了，一般人不能跳脱这个利害网，变得急功近利，俗不可耐。朱光潜指出：“在利害关系方面，人已最不容易协调，人人都把自己放在首位，欺诈、凌虐、劫夺种种罪孽都种根于此。美感的世界纯粹是意象的世界，超乎利害关系而独立。”[②] 因此，朱光潜认为通过审美感化正是改造中国青年的有效工具，使其在饱食暖衣、高官厚禄的营求之外，尚能有更高的追求，在面对世界时，除了见其意义与名理之外，尚能看到世界那充满情趣的一面。他在《谈美》开场话中明确指出自己在危急存亡的年头，谈美，正是有感于很多青年学生借党忙官，像蛆钻粪似的求温饱，身为物役，庸俗至极。他说：“在这封信里我只有一个很单纯的目的，就是研究如何‘免俗’。这事本来关系各人的性分，不易以言语晓喻，我自己也还是一个‘未能免俗’的人，但是我时常领略到能免俗的趣味，这大半是在玩味一首诗、一幅画或是一片自然风景的时候。我能领略到这种趣味，自信颇得力于美学的研究。在这封信里我就想把这一点心得介绍给你。假如你看过之后，看到一首诗、一幅画或是一片自然风景的时候，比较从前感觉到较

① 朱光潜：《文艺心理学》，《朱光潜全集》（第一卷），安徽教育出版社1987年版，第218页。
② 朱光潜：《谈美》，《朱光潜全集》（第二卷），安徽教育出版社1987年版，第6页。

浓厚的趣味，懂得什么样的经验才是美感的，然后再以美感的态度推到人生世相方面去，我的心愿就算达到了。”①

朱光潜在《谈美》开场话中，就提到了他的救亡是从洗刷人心开始的，就是让人成为完全的人，不是片面的只在意去与蝇蛆争温饱的人。朱光潜认为人性的需要本身就是多方面的，具备真善美三种才能算是完全的人。因此，从作为一名完全的人的尊严来说，除了饱食暖衣之外，人就本应有嗜美的饥渴。从另一方面来说，事物除了实用价值之外，本身也存在不可忽视的价值。只不过，我们一般的人，都限于实用的态度和科学的态度，而对其本身的美，有所忽视而已。他说：“教育必以发展全人为宗旨，德育、智育、美育、群育、体育五项应同时注重。……美育的重要不但在事实上被忽略，即在理论上亦未被充分了解。我国先民在文艺上造就本极优越，而子孙数典忘祖，有极珍贵的文艺作品而不知欣赏，从事艺术创作者更寥寥。大家都迷于浅狭的功利主义，对文艺不下工夫，结果乃有情操驳杂、趣味卑劣、生活干枯、心灵无寄托等种种现象。”② 在朱光潜看来，中国人太注重功利主义，对很多事都不够深入、急功近利，凡事都倾向于敷衍应付，这是中国社会落后挨打的一个原因。

以审美的眼睛看世界，也就是以美感的态度看世界，即跳出实用功利和逻辑认知的束缚，凝神于世界本身，别无旁涉。在朱光潜看来，就是与现实世界保持适当的距离，因此，朱光潜反对让文艺承担直接的道德教化功能，他说：“艺术的任务在忠实地表现人生，不在对于人生加以评价。评价是伦理范围的事，与艺术无直接关系。”③ 然而，朱光潜认为一个完全的人，就应该是一个具备科学态度、伦理态度和美感态度，文艺与道德也不能无关。他说：“‘为文艺而文艺’，在理论上更多缺点。喊这个口号的人们不但要把艺术活动和其他活动完全分开，还要把艺术家和社会人生绝缘，独辟一个阶级，自封在象牙之塔里，礼赞他们的唯一尊神——美。这种人和狭隘的清教徒恰走两极端，但是都要摧残一部分人性去发展另一部分人性。这种畸形的性格发展决不能产生真正伟大的艺术，因为从历史

① 朱光潜：《谈美》，《朱光潜全集》（第二卷），安徽教育出版社 1987 年版，第 7 页。

② 朱光潜：《谈青年的心理病态·谈修养》，《朱光潜全集》（第四卷），安徽教育出版社 1988 年版，第 28—29 页。

③ 朱光潜：《文艺心理学》，《朱光潜全集》（第一卷），安徽教育出版社 1987 年版，第 311 页。

看，伟大的艺术都是整个人生和社会的返照，来源丰富，所以意蕴深广，能引起多数人发生共鸣。‘为文艺而文艺’的倡和者把艺术和人生的关系折断，专在形式上做功夫，结果总不免流于空虚纤巧。”①

朱光潜反对只发展自己的实用功利性和逻辑认知性，而忽视其自身的美感态度的培养，反过来，朱光潜也不赞同“为艺术而艺术”一派，只强调主体美感心理，而割裂其伦理心理和认知心理的关系。另外，朱光潜反对主体只站在实现功利世界和逻辑认知世界，而对世界本身的意象、情趣，视而不见、听而不闻；也不赞同唯美主义，只关注艺术的形式而割裂其与人生和社会的关系。朱光潜之所以提出要用审美的态度看世界，是因为中国传统社会太过于讲究实用功利，但是其本人是主张实用态度、科学态度、审美态度和谐并存的。

中国传统太讲实用，文艺作品本身的美，大家都视而不见，文艺被看成道德的附庸。朱光潜说：“中国民族向来偏重实用，他们不欢喜把文艺和实用分开，也犹如他们不欢喜离开人事实用而去将讲玄理。‘文’只是一种‘学’，而‘学’的目的都在‘致用’。”② 诗文的最大作用却是世道人心，而诗文本身的美，却被人忽视。朱光潜说，“文以载道”说经过许多文人的滥用，现出一种浅薄俗滥的气味，不免使人“皆掩鼻而过之”。但是我们不要忘记这种俗滥的学说实在反映一种意义很深的事实。总体而言，全部中国文学后面都有中国人看重实用和道德的这个偏向做骨子。因此，朱光潜提倡具体的玩味文艺本身的美，不在实用上的评价，只玩味文艺作品本身是否入情入理。朱光潜在抗日战争期间，出版最大部头的著作就是《诗论》，可以看出朱光潜一反“诗言志”“文以载道”等道德教化的传统诗论，而是从中国古代诗歌自身的形式上来看其价值。将诗歌的起源与人的自由游戏相联系，从中国古诗的音律、节奏、声韵、境界等本身分析中国诗歌的历史及其价值。朱光潜意在论证中国诗歌形式本身自有其不可磨灭的价值，更值得我们去玩味。

二、要有出世的精神才可以做入世的事业

朱光潜美学思想特征，诚如彭锋指出的：“虽然朱光潜也全面接受了

---

① 朱光潜：《文艺心理学》，《朱光潜全集》（第一卷），安徽教育出版社 1987 年版，第 316 页。
② 同上，第 294 页。

西方现代美学的观念，但他在接受时多少显得有些犹豫和保留，进而汇集了一些相互矛盾的思想。”[①] 彭锋的意思是说，朱光潜虽然接受了西方无利害美学观，但是又没有停留在无利害美学所营构的审美象牙塔中，而是将无利害美学思想与人生美化和社会改造紧密地联系起来了。可以说，朱光潜认为主体只有在“无所为而为的玩索”中，才是自己心灵的主宰，自我生命精神才可以最完全地绽开，才能更好地完成在名缰利锁心态下，不可能完成的事业。

如前文所述，朱光潜美学研究之路，具有强烈的“救亡图存”和人生超脱诉求。从宏大立场看，审美可以改造国民性，培养理想青年，从而使国家民族走向复兴昌盛之路；从个人立场看，审美可以“怡情养性”，从而使个人成为除了与蝇蛆争温饱之外，尚能有更高企求的免俗的人。可以说，朱光潜美学研究，完全符合审美活动的“无功利性与最高功利性统一”的特征。所谓审美活动无功利，用朱光潜的话来说，就是“无所为而为的玩索”，主体应跳出实用功利和逻辑认知对自我的束缚。只有具备审美的眼睛才能见到美，如果主体囿于直接的功利目的时，他不可能成为审美主体，客体也不会作为审美对象向他呈现。朱光潜指出被实用功利所限制的人，是一种不完全的人，是一种与人的真正自由本性相疏离的单向度的人。朱光潜认为艺术活动正是对这种人为物役、名缰利锁生存状态的消解与克服。因此，艺术活动指向了一种将人从功利世界提升到真正自由完整的人的世界。在朱光潜看来，只有人真正是人的时候，他才是自我心灵的主人，才能创造出自我生命的作品。朱光潜一贯主张人生就是其生命展开的作品，自己的人生就是你自己的作品，你的作品如何，正取决于你自我生命是否得到真正的自由，是否得到最本真、最完整、最彻底的绽放。

中国古代画论中也存在大量与朱光潜所谓的“在无所为而为的活动中，人是自己心灵的主宰”的类似论述。中国古代画论家基本上都是反对“画史习气”的，也基本上赞成“夫运思挥毫，自以为画，则愈失之画矣。运思挥毫，意不在画，故得于画矣”。[②] 中国古代之所以反对画家在作画时的“画史习气”，就是指其生命不自由，不是自我心灵的主宰。因为画史

① 彭锋：《引进与变异——西方美学在中国》，首都师范大学出版社 2006 年版，第 27 页。

② ［唐］张彦远：《历代名画记》，江苏美术出版社 2007 年版，第 46 页。

是供职内廷的，受制于皇家，其作画完全出于皇家意志。从邓椿的《画继》中，可以管窥画师们在皇宫内院作画的紧张氛围："有画院旧史流落于蜀者二三人，尝谓臣言：'某在院时，每旬日蒙恩出御府图轴两匣，命中贵押送院以示学人，乃贵军令状以防遗坠渍污。故一时作者咸竭尽精力以副上意。'"[①] 可见，画家在无意于画时，反而能成于画。也就是如朱光潜所说的，"无所为而为的玩索""以出世的精神做入世的事业"。因为，主体在这种状态下，才能走出名缰利锁、人为物役的束缚，成为完全的人、自在的人、审美的人。他说："人要有出世的精神才可以做入世的事业。现世只是一个密密无缝的利害网，一般人不能跳脱这个圈套，所以转来转去，仍是被利害两个大字系住。在利害关系方面，人已最不容易调协，人人都把自己放在首位，欺诈、凌虐、劫夺种种罪孽都种根于此。美感的世界纯粹是意象的世界，超乎利害关系而独立。在创造或是欣赏艺术时，人都从有利害关系的实用世界搬家到绝无利害关系的理想世界里去。艺术的活动是'无所为而为'的。我以为无论是讲学问或是做事业的人都要抱有一副'无所为而为'的精神，把自己所做的学问事业当作一件艺术品看待，只求满足理想和情趣，不斤斤计较利害得失，才可以有一番真正的成就。伟大的事业都出于宏远的眼界和豁达的胸襟。如果这两层不讲究，社会上多一个讲政治经济的人，便是多一个借党忙官的人；这种人愈多，社会愈趋于腐浊。"[②] 朱光潜明确指出了人只有在超利害关系的状态下，才能成为完全的人，才能做出伟大的事业。

朱光潜先生的一生，可以说都在践行着自己主张的"以出世的精神做入世的事业"。在《谈学文艺的甘苦》一文中，朱光潜非常激愤地谈到，很多人不理解他以文艺救国的良苦用心，一般人认为在国难当头，你还在那谈文艺？简直就是逃避敌人的鸵鸟将自己的头埋在沙里，是一种颓废主义和不严肃主义的表现。朱光潜说到自己的不被理解与内心的寂寞，他说："爱好文艺的人们总难免有几分书呆子的心习，以书呆子的心习去处身涉世，总难免处处觉得格格不入。蜗牛的触须本来藏在硬壳里，它偶尔伸出去探看世界，碰上了硬辣的刺激，仍然缩回到硬壳里去，谁知道它在

① ［南宋］邓椿：《画继》，卢辅圣主编《中国书画全书》（第三卷），上海书画出版社 2009 年版，第 278 页。

② 朱光潜：《开场话·谈美》，《朱光潜全集》（第二卷），安徽教育出版社 1987 年版，第 6 页。

硬壳里的寂寞?”[①] 很多人不理解朱光潜先生的良苦用心。其实，朱光潜是在以文艺救国，以审美救国，他认为，审美活动，正是一种“无所为而为的玩索”，正是当时中国人最需要的清凉散。朱光潜沉痛地说：“有人骂这种态度‘颓废’、‘不严肃’。事关性分，我不愿置辩。不过我可以说，我所懂得的最高的严肃只有在超世观世时才经验到，我如果有时颓废，也是因为偶然间失去超世观世的胸襟而斤斤计较自己的利害得失。我不敢说它对于旁人怎样，这种超世观世的态度对于我却是一种救星。它帮助我忘去许多痛苦，容耐许多人所不能容耐的人和事，并且给过我许多生命力，使我勤勤恳恳地做人。”[②] 朱光潜在《谈美》一书中，更是谈到了艺术的人生才是至情至性的人生，他说：“所谓艺术的生活就是本色的生活。世间有两种人的生活最不艺术，一种是俗人，一种是伪君子。‘俗人’根本就缺乏本色，‘伪君子’则竭力遮盖本色。朱晦庵有一首诗说：‘半亩方塘一鉴开，天光云影共徘徊，问渠哪得清如许？为有源头活水来。’艺术的生活就是有‘源头活水’的生活。俗人迷于名利，与世浮沉，心里没有‘天光云影’，就因为没有源头活水。他们的大病是生命的干枯。‘伪君子’则于这种‘俗人’的资格之上，又加上‘沐猴而冠’的伎俩。”[③] 可见，朱光潜认为真正在美感经验中的人，才是本色的人、完全的人，这样的人，才具有创造性，而“俗人”和“伪君子”生命干枯和机械，他们也只能是喜剧中的角色了。

朱光潜于1923年写过《消除烦闷与超脱现实》，提倡用超脱的胸襟抗争现实的苦难，去与社会环境做斗争，在现实世界之外，另造一个意象的世界。他说一个人超脱现实在精神上求安慰，至少具有两层意义：“就积极方面说，超脱现实，就是养精蓄锐，为征服环境的预备。就消极方面说，超脱现实，就是消愁遣闷，把乐观、热心、毅力都保持住，不让环境征服。”[④] 朱光潜在20世纪40年代写的《朝抵抗力最大的路径走》一文，

① 朱光潜：《谈学文艺的甘苦·我与文学及其他》，《朱光潜全集》（第三卷），安徽教育出版社1987年版，第342页。

② 同上，第344页。

③ 朱光潜：《“慢慢走，欣赏啊！”——人生的艺术化·谈美》，《朱光潜全集》（第二卷），安徽教育出版社1987年版，第92页。

④ 朱光潜：《消除烦闷与超脱现实》，《朱光潜全集》（第八卷），安徽教育出版社1993年版，第95页。

可以见出朱光潜所谓的超脱现实不是逃避现实，而是以超脱的胸襟去征服现实、抗争现实。朱光潜《悼夏孟刚》一文中，正式提出了“绝我而不绝世”和“以出世的精神，做入世的事业”的主张。他说一个人被现实中的苦难压迫，不外乎有“绝世”与“绝我”两条路可走。在现实中，会表现为三种可能：其一，绝世兼绝我，就是自杀。其二，绝世而不绝我，就是玩世或逃世。其三，绝我而不绝世，就是舍己为群。他说：“所谓‘绝我’，其精神类自杀，把涉及我的一切忧苦欢乐的观念一刀斩断。所谓‘不绝世’，其目的在改造，在革命，在把现在的世界换过面孔，使罪恶苦痛，无自而生。这世界是污浊极了，苦痛我也够受了。我自己姑且不算吧，但是我自己堕入苦海了。我决不忍眼睁睁地看别人也跟我下水。我决计要努力把这个环境弄得完美些，使后我而来的人们免得再尝我现在所尝受的苦痛，我自己不幸而为奴隶，我所以不惜粉身碎骨，努力打破这个奴隶制度，为他人争自由，这就是绝我而不绝世的态度。”① 可见，朱光潜先生的良苦用心，正在于此。

朱光潜自身的美学历程及其成就，也说明了“人要有出世的精神才可以做入世的事业”。他说：“我平生有一种坏脾气，每到市场去闲逛，见一样就想买一样。无论是怎样无用的破铜破铁，只要是一时高兴它，就保留不住腰包里最后的一文钱。我做学问也是如此。今天丢开雪莱，去看受薰烟鼓测量反应动作，明天又丢开柏拉图，去在古罗马地道阴森曲折的坟窟中溯‘哥特式’大教寺的起源。我已经整整地做过三十年的学生，这三十年的光阴都是这样东打一拳西踢一脚地过去了。”② 朱光潜看似是自责自己没有集中自己的兴趣，专攻某一个领域，而这正是朱光潜“无所为而为的玩索”的超脱态度的写真。从这篇文章的结尾处，朱光潜是认可自己这一“超脱”的学文学历程的。他说：“文艺像历史哲学两种学问一样，有如金字塔，要铺下一个很宽广的基础，才可以逐渐砌成一个尖顶出来。如果入手就想造成一个尖顶，结果只有倒塌。中国学者对于西方文艺思想和政教已有半个世纪的接触了，而仍然是隔膜，不能不归咎于只想尖顶而不肯顾

① 朱光潜：《悼夏孟刚》，《朱光潜全集》（第一卷），安徽教育出版社1987年版，第76—77页。

② 朱光潜：《我与文学·我与文学及其他》，《朱光潜全集》（第三卷），安徽教育出版社1987年版，第337页。

到基础。”[1] 可见，朱光潜再次现身说法，要求人们不要超效率，像美国旅游团参观法国卢浮宫一样，走马观花，浮光掠影，太不能深入，太不能耐苦。

三、美感世界纯粹是意象的世界

如前所述，朱光潜认为人之所以为人，注定就是苦多乐少，而艺术活动正是对生活苦闷的抗争。人在艺术活动中，才是自己心灵的主宰，生命精神才能得到最充分地绽放。朱光潜认为美感的世界纯粹是意象的世界，主体在进入美感境界之后的心境是聚精会神，心无它涉，心中只有一个完整的孤立的意象，无比较，无分析，其结果常致物我由两忘而同一，我的情趣与物的意态遂往复交流，不知不觉中，人情与物理互相渗透。在这种美感境界中，主体在刹那间见终古，在微尘中显大千，在有限中寓无限。[2] 因此，审美的世界是超脱现实有限性的理想世界；审美活动也成为人艺术化生存的有效途径。

朱光潜说：“宇宙与人类生命，像叔本华所分析的，含有意志（will）与意象（idea）两个要素。有意志即有需求，有情感，需求与情感即为一切苦恼悲哀之源。人永远不能由自我与其所带意志中拔出，所以生命永远是一种苦痛。生命苦痛的救星即为意象。意象是意志的外射或对象化（objectification），有意象则人取得超然地位，凭高俯视意志的挣扎，恍然澈悟这幅光怪陆离的形象大可以娱目赏心。”[3] 可见朱光潜是认同叔本华的人生悲剧论的，但是不赞同叔本华的悲观主义。从朱光潜对“绝我但不绝世”的人生态度来看，他是赞同人以超脱的态度不断与现实苦痛抗战，去改造现实，去在现实世界之外，另造一个理想的意象世界。朱光潜也不赞同人对现实的屈服，任为现实摆布，随波逐流，将自我湮没在“十字街头”；更是反对享乐主义人生态度，成天与蝇蛆争温饱。对于抗日战争时期的中国人来说，更是苦痛不堪，灾祸不断的时代，朱光潜正是看到了当时的一些青年人，要么在战乱不断的现实苦痛面前倒下，成为平庸的人，要么成

---

① 朱光潜：《我与文学·我与文学及其他》，《朱光潜全集》（第三卷），安徽教育出版社1987年版，第339页。

② 朱光潜：《诗论》，《朱光潜全集》（第三卷），安徽教育出版社1987年版，第50页。

③ 同上，第62页。

了像夏孟刚一样的走上自杀道路的人。在如何消除人生的苦痛，不同的人士开出了不同的药方。王光祈曾在《中国人之生活颠倒》一文中指出，欧洲人不论男女老幼都及时行乐，所以他们的生活都极为愉快而没有烦恼。王光祈是以主张“享乐主义”来解救人生的苦痛。显然，他的解救之道是行不通的，欧洲人也并非就没有烦恼；再说理想跟着欲望走，欲望不餍足，就是失望的代名词，失望也可以说就是消沉、烦恼的代名词。因此，朱光潜在看清人生本就是悲剧的本质之后，开出了审美解救之路。朱光潜认为既然人的命运注定就是悲剧，何不以超脱的态度将其作为一幅画、一首诗来观照。他说：“人生世相充满着缺陷、灾祸、罪孽；从道德观点看，它是恶的；从艺术观点看，它可以是美的，悲剧是希腊人从艺术观点在缺陷、灾祸、罪孽中所看到的美的形象。”① 正如前文所述，朱光潜所谓的超世观世的人生态度，绝非是颓废主义和逃世主义，而是积极有效地消解人生的苦闷、缺陷、罪孽的重要途径。朱光潜曾经提出超脱现实的三种方式：其一，宗教信仰；其二，艺术慰情；其三，保持孩子气。显然，朱光潜更加倾向于艺术慰情这一路径的。他说：“艺术是一种慰情的工具，所以都带有几分理想化。艺术家不满意于现实世界，才想象出一种理想世界来弥补现实世界的缺陷。”② 朱光潜早在《无言之美》中，就已经萌生了可以艺术慰情以及超脱现实的思想。他说：“美术家的生活就是超现实的生活；美术作品就是帮助我们超脱现实到理想界去求安慰的。换句话来说，我们有美术的要求，就因为现实界待我们太刻薄，不肯让我们的意志推行无碍，于是我们的意志就跑到理想界去求慰情的路径。美术作品之所以美，就美在它能够给我们很好的理想境界。所以我们可以说，美术作品的价值高低就看它超现实的程度大小，就看它所创造的理想世界是阔大还是狭窄。”③在艺术活动中，主体无论是创造还是欣赏，都是凝神于意象，可以超脱现实的有限性束缚，精神上获得自由欢畅。

朱光潜认为人生本来就是一种较广义的作品，每个人的生命史就是他自己的作品，只有俗人和伪君子除外。因此，艺术化的生活，本身就是人之所以为人的本质所在。世界就是每个人自己的世界，人所见到的世界，

---

① 朱光潜：《诗论》，《朱光潜全集》（第三卷），安徽教育出版社 1987 年版，第 63 页。

② 朱光潜：《文艺心理学》，《朱光潜全集》（第一卷），安徽教育出版社 1987 年版，第 393 页。

③ 朱光潜：《无言之美》，《朱光潜全集》（第一卷），安徽教育出版社 1987 年版，第 68 页。

就是人自己性情和情绪的象征。他说："各人的世界都由各人的自我伸张而成。"[①] 我们一般人和艺术家的区别就是艺术家可以将其直觉到的意象传达出去，赋予形式，表现为艺术作品。如果你的生活不艺术，也是你自己蜕变为俗人和伪君子所致。朱光潜认为审美对象恰恰是主体在适然相遇对象时所呈现的意象，并不是物理意义上的自然事物。他说："从美学观点看，是美就不自然，只是自然就还没有成为美。如果你觉得自然美，自然就已经过艺术化，成为你的作品，不复是生糙的自然了。"[②] 可见，朱光潜先生完全是从人的本质这一立场，来谈论审美活动。从其在 20 世纪 50 年代，美学大讨论中，坚持美是主客观的统一，反对美在自然物机械唯物论立场来看，其坚持美在物我同一的观点一直没有改变过。朱光潜在《文艺心理学》中，也批判了西方自然主义和理想主义的错误。西方美学传统一直就推崇"模仿说"，即人只要模仿自然对象就是美，自然是尽善尽美的，艺术家只要逼真地再现自然就是尽了艺术的能事。朱光潜批判自然主义的错误所在："艺术的功用原在弥补自然的缺陷，如果自然既已完美，艺术便成赘疣了。"[③] 朱光潜进而指出理想主义也和自然主义一样错误地认为美在自然物本身，自然主义不过是不假选择地认同一切自然都是美的，而理想主义是一种精练的自然主义，认为美在类型。朱光潜批判地指出："自然只是死物质，艺术却须使这死物质具有生动的形式。自然好比生铁，艺术作品则为熔铸锤炼而成的钟鼎。艺术家的心灵就是熔铸的洪炉和锤炼的铁斧。熔铸锤炼之后才有形式，才有美。艺术不但不模仿自然，并且还要变化自然，所以，如果我们用模仿自然的标准去衡量艺术，没有一件上流作品不露有几分不自然。"[④] 可见，朱光潜明确指出艺术活动是一种意象的直觉与表现的活动，其中，事物的外形和实质与主体的情趣融化成一气，交感共鸣。美都是创造出来的，不是天生自在俯拾即是的，人在美的创造中，才是自我心灵的主宰。

朱光潜虽然主张审美的世界纯粹是意象的世界，但也绝非与现实无关的无中生有。早在《无言之美》一文中，朱光潜就指出："美术作品的价

① 朱光潜：《无言之美》，《朱光潜全集》（第一卷），安徽教育出版社 1987 年版，第 25 页。

② 朱光潜：《谈美》，《朱光潜全集》（第二卷），安徽教育出版社 1987 年版，第 46 页。

③ 朱光潜：《文艺心理学》，《朱光潜全集》（第一卷），安徽教育出版社 1987 年版，第 330 页。

④ 同上，第 334 页。

值高低就看它超现实的程度大小，就看它所创造的理想世界是阔大还是狭窄。但是美术又不是完全可以和现实界绝缘的。它所用的工具——例如雕刻用的石头，图画用的颜色，诗文用的语言——都是在现实界取来的。它所用的材料——例如人物情状悲欢离合——也是现实界的产物。所以美术可以说是以毒攻毒，利用现实的帮助以超脱现实的苦恼。"① 再到《文艺心理学》，他说："艺术必须有'创造的想象。'既是'想象'，就不能从无中生有，因为它不能离开意象，而意象是由经验得来的。既是'创造的'，就不能只是复演旧经验，必须含有新成分。"② 可见，朱光潜认为艺术创造或欣赏，都不是任意的、抽象的、绝对主观的，也非绝对客观的，而是主客观的统一。朱光潜的理论前提，正在于其美感经验是一种聚精会神的观照；美是主体直觉对象的形象。而直觉就是主体凭着自己情趣性格突然间在事物中见出形象，其实就是创造。物我由两忘走向物我同一，由物我同一走向物我交注，于无意之中以"我"的情趣移注于物，以物的姿态移注于"我"。物的意蕴深浅以观赏者的感悟深浅为准。因此，朱光潜认为审美的人生，也需要现实生活的阅历，也需要深入学习艺术创造的技法技巧，欣赏的前奏，也需要大量的了解与考据。所以，朱光潜美学落到实处，还在于培养人，因为美与人性的高低成正比。

正如朱光潜所说："人生本来就是一种较广泛的艺术。每个人生命史就是他自己的作品。"抗战时期的朱光潜在广阔的人生与审美的艺术相统一的视野中，追踪人的本质与美的本质相交融的深沉境域。

---

① 朱光潜：《无言之美》，《朱光潜全集》（第一卷），安徽教育出版社1987年版，第68页。
② 朱光潜：《文艺心理学》，《朱光潜全集》（第一卷），安徽教育出版社1987年版，第394页。

第二章　擎起时代的火炬

——抗战时期的宗白华

自鸦片战争始，中国屡遭异族侵略。自 1931 年“九一八事变”起，日寇铁蹄踏破中华大地。连绵的战争，使中国满目疮痍。中国面临着空前的民族危机，中华民族面临着最大的历史使命——救国图存。这场旷日持久的战事对中国人民来说，既是一场空前浩劫，也是一个转折。它改变了一百年来中华民族备受欺侮的历史。

1937 年“七七事变”爆发，此时宗白华留学德国归来不久。战争改变了中国社会性质和状态，改变了中国社会生活的基本内容与要素，也改变了宗白华先生。他感到自己进入了一个深陷危机的时代。日寇的入侵与政府统治的黑暗，使所有跳动着、奔腾着的生命感到极度压抑、痛苦、窒息。

早在 20 世纪 20 年代，宗白华即从美学角度洞见了中国文化的独特意义和价值。20 世纪上半期的中国美学在时代巨变中艰难前行。近现代美学的早期开拓者如梁启超、王国维、蔡元培，为了探索救亡图存之路，有一个共同点是“引西入中”，大量翻译介绍西方美学著作，寻求中西美学的融合。朱光潜先生说自己是“移花接木”。留学德国的宗白华，深受德国古典哲学的熏陶，对西方哲学、美学的专门学习和对西方文化艺术的独特体验，开阔了他的文化视野，在中西艺术的比较中更能洞察到中国美学和艺术的根本精神。从美学史角度看，他是中国美学发展、流变的过程中最具有中国气质的美学家。宗白华以哲人的智慧、诗人的敏感，把握中国传统美学的灵魂。他以中国传统美学为根本，以西方美学为参照，为中国传统美学的现代转型做了开创性的尝试。而抗日战争这个阶段，是宗白华美学转型的一个关键时期。

第一节 抗战时期宗白华学术转型的背景

一、成长之路

宗白华（1897—1986），原名之櫆，字伯华。据家谱记载，宗白华祖父系南宋名将宗泽第二十五代后裔，是私塾教师；父亲宗嘉禄是清末举人，吸收新学，并长于地理、水利；外祖父方守彝（字伦舒），据说是清代著名散文家、诗人方苞的后代，也是安徽省境内颇负盛名的诗人；母亲方淑兰，受过良好的传统文化教育。宗白华很早就从父亲那里接触到当时的一些新思想、新知识，而父亲一生对于教育、科学事业的热忱与执着，更是直接启发、感染了宗白华。得益于家学的启发，宗白华最终把自己一生奉献给中国的教育事业，全身心沉潜于美学、艺术和哲学的研究之中。

1909 年宗白华就读于南京第一模范高小，1912 年进入金陵中学学习英文。少年宗白华深深陶醉于金陵的山水风景。1914 年一场大病之后，宗白华来到青岛修养，不久进入当地的德国高等学校中学部学习德文。第一次世界大战前夕，法德两国交恶。这场发生在欧洲的列强纠纷，很快便波及中国。其间，1917 年 3 月中旬，宗白华经历了一场曲折变故。宗白华正在就读的上海法租界的同济医工学堂，被法国驻沪总领事下令解散。后由北洋政府教育部接管，宗白华一度中断学业。后来学校收回改为中国自办，迁至吴淞，更名为“私立同济医工专门学校”，宗白华才又重新返校上课。1917 年 8 月日本出兵占领中国山东，巨大的民族屈辱感在青年宗白华内心里形成了很大的震动，他关心国家、民族的现状和命运，爱国思想日益浓厚。与此同时，宗白华已无心学医，花了很大精力开始研读德国文学和哲学，包括歌德、席勒、荷尔德林等人的诗歌，以及叔本华、康德、尼采的著作，陆续发表的相关哲学论文和讲演如《萧彭浩（叔本华）哲学大意》《歌德与〈浮士德〉》《康德唯心哲学大意》《康德空间唯心说》。贯穿宗白华一生的哲学、美学研究正是从这时开始。

（一）“超世入世”的人生观

处在一个动荡的时代，目睹中华民族的孱弱与不幸，目睹北洋政府的软弱与列强的傲慢无理，宗白华与民初许多热血青年一样，对祖国、民族寄予了热切的关爱，同时产生了强烈的国家复兴意愿。第一次世界大战和俄国十月革命的胜利给沉闷的中国强大的刺激，各种新思潮纷纷涌向中国，各种社团在中国大地上如雨后春笋般破土而出，激发着中国青年的思想和爱国热忱。宗白华也不例外。1918 年冬，经好友魏时珍介绍，青年宗白华在上海参与到“少年中国学会”的筹建工作当中。少年中国学会是“五四”时期出现的历史最久、会员最多、分布最广、分化最明显的一个爱国青年社团。它发起于 1918 年 6 月 30 日，经过一年的筹备酝酿，于 1919 年 7 月 1 日在北京成立。北京设立总会，南京和成都设立了分会团体，一直持续了六年之久，直到 1925 年底因会员思想分化才停止了活动。少年中国学会以“本科学的精神，为社会的活动，以创造‘少年中国’”为宗旨，力图集合全国青年创造中国新纪元。

1919 年学会成立前，宗白华与魏时珍、李劼人等均任学会筹备期间编辑部临时编译员，参与了少年中国《会务报告》的编辑工作。1919 年 7 月少年中国《会务报告》改为《少年中国》月刊，宗白华负责校勘，注重哲学、文学和纯粹科学的文章。对此宗白华曾表示“学会对于政治及社会，纯取学术学术研究，尚未有主张”，呼吁学会同人“社会黑暗既已如此，吾人不得不暂时忍辱，专从事于健全无妄之学术，求得真理”，“暂多研究‘学理’，少叙述‘主义’”。[①] 宗白华也是《少年中国》主要撰稿人之一，成为少年中国学会的理论家，《少年中国》第 1 期至第 8 期，每期都有宗白华的文章，宗白华陆续发表了《说人生观》《哲学杂述》《我的创造少年中国的办法》《理想中少年中国之妇女》《中国青年的奋斗生活与创造生活》《说唯物派解释精神现象之谬误》《科学的唯物宇宙观》《新诗略谈》《看了罗丹雕刻以后》《艺术生活》。

在这些早期的理论文章中，宗白华开始尝试探索哲学、艺术的理论问题，并热情鼓吹新生活、新文化、新社会的创造和建设，提出自己的社会构想，积极呼吁青年自觉进行自我的人生改造。在《说人生观》一文中，宗白华论述了乐观、悲观、超然观三种人生观及由此人生观所引发的人生行为，赞赏超世入世的超然观。“超世入世”也成为他早年的人生观。他

① 林同华主编：《宗白华全集》（第一卷），安徽教育出版社 1996 年版，第 26 页。

认为“超世入世派，实超然观之正宗。超世而不入世者，非真能超然观者也”。“众生迷妄，犹未解此，贪嗔痴迷，造业受苦，圣哲之士，心生悲悯，于是毅然奋身，慷慨救世，既已心超世外，我见都泯，自躬苦乐，渺不系怀，遂能竭尽身心，一位世用。困苦摧折，永不畏难，不为无识之乐观，亦非消极之悲观。二观之病，皆能永离。是以超世入世之派，为世界圣哲所共称也。”① 对超世入世人生观的欣赏，也是宗白华在少年中国学会态度积极的原因之一，他希望将这一人生宗旨用于改造中国青年。宗白华在 1919 年《少年中国》第 2 期《致少年中国学会函》中呼吁：“吾学会宗旨亦在容纳此等最纯洁高尚聪慧多才之少年，改造其出世人生观，以为出超世入世人生观，为人类得一造福之人才。故吾会同人，虽具超世心胸，而须取积极态度。”②

抱着超世入世的人生观，青年时期的宗白华对于中国社会建设、人生改造的构想，饱含着积极的热情，饱含着面对黑暗现实的不妥协的精神。虽然含有一些超越实际的空想成分，但宗白华怀着强烈的爱国之心，积极认真寻求中国社会新的理想，也表达出了当时大多数爱国青年知识分子的心声。

在《我的创造少年中国的办法》一文中，宗白华提出通过发展教育和实业的途径，实现创造一个全新的“少年中国”的理想。“从实业和教育发展我们团体的经济与文化，造成一个组织完满的新社会。”“再用这新社会的精神与能力，来改造旧社会，使旧社会看我们新社会的愉快安乐，生了羡慕之心，感觉自己社会的缺憾，从心中觉悟，想改革仿效，那时，我们再予以积极的援助，渐渐改革我们全国社会缺憾之点，造成个愉快美满的新社会与新国家。”③

抱着这样的社会理想，宗白华对于“少年中国”的创造有着无限的热情，同时对于承担着中国新文化、新社会、新生活建设历史重任的时代青年抱有真诚的期待。宗白华多次在文章中提出并探讨了中国青年的人生改造问题，讴歌创造与奋斗。1919 年 11 月，在《少年中国》第 1 卷第 5 期上，宗白华发表了反映他个人早期人生观思想的《中国青年的奋斗生活与

① 林同华主编：《宗白华全集》（第一卷），安徽教育出版社 1996 年版，第 24 页。
② 宗白华：《致少年中国学会函》，《少年中国》1919 年第 1 卷第 2 期。
③ 宗白华：《我的创造少年中国的办法》，《少年中国》1919 年第 1 卷第 2 期。

创造生活》一文。文章中宗白华把自己对于青年精神的理解，进行了具体概括，“我们创造这新国魂的方法，就是要中国现在个个青年有奋斗精神与创造精神，联合这无数的个体精神汇成一个伟大的总体精神，这大精神有奋斗的意志，有创造的能力，打破世界上一切不平等的压制侵略，发展自体一切天赋，才能活动进化，不是旧中国的消极偷惰，也不是旧欧洲的暴力侵掠，是适应新世界新文化的‘少年中国精神’”，表示“我们真正生活的内容就是奋斗与创造。我们不奋斗不创造就没有生活，就不是生活”。[①]

早年“超世入世”的人生观，伴随着建设新文化、新社会的理想，成为宗白华美学思想的原始发端。针对当时青年中普遍存在的空虚、烦闷的精神状态，宗白华明确提出要通过确立“唯美的眼光”“研究的态度”，特别是从事“正当的积极的工作”来自行解救。[②]

（二）向科学与艺术的人生观转变

青年时期的宗白华，对于社会与人生都有着积极热情的理想，这段生活与思想经历，使得宗白华能把自己对于现实社会、人生的改造意愿和理想构思，融入对艺术和审美的把握之中，从艺术和审美的更高层面来确定现实社会与人生的超越性目标。宗白华先生对此深有感触，他在学术领域深耕，在中西比较视野下探寻中国艺术中独特的美学精神：“宗白华先生独创性的研究活动开拓了中国美学研究的新道路并奠定了中西比较美学的基础。”[③] 在论及新人生观的创造问题的文章《新人生观之我见》中，宗白华对中国平民旧式的两种人生观——现实人生主义、悲观命定主义——进行批判，认为“这两种人生观的流弊，在现在中国社会中发扬尽致了”。要创造新的人生观，宗先生以为有两条途径：科学的和艺术的。什么叫艺术的人生观呢？宗先生认为：“艺术人生观就是从艺术的观察上推测人生生活是什么，人生行为应当怎样？”[④] “我们生命创造的现象与艺术创造的现象，颇有相似的地方。”“艺术家的心中有一种黑暗的、不可思议的艺术冲动，将这些艺术冲动凭借物质表现出来，就成了一个优美完备的合理想

① 宗白华：《中国青年的奋斗生活与创造生活》，《少年中国》1919 年第 1 卷第 5 期。

② 宗白华：《青年烦闷的解救法》，《解放与改造》1920 年第 2 卷第 6 期。

③ 叶朗主编：《美学的双峰——朱光潜、宗白华与中国现代美学》，安徽教育出版社 1999 年版，第 368 页。

④ 林同华主编：《宗白华全集》（第一卷），安徽教育出版社 1996 年版，第 207 页。

的艺术品。生命的现象也仿佛如此。”而艺术的人生态度“就是积极地把我们人生的生活，当作一个高尚优美的艺术品似的创造，使他理想化、美化”，“人生的目的是一个优美高尚的艺术品似的人生”。

对艺术人生观的追求，促使宗白华在哲学探索的基础上，进一步开始了美学、文艺理论问题的探索，发表了一系列文章如《新诗略谈》《新文学底源泉》《戏曲在文艺上的地位》《美学与艺术略谈》《看了罗丹雕刻以后》《艺术生活》等。留德期间的宗白华，深受西方艺术的感染，如宗先生自己所言，对艺术的直觉见解在欣赏罗浮艺术之宫、罗丹雕刻之后更加深沉了，在《看了罗丹雕刻以后》一文中，宗白华有感而发，“美的仍在自然”，而自然无时不在“动”中，因此“艺术家要借图画、雕刻等以表现自然之真，当然要能表现动象，才能表现精神、表现生命”。“艺术家是无往而非‘美’的创造者，只要他能真把自然表现了。”在《艺术生活》一文中，宗白华提出“艺术生活就是同情的生活”。“艺术世界的中心是同情，同情的发生由于空想，同情的结局入于创造。于是，所谓艺术生活者，就是现实生活外一个空想的同情的创造的生活而已。”① 纵观宗白华美学思想的发展历程，宗白华早期美学文章中对于美学本体特性问题已有初步见解，即以艺术、艺术活动作为探入人类审美领域的基本点，高度重视审美活动与人类艺术经验的内在关系，重视美学理论对于人类艺术活动的本体把握能力。

1920 年宗白华在《学灯》发表了他的第一篇美学论文——《美学与艺术略谈》。宗白华的这篇文章在介绍德国经验主义美学家梅伊曼基本观点的基础上，扼要提出“美学是研究‘美’的学问，艺术是创造‘美’的技能，当然是两件事。不过艺术也正是美学所研究的对象，美学同艺术的关系，譬如生物同生物学罢了”② 的观点。在文章中，还进一步对美学与艺术的定义和内容进行了界定。在他看来，美学的主要内容是“以研究我们人类美感底客观条件和主观分子为起点，以探索‘自然’和‘艺术品’的真美为中心，以建立美的原理为目的，以设定创造艺术的法则为应用”，而这一点，恰恰是西方现代美学的基本立场。至于艺术，也并不就

① 林同华主编：《宗白华全集》（第一卷），安徽教育出版社 1996 年版，第 319 页。
② 同上，第 187 页。

是单纯的模仿自然，“因他自己就是一段自然底实现。艺术家创造一个艺术品的过程，就是一段自然创造的过程，并且是一种最高级的、最完满的、自然创造底过程”。根据各种艺术所凭借方式的差异，宗白华提出了对于艺术分类的基本划分，即“目所见的空间中表现的造型艺术（建筑、雕刻、图画）”“耳所见的时间中表现的音调艺术（音乐、诗歌）”“同时在空间时间中表现的拟态艺术（跳舞、戏剧）”；[①] 而由于各门艺术同自然的关系有所不同，越是高级的艺术，其所凭借的自然物质材料就越少，所以宗白华得出“诗歌是艺术中之女王”的结论。

宗白华曾作文《我所见到的五四时代的一方面——少年中国学会与〈学灯〉》，回顾“五四”：“‘五四’运动是中国历史上第一次的‘青年运动’。当时参加运动的人很少是在30岁以上的。所以它具有青年期的许多可爱的优点和特点。当时一般青年真富有一种天真的无世故气、无政客气的纯洁的热情，而道德的意识颇为浓厚。”“当时青年思想也是偏于理想方面，对于哲学问题，文化问题（如东西文化及其哲学），文艺的问题（如新诗）都特感兴味。”“我觉得民族中这种天真纯洁的‘青年气’，是永远需要的。我并不盼望中国青年在20岁以前，就个个很老早地懂得政治上的世故，虽然我不否认政治对一民族的重要。”[②] 可见，中年宗白华对自己这一段青年时期的理想和热情充满怀念，对天真纯洁的“青年气”充满赞赏。

二、抗战时期的历史文化背景

1925年春，宗白华留学德国归来。经同乡小说家曾朴介绍，到南京东南大学哲学系任教。1928年5月东南大学改名为中央大学，宗白华担任哲学系教授。1930年哲学系主任汤用彤去北大任教，宗白华兼任主任。自此一直到抗战全面爆发，宗白华一直都在南京居住和工作。1937年7月南京沦陷，宗白华随中央大学迁往重庆。

抗战期间，宗白华在重庆继续执教中央大学，这一时期，身为一介文人，自然是颠沛流离，尝尽各种艰苦。为躲避日军飞机轰炸，宗白华迁往

① 林同华主编：《宗白华全集》（第一卷），安徽教育出版社1996年版，第188—190页。

② 宗白华：《我所见到的五四时代的一方面——少年中国学会与〈学灯〉》，《中苏文化》1940年第6卷第3期。

偏僻山乡柏溪，往返上课。随着国民政府迁都重庆，重庆一时成为政治、经济、文化中心，会集了大批文化人。文化界围绕民族救亡这一主题展开一系列文化运动，声讨日军暴行。同时，以实际行动积极参与大后方抗战活动，如郭沫若、老舍等文艺家，亲自上街疏散民众，抢救伤员。宗白华也参与到抗日救亡的行动之中，据徐仲年回忆，“重庆举行过二十万人的反法西斯大游行，宗老和我并肩而行”。

战争带来种种不幸，使宗白华历经磨难。随着全面抗战的展开，全国抗日民族统一战线的逐渐形成，举国上下掀起抗日战争的高潮，出现了同仇敌忾的气象，抗日救亡，争取民主，为新世界而奋斗。随着政治上抗日民族统一战线的形成，文艺界的抗日民族统一战线在1936年初步形成。之后迅速发展壮大，其标志便是中华全国文艺界抗敌协会（以下简称“文协”）的成立。自1937年12月31日共产党作家阳翰笙在中华全国戏剧界抗敌协会的成立会上，向国民党方面人士提议组织文艺界抗敌协会起，“文协”经过近三个月的筹备于1938年3月27日在武汉成立。抗战期间，“文协”为领导抗战文艺运动，特别是国统区的文艺运动，做出了重要贡献。

战时特殊的政治文化氛围促成了许多特有的文化现象。美学领域也形成了多种派别。和其他历史时期不同之处在于，战时形成的地缘政治文化，对文学、艺术以及学术的发展、风貌形成了强有力的制约。这一时期全国划分为几个不同的政治区域，即国统区（国民党统治的地区）、解放区（共产党领导的抗日敌后根据地）、沦陷区（日本侵略占领的地区）及上海“孤岛”（指1937年11月日军占据上海后，租界处于被包围之中的特殊地区，直到1941年12月珍珠港事件发生，日军进入租界为止）。这一时期不同区域社会制度与政治文化背景直接影响和制约着文艺界的状态，各个区域的文艺面貌也有所不同。就宗白华先生当时所处的国统区而言，在全国所占面积最大，拥有的文艺工作者最多，文艺思潮与创作都比较活跃。

宗白华先生抗战时期在研究艺术与美学、从事教学的同时，一直兼任编辑渝版《学灯》的工作。他以《学灯》为主要阵地，以独立的精神人格为依托，自称要“擎起时代的火炬”,① 为“建立一个自己精神自己理想的国家”而努力。

第二节　从哲学诗人到体验美学家：宗白华美学思想的发展脉络

尽管战争期间生活非常困顿，但宗白华在哲学、美学和艺术研究中取得了丰富成果和卓越成就。作为美学家的宗白华能感受到时代的新局面，并且表现在美学研究与诗歌创作中。他的美学思考呈现出多面性，内容极为丰富。著名哲学家冯友兰先生曾指出，宗白华能够把中西美学思想融会贯通，写文章、讲课都没有条条框框，好像随便一谈，要点尽出。美学家洪毅然评价宗白华为“唯一提到哲学高度研究中国艺术的学者”，“他的论中国绘画的文章，均有颇深颇高之见解”。

这一时期宗白华的整个学术思想发生了明显的变化，早年的宗白华是一个满怀壮志的学者，充满“会当凌绝顶，一览众山小”的豪气，是一个傲视群雄的哲学诗人。战争带来的创伤越来越大，他的挫折感也越来越大。在长久的沦陷之后，他体会到国家的动乱和人生的苦难，一方面，积极参加文艺界、报界的抗日活动，热切盼望早日驱逐日寇；另一方面，他通过自己的创作、研究，体验人民在战乱中如何生存。由此，他的学术呈现出从哲学诗人转向体验美学家的特征。这一转向有学者从四个方面加以分析：“学术方向上由‘西学’转向‘中学’，由注重歌德、叔本华、尼采转向注重晋人风度所表现出来的华夏人格精神美，张扬中国审美主义；学术课题上向中西美学诗学比较，不再仅仅研究西方美学精神，而且在比较中出现了较明显的东方美学精神的倾慕、感叹和依恋，并力求在比较中发见中国美学的精英和灵魂；研究角度上转向体验美学，尤其注重以心性情怀的体悟去寻绎中国文化的美丽精神，全面确立哲理情思的直观把握这一进入问题的角度，使自己在感受和心灵体验中保持住人间的本真意绪和诗性；言说方式更为清晰地定位为诗化体即松散的学术小品，在流云般的

① 宗白华：《〈学灯〉擎起时代的火炬》，《时事新报·学灯》（渝版）1938 年第 1 期。

思想中涌动着对晋人之美和对自由超越的向往。”① 实际上，这一转向体现出美学家对国事的关怀和对人民痛苦的“同情”。

一、主张“中西对流”，呼唤中国文化美丽精神

抗战时期，正值宗白华创造力最旺盛的一个时期，这场关系民族存亡的抗战，影响了一大批中国学者的学术道路和学术思想，影响着中国知识分子的精神发展轨迹。这其中包括“五四”先锋如陈独秀、胡适，其后，郭沫若、闻一多、冯友兰、汤用彤、马一浮、金岳霖、钱锺书等，他们都在自己的学术道做上做出了痛苦的选择。宗白华也不例外。很多学者不再一味强调急功近利地吸收外来文化，走“西化”之路，而是由西学返归国学，将西学作为一个参照系、一个进入问题的角度。其原因主要在于：“一方面，作为五四新文化运动主力军的一批激进主义和自由主义知识分子，在步入中年时已意识到文化运动在中国复杂的形势中日益向政治意识形态偏斜，对日益变化的时局已无力把握并日益丧失早年的青春激情的参与感，因为逐渐告别一些偏激或激进的主张，而希冀重新审视中国传统文化。另一方面，在五四时代引进现代化的一批学人，大力倡导西方式的科学救国主义、经济救国主义、文化救国主义、教育救国主义。然而，这种全盘西化的工具理性态度，并没有从整体和传统根基方面深究西方意义观念的价值理性层面，而是饥不择食地采纳十九世纪的科技理性和虚无主义思潮，却因欲速不达而进入文化信仰危机的思想怪圈。这一重工具理性轻价值理性的选择使学者们饱尝苦果，于是二三十年代以后，这批大多留学欧美日的传统文化制度的批判者和话语传统的反叛者，纷纷逃离虚无主义，远离现实政治风云，而重新认同传统文化。”②这一点在抗战爆发之后尤为明显。

宗白华的学术之路也是这样进行的。深受五四时期新文化运动激进思潮的影响，为寻求新社会、新文化的建设，宗白华早期执着于从叔本华、歌德、尼采、康德等人的思想中寻求出路。留德期间，宗白华对“中西对流”有深刻的体会，欧洲风行畅论欧洲文化破产的书籍，盛夸东方文化的优美。而当时的中国正在做倾向西方文化的运动。面对德人对中国文化的

①② 王岳川编：《宗白华学术文化随笔·跋》，中国青年出版社1996年版，第282页。

兴趣，宗白华“借外人的镜子照自己面孔”，认为“中国将来的文化绝不是把欧美文化搬了来就成功。中国旧文化中实有伟大优美的，万不可消灭”，“主张中国以后的文化发展，还是极力发挥中国民族文化的‘个性’，不专门模仿，模仿的东西是没有创造的结果的”。[①] 留德归来的宗白华开始潜心研究中国文化，陆续著《形上学——中西哲学之比较》《形上学提纲》，从中西哲学路线之异点，中西法象之不同，西洋的概念世界与中国的象征世界等方面论述中西哲学的特点；又著《孔子形上学》《论格物》等，前文从孔子论志学、孔子形上学对象与方法、孔子论“道”之精神、孔子论“道”与“仁”的关系等方面研究了孔子的本体论，后文研究了宋明理学的认识论。

结合时代的大背景，我们更能理解宗白华在30年代初对中国文化流溢出的赞美。“宗白华的由西学转向中学并热心于中西比较的转向是彻底的，因而他并不是仅仅去恢复学术理念的纯粹性和逃离现实的繁扰，而是去重新发现中国哲学的思想内核和中国艺术的审美精神并以此作为自己个体选择的精神家园。”[②] 他转向为中国式的体验美学家。汇集其学术精要的美学篇章《论莎士比亚的艺术》《〈世说新语〉与晋人的美》《清谈与析理》《常人欣赏文艺的形式》《中国艺术的写实精神》《中国艺术意境之诞生》《论文艺的空灵与充实》《中国艺术三境界》等，都在抗战时期写作发表。其中《论〈世说新语〉与晋人的美》《中国艺术意境之诞生》《论文艺的空灵与充实》后来收入宗白华先生的美学著作——《美学散步》。

二、战乱中的美学思考

宗白华的学术之路从哲学探索开始，诗人的性情使他钟情于文学、艺术，最终走进美学的园地。宗白华哲学诗人的气质，使他喜欢从认识论的角度思考问题。1917年6月，宗白华在上海泰东书局出版的《丙辰》杂志第4期上发表了他平生第一篇论文——《萧彭浩（叔本华）哲学大意》。在这篇论文中，宗白华明确表达了自己对宇宙人生的最基本的价值体悟，“无限之同情，悲悯一切众生，为道德极则。此其意志中已觉宇宙为一体，

① 林同华主编：《宗白华全集》（第一卷），安徽教育出版社1996年版，第320页。

② 王岳川编：《宗白华学术文化随笔·跋》，中国青年出版社1996年版，第282页。

无空间中之分别”，“盖宇宙一体，无所欲也，再进则意志完全消灭，清净涅槃，一切境界，尽皆消灭”。这一观点，不仅是宗白华初步探讨叔本华哲学的心得，而且与他后来的美学思想与艺术研究相关联。在宗白华美学思想的形成过程中，这种对人生意志和欲望的理解，对人与自然、社会的“同情”“一体”关系的自觉把握，成为宗白华把握、理解生活与审美及两者关系的基本观念前提。这表明宗白华有着严密的逻辑思维与科学分析精神，有着对于人类生命价值真谛的真切关怀和细微体验。

从战争初期到全面抗战时期，中国社会现实更加严酷，血腥的战争、饥饿、绝望笼罩着大地。对中国前途命运的思考，时时噬咬着他的内心。宗白华“深切地体会到人生的意义、责任和问题，反省到人生的究竟，所以哀乐之感便更深沉”。[①] 这都使得他抛弃了早期的唯美主义倾向，与时代同呼吸，在残酷的战争现实中保持清醒的学术思考，探寻新文化的建设之路。

“拿叔本华的眼睛看世界，拿歌德的精神做人”，是宗白华青年时期的口号。这一口号直接表明了叔本华哲学和歌德精神对宗白华的人生道路产生的影响，尤其是歌德的影响，可谓从始至终伴随着他。宗白华被歌德的狂飙突进精神深深吸引，认为它能给予处于战争困境的国人以希望。1932年，发表了他研究歌德的第一篇论文——《歌德之人生启示》，同年10月，他又写作了《歌德的〈少年维特之烦恼〉》《歌德席勒订交时两封讨论艺术家使命的信》，翻译了《席勒和歌德的三封通信》。1933年，宗白华与周辅成合编了一本厚达350多页的歌德研究论文集《歌德之认识》，收入歌德研究文章及译文二十多篇。《歌德之人生启示》是宗白华1932年3月为歌德百年忌日所写，文章中将“人生是什么？人生的真相如何？人生的意义如何？人生的目的是何？”这些人生哲学的重大问题一一抛出，并从歌德的生活世界与艺术世界中寻求答案。在宗白华的眼中，“歌德对人生的启示有几层意义，几个方面。就人类全体讲，他的人格与生活可谓极尽了人类的可能性……他表现了西方文明自强不息的精神，又同时具有东方乐天知命宁静致远的智慧”。“我们可以说歌德是世界一扇明窗，我们

① 宗白华：《美学散步》，上海人民出版社1981年版，第216页。

用远逆溯到拜伦为希腊独立而战，满江红作者岳飞，正气歌作者文天祥……"[①]"这一部惨痛的英勇的无前例的巨大历史，是要全国的作家来撰写，要千秋万世的作家继续地来完成。""只是尽我们的力量做去。我们除笔以外没有什么，有的只是和全国人民所有的一样，一片热忱的牺牲决心。"[②]这是战时总体的审美基调。战争破坏了很多，改变了人们看待世界的角度，带走了太多东西。但是战争带不走所有东西，希望是其中之一，美是其中之一，善是其中之一。战争也阻止不了人们对未来、对理想、对人性善恶美丑的思考，这就给美学留出了空间。"引西入中"，同时又具有中国本土美学品格的现代美学应运而生。

三、现代中国美学兴起与救亡图存

"抗战时期的四川"不仅促成了"四川抗战文化"的产生，也形成了中国现代美学的发展。从1931年"九一八事变"，至1945年日本宣告投降，前后14年，占中国现代文学史、美学史近三分之二的时间。流寓四川的朱光潜、宗白华等美学家们在这一时期的学术创建，构成中国现代美学的主体脉络，为中国当代美学打下了基础。没有他们的特殊贡献，中国当代美学将是另一番情景。如此重要的时段，重要学术贡献，竟研究甚少，几近空白，这是我们不愿看到的。

整体上讲，这是一段时代性大于美学性，认识价值大于美学价值的美学时代。作为中国现代美学发展的历史起点与逻辑起点，抗战时期对于整个20世纪中国美学发展具有规定方向的意义。它开启了中国现代色彩的美学精神，建立了现代美学研究的知识模式，形成了抗战时期独特的审美功能观。

（一）开启中国现代色彩的美学探索

从中国现代美学发生史来看，近代以来有识之士，正是带着强烈的"救亡图存"的功利性诉求，从西方引进美学。"引西入中"成为20世纪前半页中国美学研究的基本范式，即以西方观念为参照系来建构中国美学理论模态。在如何更好地实现"救亡图存"的根本目的上，中国近代有识之士，选择了两种不同形态的道路：其一，引入西方无功利美学，培养新

①② 《作家战地访问团告别词》，《抗战文艺》1989年第4卷第3、4期合刊。

民，从根本上实现人生解放与国家的富强，本质上属启蒙主义美学；其二，引入苏联的功利性美学，改造国民性，实现文艺为社会革命服务。前者以王国维、蔡元培、朱光潜等为代表；后者以瞿秋白、鲁迅、蒋光慈、蔡仪等为代表，两派对西方美学的阐发及中国美学的建立，都做出了重要贡献，为中国现代美学奠定了基础。

王国维引进西方美学，意在“学术救国”。王国维先生采纳了康德、席勒、叔本华等人的无利害美学观，正是强调审美自律，以反对传统儒家的政教工具论文艺观。从王国维对“境界”的纯形式化界定来看，其意在构建纯文艺的美学观，根本目的在于培养新世界观和新人生观。蔡元培也同样引进西方的无功利美学，旨在“培养新民”，即要通过美育，改造旧中国封建教育思想，培养适应现代社会需要的新青年。[①] 蔡元培推行的是“教育救国”之路。

可以说，中国现代美学的建立，伴随着新文化运动而来，是中国近现代有识之士探索救亡之路的副产品。真正以历史主义态度，以美学现象来对待美学研究的，起于民国，特别是抗战艰苦岁月之时。朱光潜的《与青年谈美》、蔡仪的《新美学》等书，将现代美学从中国美学整体中脱离出来，以崭新的面貌示人。他们以现实生活为研究对象，着眼于火热的文学与生活现象来探讨美的发生发展和对人生的意义。特别是引进了西方的美学流派、美学原理，并采用本体论、认识论和方法论等西方哲学的研究方法，这对其后的中国现代美学研究都有重要的影响。

中国现代美学形成的过程是与反抗帝国主义的侵略与控制，争取民族独立与统一的过程同步的。这又使对本土文化品格的追求上升到民族大义的立场。民族矛盾、救亡与启蒙的矛盾，这一切都对中国现代美学的面貌产生影响，深刻地制约着现代美学的发展。美学不是孤立的，现代中国美学始终是在现实的复杂矛盾中发展的。“九一八事变”之后，曾有一个“文化建设运动”在当时引起强烈争论。1935 年 1 月，陶希圣、王新命等人联名发起《中国本位的文化建设宣言》，以配合国民党在 1934 年发起的“文化建设运动”，即陈立夫在《中国文化建设论》中所主张的“合理配合”中西文化，建立一种“新文化”。“须先恢复固有的至大至刚至中至正

① 参见彭锋《引进与变异——西方美学在中国》，首都师范大学出版社 2006 年版，第 80 页。

的民族特性，再加以礼义廉耻的精神，以形成坚强的组织和纪律，再尽量利用科学的发展，以创造人民所必须关于衣食住行之资料，则民族复兴，当在最近的将来。”他们主张以中国为“主体”，为“本位”，“中国本位文化”首先是中国的固有道德。一些主张民主、革新的知识分子，则反对之。1941 年 8 月，西南联大、中央大学、浙江大学和云南大学教授钱穆、贺麟、张荫麟等六人，组织“思想与时代社”，朱光潜作为主要成员参加了这一团体，发行《思想与时代》月刊。开展“建国时期主义与国策的理论研究”，“固有文化与民族理想根本精神之探讨”，“青年修养有关问题之探讨”。宣传“适度之自由”“真正之平等”。“中国早在两千年前早为一自由之民族，历来中国人民享受自由之程度，比较言之，为世界各国所不及。”认为儒家思想是“中国现代思想之主潮”。“儒家思想的命运与民族前途的命运，盛衰消长，是同一而不可分的。许多中国问题，必达到契合儒家精神的解决，方算达到至中至正最合理而无流弊的解决。”① 抗战时期美学的发展不得不面对它特有的时空意义，对民族本位与启蒙思想进行探索与反思。

抗战时期中国美学建立的另一线索，是瞿秋白、鲁迅、冯雪峰、蒋光慈、蔡仪等人，本着“救亡图存”的强烈愿望，将目光投向了苏联，引进卢那察尔斯基的“真善美合一说”、普列汉诺夫的“劳动起源说”、车尔尼雪夫斯基的“美是生活说”等苏联的马克思主义美学观。他们不断批判资产阶级文艺美学观的天才论、超阶级论，无功利论等，探索建立马克思主义实践论为基础的功利主义美学。② 显然，随着战争危机的不断升级，“救亡”逐步压倒了“启蒙”。王国维、蔡元培、朱光潜等人希望通过审美教育培养新民，启发民智，从根本上实现强民富国。但如春风沐雨般的审美感化，毕竟来得太慢，时代需要金刚怒目式的激情，而非静穆的熏陶，需要文艺为政治社会革命服务，蔡仪的美学正是这一功利性美学思潮的集大成。蔡仪在《新艺术论》《新美学》中，提出美的社会学研究方法论、美是客观反映论、美在典型说、艺术的工具论等思想，运用的正是马克思主义唯物论美学观，也预示着新中国美学建设的新方向。抗战前后，出版了

---

① 《思想与时代》1941 年第 1 期。

② 参见聂振斌《中国近代美学思想史》，中国社会科学出版社 1991 年版，第 370—371 页。

一系列代表早期中国现代美学的专著，如朱光潜的《谈美》、金公亮的《美学原论》、蔡仪的《新美学》、范寿康的《美学概论》、陈望道的《美学概论》、吕澂的《美学概论》《美学浅说》等等。这一大批美学论著的出现，标志着现代意义上的中国美学开始建立。

（二）刚健雄浑的美学境界

战时特殊的政治文化氛围，促成了许多唯战时特有的审美文化现象。战争直接影响到学者的精神风貌。借用海德格尔的话，救亡“是在一个历史性民族的命运中质朴而本质性的决断的敞开状态”（《艺术作品的本源》）。正所谓“文变染乎世情，兴废系乎时序”，血与火的战争美学其实是时代精神、文学传统与知识分子心灵相交感的产物。战争动员期间知识分子选择小我向大我的投入，但这中间有复杂细微的过程。正如李泽厚在《二十世纪中国文艺》中对中国知识分子的判断：将这种矛盾的心态称为“忠诚的痛苦”，“带来了真正深沉、痛苦的心灵激荡”。在抗战的大环境下，已经不能安坐书斋了。战争的激烈残酷、政治上的黑暗，经济上的危机迫使知识分子必须面对现实、担当磨难。由于抗战而撤退到大后方的一大批学者，如马一浮、朱光潜、宗白华等，从不问政治到关心民族解放大业，经历了思想的升华。许多流寓四川或者四川籍的美学家、文艺理论家，都希望到火热的生活中去体验国人实际需要，以为救国图存出力。爱国知识分子很快从幻灭和沮丧中走出来，开始了自己创造光明，创造理想社会的战斗。

从美学的精神风貌及美学境界来看，抗战期间知识分子面对忧患，做出与苦难抗衡的策略，正在于追求“至德之世”（庄子语）的爱国情怀。假如借司空图《二十四品》所谓精微之笔与广大之势来言说，可以说抗战时期的美学是“广大”一派的，或者说是“雄浑”的，是刚健雄浑的美学境界。其“广大”之境，来源于战争年代的人生况味。其美学思想的出发点和归结点，是要在大动荡的时代找到一个给予国人理想与希望的“常道”，进而影响世人的人格追求。

在战争背景下知识分子的心理、情感和思想历程都发生了改变。朱光潜曾坦言他绝没有想到其后来会走上美学的路上去。战争使他改变了。在国家处于危难的紧要关头，朱光潜开出的济世药方，与王国维、蔡元培两位先生相通，是主张审美教育救国。因此，在山河破碎的紧要关头，朱光潜不断出版《谈美》《谈修养》《谈文学》《诗论》等美学著作，朱光潜并非在谈“风月”，而是旨在感化青年，他说“要求人生净化，先求人生美化”，主张通过青年人格培养来实现救亡图存的根本动机。

钱锺书1942—1943年发表在蓝田国立师范学院刊物《国立月刊》上的诗中所说：“危邦当哭尽情难。”（《得龙丈书却寄》）还有“千年赴笔论青史，万甲撑胸读素书。磊落伊子拼懒费，只供商略到蠹鱼”。“同其慷慨、相濡以沫。”可见其家国情怀，坚守民族气节，绝不随波逐流的风骨。

宗白华喊出：“擎起时代的火炬。”“诗人在这个钢铁炮火的世界里面真不是滋味，而内心所感到的矛盾心情和不能体合时代的痛苦，尤其有一种不易说出的烦闷，空虚。”他悲愤地喊出：“我们这时代还有‘诗’吗？环顾全世界，只有中国的一片浴血奋战的土地上面才是有理想，有热情，有主义，有‘诗’。”

王朝闻称自己是“朝闻道，夕不甘死”的寻美者。

美学家们糅合西方哲学思想、美学理论，吸收《庄子》《论语》《礼记·乐记》等著述中的思想精华，将中国传统宇宙观、价值观、人生观与西方优秀思想文化融合在一起，共同阐发出对美的境界的理解。他们不断地提到“中国这样百孔千疮的时代”，只有到火热的生活中去，以为救国图存出力，才有真正的“诗与美”。即便是那些看起来与抗战无关的美学及文论著作，在精神背景上仍透露出战争的萧肃氛围，字里行间，所举案例可见满目疮痍的战争景象。而且由于战争局势的变化发展，不同的阶段有不同的时代审美倾向，这又决定着不同的审美趋势。可以说，抗战时期的美学是在战争中磨砺出来的，是在西部广阔的被蹂躏的土地上彻悟出来的，抗战美学的内核是血与火的美学，有着抗战时期特有的民族化追求，苦难感和沉重感贯穿始终。

它其实是时代精神，诗学传统与美学家心灵相交感的产物。四川颠沛流离的战争经历，使美学家们彻悟了很多，迎来一个学术迸发期。借用俄罗斯诗人曼德尔施塔姆的诗句能更好地表达身处战争的心境：“你们夺走了我的海我的飞跃和天空，而只使我的脚跟勉力撑在暴力的大地上。从那里你们可得出一个辉煌的计算？你们无法夺走我双唇的咕哝！”（1935年）这直抵灾难核心的心灵写照正是对战争美学的描绘。

小　结

这本书的目的，正在于通过打捞挖掘一手历史材料，直接切入历史深处，考订美学谱系，呈现中国现代美学现象自身的存在方式及自我的理性表达方式，展现一代美学家在战争中的苦难与辉煌，叙述一代美学家的民族尊严、历史担当。

谨以此书纪念中国人民抗日战争的胜利。希望通过我们的研究，唤起善良的人对和平的向往和对美的坚守。

第一章　抗战时期朱光潜的美学研究

朱光潜（1897—1986），安徽桐城人，是中国现代美学最重要的奠基人之一，在中国近现代美学史上，对美学阐发之深，涉猎之广，用情之笃，可以说无人出其右。朱光潜先生自28岁发表美学处女作《无言之美》（1924），直到自己83岁高龄，仍写出《谈美书简》（1980），可以说美学研究伴其一生。朱光潜先生走上美学之路，绝非偶然。在山河破碎，国难当头之际，朱光潜选择与国民谈美、谈文学、谈修养、谈诗，也绝非是颓废主义和逃避主义的“谈风月”，而是在深入反省国民劣根性之后，所开出的救亡药方。在朱光潜看来，当时中国社会之所以腐浊不堪，不全是制度的原因，而是人心出了问题。朱光潜旨在通过谈美、谈文学、谈修养、谈诗，来改造国民性，使其在暖衣足食外，尚能有更高的企求；尤其使青年人由不断与蝇蛆争温饱的俗人，通过审美的“怡情养性”而成为完全的人，懂得生活的人，有情趣的人，有理想的人。进而，朱光潜认为通过艺术创造和欣赏活动，不仅可以使青年人消解烦闷，还能够超脱现实，从充满障碍的现实界进入自由理想界。在朱光潜看来，只有人在“无所为而为地玩索”状态下，人才是自己心灵的主宰，才能成就伟大的人生作品。

1931年至1945年期间，中国人民遭遇日本帝国主义发动侵华战争的“危难存亡”关头，朱光潜随武汉大学一路颠沛流离到“大后方”四川。抗战期间，朱光潜曾任四川大学文学院院长和武汉大学教务长，当选为中华全国文艺界抗战协会理事。朱光潜在《谈美》开场话中坦言，“在这个危机存亡的年头，我还有心肝来‘谈风月’么？是的，我现在谈美，正因为时机实在是太紧迫了”。[①] 这一时期，朱光潜发表了一系列美学著述。被誉为其“文艺思想的起点”的《悲剧心理学》，完成于1933年；自称

① 朱光潜：《谈美》，《朱光潜全集》（第二卷），安徽教育出版社1987年版，第5页。

其用力最著的《诗论》，初稿完成于 1931 年，出版于 1943 年，自称对西方形式派美学具有“补苴罅漏”贡献的《文艺心理学》，初稿写于留学欧洲时期，定稿于 1936 年；提出“人生的艺术化”理论的《谈美》，完成于 1932 年，其中“人生的艺术化”，被朱自清誉为朱光潜最重要的理论。随着中国社会危机的不断加深，朱光潜对美学研究也随之转变，自 1936 年到 1945 年期间，朱光潜从早期热衷于美学基本原理的研究，转向美学原理的具体运用，完成了《谈修养》（1940—1943）、《我与文学与其他》（1943）、《谈文学》（1946）等著作，朱光潜因救时心切，表现出激愤文风，而有别于此前的娓娓道来的温雅。因此，将朱光潜美学思想，置于抗战这一时代大背景，加以观照，不仅有助于更清晰地捕捉朱光潜美学思想演进的内在脉络，也是管窥朱光潜美学思想精华的重要路径。

第一节　危难存亡的现实与朱光潜的美学研究

朱光潜如何走上美学研究之路，并终其一生矢志不渝的呢？这是个值得深入探讨的问题。从朱光潜自传中，他说自己走向美学道路，看似纯粹出于机缘巧合，但经过我们深入爬梳朱光潜先生的文集等文献，发现朱光潜走上美学研究之路，既与其本人的个性禀赋有关，也与当时中国社会面临危难存亡相连。可从三个方面探讨朱光潜走向美学研究之路的内在动机：其一，救亡图存的直接动机。中国社会自 1840 年鸦片战争起，不断陷入灾难的深渊。中国近代有识之士，也从未停止过各种救亡图存的努力，20 世纪初的王国维、蔡元培等人已经开始引进借鉴西方无功利美学，以期达到救亡图存的根本目的。朱光潜于 1918 年到 1922 年期间，在香港大学学习教育学，自称刚到香港大学不久就看了一些《新青年》上的文章，深受影响，开始放弃古文改用白话文写作。朱光潜深受 20 世纪初 20—30 年代“救亡与启蒙”时代潮流影响，探索救亡图存之道，也成为朱光潜走上美学研究的重要原因。其二，培养青年的浅在动机。朱光潜自称他的大部分著述都是为青年写的，他也认为“情感比理智重要”，[1] 并且认为中国社会之所以如此之糟，不是器械不如人，而是人出了问题，[2] 他认为中国将来的希望在青年。其三，人生艺术化的深层动机。朱光潜认为人之所以为人，注定就是苦多乐少，而人生的审美化、意象化，可以超脱现实世界进入理想境界，达到与物推移，万物一体的生存状态，从而获得无限与永恒。人生的艺术化才是朱光潜从事美学研究的最深层次的动机。

一、救亡图存的直接动机

朱光潜自述，其出生于安徽桐城乡下的一个破落地主家庭，从六岁到十四岁，在他父亲的鞭挞下接受的是封建私塾教育，儒家经典四书五经大半都可以背下来，甚至可以做出科举考试的策论时文。十五岁进入“洋学堂”，半年后就升入桐城中学，学的也是桐城派古文。朱光潜自称在桐城中学对他影响最著的是国文教师潘季野，潘先生是一位宋诗派的诗人，在他的熏陶下，朱光潜对中国旧诗产生了浓厚兴趣。1916 年，朱光潜中学毕业，在家乡当了半年小学教员。朱光潜也坦言因慕名北京大学的“国故”，而很想考进北京大学，但因家庭经济原因，而就近考了武昌高等师范学校中文系，但那里的老师，朱光潜称还不如桐城中学，除了圈点一部段玉裁的《说文解字注》，一无所获。在武昌高等师范学校读了一年后，朱光潜考取了北洋军阀的教育部选派师范生到香港大学读书，学的也是教育学。从 1918 年到 1922 年，朱光潜在香港大学学了教育学和英国语言和文学，以及生物学和心理学，他说在香港大学所学的一些教育学和心理学奠定了其一生教育活动和学术活动的方向。[3] 此方向，正是朱光潜终其一生的教育救国和学术救国，1925 年出国留学前的教育救国和 1933 年欧洲学成归国后的学术救国，我们将在下文中详细阐述。

朱光潜在进香港大学之前，已经可以写出受到桐城中学老师称赞的古文，心慕北京大学也是出于其“国故”考虑。可以说朱光潜在去香港之前接受的都是中国传统文化，从其请同乡前辈方守敦给他写的“恒恬诚勇”

---

① 朱光潜：《开场语·谈美》，《朱光潜全集》（第二卷），安徽教育出版社 1987 年版，第 6 页。

② 朱光潜：《一番语重心长的话——给现代中国青年·谈修养》，《朱光潜全集》（第四卷），安徽教育出版社 1988 年版，第 12 页。

③ 朱光潜：《作者自传》，《朱光潜全集》（第一卷），安徽教育出版社 1987 年版，第 1—2 页。

四个大字横幅，并加以装裱，挂在自己在香港大学的小书斋里，作为自己的座右铭，足以清晰地说明朱光潜在接受西方现代学术之前，是个传统儒家思想的服膺者。“恒恬诚勇”正是传统儒家人格境界追求的诤言。在朱光潜晚年一次答记者问中，也坦言其思想渊源和人格结构：“像我们这种人，受思想影响最深的还是孔夫子。道家思想有一些，后来还受一些佛家的影响。”[①] 儒家思想中的人格追求，很好地体现在“恒恬诚勇”之中。恒，就是恒心、毅力、忍耐、有操守。当朱光潜看到日本出兵东三省，轰炸松、沪，一些人已遭惨死，有些人已因天灾人祸而废学，有些人已经拥有高官厚禄或者正在忙高官厚禄。朱光潜认为这些人的变节，正是没有做到儒家的“恒”，没有操守的体现。朱光潜在《朝抵抗力最大的路径走》一文中指出：“目前中国社会腐败的根源，以为一切都由于懒。懒，所以苟且因循敷衍，做事不认真；懒，所以贪小便宜，以不正当的方法解决个人的生计；懒，所以随俗浮沉，一味圆滑，不敢为正义公道奋斗；懒，所以遇引诱即堕落，个人生活无纪律，社会生活无秩序。”[②] 朱光潜在《给青年的十二封》中，也告诫青年人要超越“十字街头”，不能湮没在“十字街头”，而失去自己的操守。恬，就是儒家人格追求的恬淡、简朴、清心寡欲。这也是儒道有交集之处，所以庄子许多地方骂孔子，却对颜回褒奖有加，正因为颜回可以做到一箪食，一瓢饮，在陋巷而不改其乐。朱光潜在抗战时期最重要的著作《诗论》中，重点介绍了陶渊明的身世、郊游、情感、思想、人格、风格等，也可知朱光潜对陶渊明的恬淡生活，并乐在其中的认可。朱光潜在其香港大学书斋中，“恒恬诚勇”四字横幅的另一面所挂的正是陶渊明《形影神》诗中的最后四句，“纵浪大化中，不喜亦不惧。应尽便须尽，无复独多虑”。诚，就是诚实、诚恳，待人诚恳而不自欺。朱光潜在谈论人生的艺术化时，谈到两种人最不艺术，一种是俗人，另一种是伪君子。其中的伪君子就是极尽“沐猴而冠”的伎俩。他们的特点就是不诚实、虚伪。勇，就是能经受打击，敢于进取的勇气，就是“天行健，君子以自强不息”。可以说朱光潜的一生，无不践行着“勇”，考取香港大学，再到考取公派出国留学，并且终其一生，从未停止过对前

① 王攸欣：《朱光潜传》，人民出版社 2011 年版，第 31 页。

② 朱光潜：《朝抵抗力最大的路径走·谈修养》，《朱光潜全集》（第四卷），安徽教育出版社 1988 年版，第 24 页。

沿知识的汲取与播散。他自称在英法留学八年中，听课、预备考试只是他的一小部分工作，大部分的时间都花在大英博物馆和学校的图书馆里。朱光潜直到自己晚年，还坚持自学俄语，并能达到翻译的程度。他在《朝抵抗力最大的路径走》一文，更是明确地指出，人的本质就在于朝抵抗力最大的路径走，也就是自强不息的“勇”。

以上我们不惜重墨地叙述朱光潜出国前的儒家思想渊源，正是为了更清晰地理解朱光潜后来走上美学之路的必然性，以及朱光潜一生都为之奋斗的教育救国和学术救国的内在原因。众所周知，当社会失序，儒家开出的药方是“礼”与“乐”。“乐”的作用就是可以让人们在内心自觉地遵守“礼”，即所谓“克己复礼为仁”。儒家特别重视“乐”在社会生活中的作用，正所谓“知之者不如好知者，好知者不如乐之者”。孔子认识到审美和艺术在人们达到“仁”的精神境界，而进行的主观修养中能起到一种特殊的作用。因此，孔子特别强调审美教育，从其对《诗》的删订，以及内容与形式上的一些具体要求，都是认识到了艺术对人的思想熏陶上的重要意义。而朱光潜于1922年香港大学毕业后至1925年去英国留学前，正是践行着孔夫子式的教育救世之路的。正如他在《谈美》开场语中所说的，当他听说他的一些青年学生，因天灾人祸而废学，有些人已经变质拥有高官厚禄或正在“忙”高官厚禄。朱光潜坦言，听到这些消息比他听到日本出兵东三省和轰炸淞沪时还要伤心。他说：“在这个危急存亡的年头，我还有心肝来‘谈风月’么？是的，我现在谈美，正因为时机实在是太紧迫了。朋友，你知道，我是一个旧时代的人，流落在这纷纭扰攘的新时代里面，虽然也出过一番力来领略新时代的思想和情趣，仍然不免抱有许多旧时代的信仰。我坚信中国社会闹得如此之糟，不完全是制度的问题，是大半由于人心太坏。我坚信情感比理智重要，要洗刷人心，并非几句道德家言所可了事，一定要从‘怡情养性’做起，一定要于饱食暖衣、高官厚禄等等之外，别有较高尚、较纯洁的企求。要求人心净化，先要人生美化。”①《谈美》写于1932年，是其《文艺心理学》的缩写版，而从时间段来看，这个时期的朱光潜已经在欧洲留学7年多，对西方的学术前沿早

① 朱光潜：《开场语·谈美》，《朱光潜全集》（第二卷），安徽教育出版社1987年版，第6—7页。

已谙熟于心了，但是他依然将自己定位为旧时代的人，并抱有旧时代的信仰，我们认为朱光潜所谓的“旧时代”的信仰，正是孔子践行的通过审美教育来改变人们的境界。由此实现救亡图存的目的。因此，我们认为朱光潜走上美学之路的最直接动机，正是救亡图存的实际需要。

朱光潜产生通过审美来改造国民性的思想，一方面，如上文所述有来自中国传统儒家思想的元素。另一方面，也是20世纪初期一直盛行着审美救亡社会思潮的影响。随着中国半殖民地半封建社会危机的不断加深，中国近代有识之士，从早期的“师夷长技以制夷”，到学习西方先进的政体制度，再到学习引进西方的思想文化，开始从根本上反省中国传统文化和国民的劣根性。王国维、蔡元培、鲁迅等人都是从思想文化上救亡的重要先驱。自20世纪初至20世纪30年代，正是中国社会危机存亡的紧急时刻，在这一阶段，在如何更好地实现“救亡图存”的根本目的上，中国近代有识之士，选择了两种不同形态的道路：其一，引入西方无功利美学，培养新民，从根本上实现人生解放与国家的富强；其二，引入苏联的功利性美学，改造国民性，实现文艺为社会革命服务。

引进西方无功利美学观的代表性人物为王国维和蔡元培。两位先生采纳了康德、席勒、叔本华等人的无利害美学观，而无利害美学思想正是强调审美自律，将审美的快感与日常功利满足和伦理要求所引起的快感相区分。这种审美的愉悦与自由，无须实用的满足也不受伦理道德的束缚，正是当时深受苦难的中国人所需要的精神慰藉，也是改造国民长期以来太重功利实用弊病的利器。中国人是世界上最重实用的民族。王国维沉痛地指出：“我中国非美术之国也！一切学业，以利用之大宗旨贯注之。治一学，必治其有用与否；为一事，必问其有益与否。”① 因此，王国维完全接受了西方无功利美学观，来改造根深蒂固的实用主义国民性。他说：“美的性质，一言以蔽之曰：‘可爱玩而不可利用者是也’。”② 再从其对文艺是天才之制作和游戏之发泄等观点看，王国维意在构建纯文艺的美学观，反对传

---

① 王国维：《孔子之美育主义》，《王国维文集》（第三卷），中国文史出版社1997年版，第158页。

② 王国维：《古雅之在美学上之位置》，周锡山编校《王国维文学美学论著集》，北岳文艺出版社1897年版，第37页。

统的实用工具论文艺观，其根本目的在于培养“新世界观和新人生观”。[①]王国维美学思想带有深刻的近代性，是中国现代美学的真正奠基人。蔡元培也同样引进西方的无功利和游戏说，也旨在“培养新民”。蔡元培推行的是“教育救国”之路。他的美学根本出发点就在于通过审美教育引导人们从充满利害纠纷的现象世界进入自由的实体世界。

20世纪20—30年代，“救亡与启蒙”成为时代的潮流。随着中国社会危机的不断升级，“救亡”逐步压倒了“启蒙”，从20—30年代到40年代，审美自律的无功利论与为社会的工具论之间，经过了一次又一次的争论，直到1942年毛泽东发表《在延安文艺座谈会上的讲话》，标志着20世纪前50年中国化的马克思主义文艺观的理论完成。它总结了抗战以来的文艺方针，也预示着新中国文艺理论的基本走向。

如前文所述，朱光潜曾于1918年至1922年期间，在香港大学学习，开始受到新文化运动以来的新思想影响。反思中国文化和改造国民性，也成为青年朱光潜思考的重要领域所在。他说：“我到香港大学后不久，就发生了五四运动，洋学堂和五四运动当然漠不相干。不过我在私塾里就酷爱梁启超的《饮冰室文集》，颇有认识新鲜事物的热望。在香港还接触到《新青年》。我看到胡适提倡白话文的文章，心里发生过很大的动荡。我始而反对，因为自己也在‘桐城谬种’之列，可是不久也就转过弯来了。”[②]朱光潜香港大学毕业后，积极践行反思与改造国民性的工作，从其与叶圣陶、刘大白、夏衍等好友成立立达学园，创办开明书店来看，其启蒙意图非常明显。朱光潜后来经过从北京大学辗转到四川大学和武汉大学的一些人事纷争，更加清晰地认识到：“我们需要一番严厉的自我检讨，然后才能有一番勇猛的振作。”[③] 可以说，通过艺术活动来培养国民的精神境界，正是朱光潜通过一番严厉的民族反省之后，所进行的对症下药工作。

二、培养青年的浅在动机

朱光潜在《文艺心理学》一书的作者自白中，指出其走上美学之路纯

① 王国维：《古雅之在美学上之位置》，周锡山编校《王国维文学美学论著集》，北岳文艺出版社1897年版，第24页。

② 朱光潜：《作者自传》，《朱光潜全集》（第一卷），安徽教育出版社1987年版，第2页。

③ 朱光潜：《谈处群（下）·谈修养》，《朱光潜全集》（第四卷），安徽教育出版社1988年版，第54页。

属偶然。他说：“从前我绝没有梦想到我有一天会走到美学的路上去。”[①]从作者自传中，也可以得知，朱光潜先后在香港大学、爱丁堡大学、伦敦大学、巴黎大学、斯特拉斯堡大学学了几十门功课，他说自己解剖过鲨鱼，制造过染色切片，读过建筑史，学过符号名学，用过熏烟鼓和电气反应表测验心理反应，但是从来没上过一次美学课。可以说朱光潜求学之路，本身就是美学的，体现出审美的无所为而为的特征。

那么，朱光潜从事美学研究真的完全出于偶然的个人兴趣爱好吗？他在作者自白中，确实也说道：“我原来的兴趣中心第一是文学，其次是心理学，第三是哲学。因为欢喜文学，我被逼到研究批评的标准，艺术与人生、艺术与自然、内容与形式、语文与思想诸问题；因为欢喜心理学，我被逼到研究想象与情感的关系、创造和欣赏的心理活动以及趣味上的个别的差异；因为欢喜哲学，我被逼到研究康德、黑格尔和克罗齐诸人讨论美学的著作。这么一来，美学便成为我所欢喜的几种学问的联络线索了。”[②]其实，只要我们回顾朱光潜的个性禀赋和生活历程，我们不难发现，朱光潜先生走上美学之路，进而为美学研究贡献一生，与其深受儒家“穷则独善其身，达则兼济天下”思想的影响有关，与希望深陷灾难的中国恢复秩序有关。我们在上文朱光潜美学研究“救亡图存”的直接动机中，多有阐述。不论从朱光潜生活历程还是学术历程，可看出他始终践行着儒家人格理想的“恒恬诚勇”四字诤言，也无愧于“穷则独善其身，达则兼济天下”的要求。朱光潜和当时的中国有识之士一样，看到了中国社会的各种弊病症候，朱光潜开出的药方正是审美教育救国，通过培养理想青年来达到救国宏愿。

（一）青年是国家民族的希望

1937 年“卢沟桥事变”之后，日本发动全面侵华战争，华北很快沦陷，中华民族面临着亡国灭种的考验。自 1937 年到 1945 年期间，朱光潜逃难到成都的四川大学和乐山的武汉大学。四川当时成为中国的大后方，成都和乐山都是以风景优美著称，正符合朱光潜一向喜欢清静的环境要求。而此时的朱光潜内心深处却不沉静，台湾学者齐邦媛近年出版的反映

---

①② 朱光潜：《作者自白·文艺心理学》，《朱光潜全集》（第一卷），安徽教育出版社 1987 年版，第 200 页。

抗战史的著作《巨流河》，回忆了这一时期的朱光潜：

> 朱老师用当时全世界的标准选本，美国诗人帕尔格雷夫主编的《英诗金库》，但武大迁来的图书馆只有六本课本，分配三本给女生、三本给男生，轮流按课程进度先抄诗再上课。我去嘉乐纸厂买了三大本最好的嘉乐纸笔记本，从里到外都是梦幻般的浅蓝，在昏暗灯光下抄得满满的诗句和老师的指引。一年欣喜学习的笔迹仍在一触即碎的纸上，随我至今。
>
> 朱老师虽以《英诗金库》作课本，但并不按照编者的编年史次序——分莎士比亚（William Shakespeare，1564－1616）、弥尔顿（John Milton，1608－1674）、格雷（Thomas Gray，1716－1771）和浪漫时期（The Romantic Period）。他在上学期所选之诗都以教育文学品位为主，教我们什么是好诗，第一组竟是华兹华斯（William Wordsworth，1770－1850）那一串晶莹璀璨的《露西组诗》（*Lucy Poems*）。
>
> 那幽雅静美的少女露西是谁，至今两百年无人确定，但他为追忆这早夭的十八岁情人所写的五首小诗，却是英国文学史的瑰宝，平实简朴的深情至今少有人能超越。最后一首《彼时，幽暗遮蔽我心》（*A Slumber Did My Spirit Seal*）是我六十年来疗伤止痛的最好的良药之一。我在演讲、文章中背诵它，希望证明诗对人生的力量，当年朱老师必是希望以此开启对我们的西方文学的教育吧。这组诗第三首《我在陌生人中旅行》（*I Travelled among Unknown Men*），诗人说我再也不离开英国了，因为露西最后看到的是英国的绿野——这对当时爱国高于一切的我，是最美最有力的爱国情诗了。
>
> 朱老师选了十多首华兹华斯的短诗，指出文字简洁、情景贴切之处，讲到他《孤独的收割者》（*The Solitary Reaper*），说她歌声渐远时，令人联想唐人钱起诗："曲终人不见，江上数峰青"的余韵。
>
> 直到有一天，教到华兹华斯较长的一首《玛格丽特的悲苦》（*The Affliction of Margaret*），写一妇女，其独子出外谋生，七年无

音讯。诗人隔着沼泽，每夜听见她呼唤儿子名字："Where are you, my beloved son, ..."（你在哪儿，我亲爱的儿啊……）逢人便问有无遇见，揣想种种失踪情境。

朱老师读到"the fowls of heaven have wings, ...Chains tie us down by land and sea"（天上的鸟儿有翅膀……连紧我们的是大地和海洋），说中国古诗有相似的"风云有鸟路，江汉限无梁"之句，此时竟然语带哽咽，稍微停顿又继续念下去，念到最后两行：

If any chance to heave a sigh,（若有人为我叹息，）

They pity me, and not my grief.（他们怜悯的是我，不是我的悲苦。）

老师取下了眼镜，眼泪流下双颊，突然把书合上，快步走出教室，留下满室愕然，却无人开口说话。

也许，在那样一个艰困的时代，坦率表现感情是一件奢侈的事，对于仍然崇拜偶像的大学二年级学生来说，这是一件难于评论的意外，甚至是感到荣幸的事，能看到文学名师至情的眼泪。①

抗战时期武汉大学旧址 朱光潜曾在这里讲课

① 齐邦媛：《巨流河》，生活·读书·新知三联书店2013年版，第113页。

在国难当头，炮火连天的时刻，美学研究有了共同的爱国主义的主题和共同的思想追求。“无不在热诚地渲染昂奋的民族心理与时代气氛，英雄主义的调子贯穿一切创作，表现出来的统一的色彩，鲜明而单纯”。“我们知道伟大的民族革命战争的两年间，使中国的一切生活方式，生活状态完全改变了一个全新的样式，非常丰富、复杂，多样的生活在每一个人的中间生长着、变化着，特别是在战地、在敌后方，滋长着伟大的民族革命的史诗，特别是为了宣布中华民族为自由独立而抗战的精神，为建立和平、幸福的新中国而奋斗的意志，需要经过作家的笔，传达到世界上来。”①

朱光潜在这一时期，除了教书以外，并没有多少美学理论研究成果出版，唯一的美学专著只有《诗论》。可是《诗论》早在1933年朱光潜回国时，就写好了初稿，并凭借《诗论》为自己学识凭证，而受聘为北京大学西语系教授。朱光潜在四川期间，学术活动大多是一些演讲、评论之类。论文结集为《谈修养》和《谈文学》两书出版。朱光潜因救亡心切，也表现出激愤文风，而有别于此前的温雅。

朱光潜在《一番语重心长的话——给现代中国青年》中指出其从事教育事业的根本动机，他说：“像我这样教书的人把生命断送在粉笔屑中，眼巴巴地希望造就几个人才来，得一点精神上的安慰，而年复一年地见到出学校门的学生们都朝一条平凡而暗淡的路径走，毫无补于文化的进展和社会的改善。这种生活有何意义？岂不是自误误人？其次，就国家民族的设想，在这严重的关头，性格已固定的一辈子人似已无大希望，可希望的只有少年英俊，国家耗费了许多人力和财力来培养成千成万的青年，也正是希望他们将来能担负国家民族的重任。”② 朱光潜和当时有志之士都普遍认识到，中国落后挨打并非简单的器械、体格、物质等硬件上不如人，而是人的精神和素养不如人。他说：“我个人深切地感觉到中国社会所以腐浊，实由我们人的质料太差，学问、品格、才力，件件都经不起衡量。要

① 苏：《送作家战地访问团出发》，参见廖全京、文天行、王大明编《作家战地访问团史料选编》，四川省社会科学院出版社1984年版，第3页。

② 朱光潜：《一番语重心长的话——给现代中国青年·谈修养》，《朱光潜全集》（第四卷），安徽教育出版社1988年版，第8页。

把中国社会变好，第一须先把人的质料变好。”[1] 朱光潜有着根深蒂固的观念，就是认为“情感比理智重要”，将中国青年的质料变好的重要途径就是艺术创造与欣赏，这是其从事美学之路的重要动机。他说：“这些年来我在学校里教书任职，和青年人接触的机会多，关于修养的许多实际问题引起这本小册子里所发表的一些感想。问题自身有些联络，我的感想也随之有些联络。万变不离宗，谈来谈去，都归结到做人的道理。”[2] 可见，将青年人培养为除了与蝇蛆争温饱之外，尚能有高尚的企求，是朱光潜美学研究的又一动机。《谈美》写于朱光潜远在海外留学的 1932 年，而《谈修养》写于 1940 年到 1942 年间，中间相隔十年，但朱光潜对青年的期望一直没有改变。

朱光潜在其自传中也坦言他的大部分著作都是为青年写的。当抗日战争进入最困难的时期，朱光潜坚信中国必胜，他在《朝抵抗力最大的路径走》一文中，明确分析了中日之间，最后的胜利在中国，但是当时的中国最缺乏的正是必胜的信心和克服困难的勇气。从其《谈美》一书，更能看到朱光潜对青年人的殷切希望，他说：“悠悠的过去只是一片漆黑的天空，我们所以还能认识出来这漆黑的天空者，全赖思想家和艺术家所散布的几点星光。朋友，让我们珍重这几点星光！让我们也努力散布几点星光去照耀那和过去一般漆黑的未来。”[3] 可见，朱光潜在危难关头，急切地与青年朋友们谈美、谈修养、谈文学，并非是闲谈风月，而是希望在不经意间培养、感化青年，其动机是启蒙与救亡的。

（二）青年的病态

从王攸欣的《朱光潜传》中，可以清楚地了解朱光潜一生都在读书、写书、教书，一直与青年人打交道，并且对青年有特殊的感召力。他的好友夏丏尊在《给青年的十二封信》所写的序言中指出：“他那笃热的情感，温文的态度，丰富的学殖，无一不使和他接近的青年感服。他的赴欧洲，目的也就在谋中等教育的改进。作者实是一个终身愿与青年为友的志

---

① 朱光潜：《个人本位与社会本位的伦理观·谈修养》，《朱光潜全集》（第四卷），安徽教育出版社 1988 年版，第 40 页。

② 朱光潜：《谈修养》，《朱光潜全集》（第四卷），安徽教育出版社 1988 年版，第 4 页。

③ 朱光潜：《谈美》，《朱光潜全集》（第二卷），安徽教育出版社 1987 年版，第 13 页。

士。”[①] 可知朱光潜对青年充满深情，对其存在的病态也有着深刻的体察。朱光潜从事美学研究并孜孜不倦，诚如陈文忠指出的始于为青年消除烦闷，并旨在培养理想青年[②]。朱光潜在危机时刻与青年谈美，并认为这是青年最迫切需要的清凉散。可见其别有深意。

那么当时的中国青年存在哪些心理病态呢？朱光潜在《给青年的十二封信》《谈美》《谈修养》等著作中，都有论及青年的病态。其中，还专门有一篇文章《谈青年的心理病态》，在该文中朱光潜指出青年的三大心理病态分别为压迫感、寂寞感和空虚感。朱光潜指出青年人本来应朝气蓬勃，但是现实又往往不能尽如人意，就会产生烦闷、压抑，进而堕落、庸俗化，要么产生自杀心理。朱光潜在中国公学的得意学生夏孟刚就因不能排遣自己的烦闷而自杀，朱光潜还写了篇《悼夏孟刚》。朱光潜之所以走上美学之路，也确实始于思考如何消除青年人的烦闷。从朱光潜早期著作《无言之美》中也可以看出朱光潜认为人生本来就是悲剧的。他说：“我们所居的世界是最完美的，就因为它是最不完美的。这句表明看去不通，但是实在含有至理。假如世界是完美的，人类所过的生活——比好一点，是神仙的生活，比坏一点，就是猪的生活——便呆板单调已极，因为倘若件件都尽美尽善了，自然没有希望发生，更没有努力奋斗的必要。人生最可乐的就是活动所生的感觉，就是奋斗成功而得的快慰。”[③] 可见朱光潜认为只要是人就难免是苦多乐少的，但是当时青年优秀者如夏孟刚竟然走上自杀的道路，着实让朱光潜震惊。他在《悼夏孟刚》一文中批判享乐主义和悲观主义两种病态人生观，而提倡自强不息超越性人生观。他说：“所谓‘绝我’，其精神类自杀，把涉及我的一切忧苦欢乐的观念一刀斩断。所谓‘不绝世’，其目的在改造，在革命，在把现在的世界换过面孔，使罪恶苦痛，无自而生。”朱光潜将这样人生态度概括为“以出世的精神，做入世的事业”。[④] 可见朱光潜所忧虑的正是当时青年“太贪容易，太浮浅粗疏，太不能深入、太不能耐苦”了，进而走上玩世、绝世，甚至绝我的悲惨境

① 夏丏尊：《给青年的十二封信·序》，《朱光潜全集》（第一卷），安徽教育出版社1987年版，第77页。

② 陈文忠：《一生与青年为友的美学家——论朱光潜的美学动机和美学情结》，《美育学刊》2012年第4期，第24页。

③ 朱光潜：《无言之美》，《朱光潜全集》（第一卷），安徽教育出版社1987年版，第71—72页。

④ 朱光潜：《悼夏孟刚》，《朱光潜全集》（第一卷），安徽教育出版社1987年版，第75—76页。

地。他说："很多青年人的一生是一部悲惨的三部曲：时光向前疾驶，毫不留情去等待人，一转眼青年变成中年老年，一不留意便陷到许多中年和老年人的厄运。这厄运是一部悲惨的三部曲。第一部是悬一个很高的理想，要改变社会；第二部是发现理想与事实的冲突，意志与社会恶势力相持不下；第三部便是理想消灭，意志向事实投降，没有改变社会，反被社会腐化。给它们一个简题，这是'追求'、'彷徨'、'堕落'。"① 朱光潜沉痛地说道，"青年们，这是一条死路"！所以，朱光潜深刻体察到青年人的病态心理之后，开出的药方就是通过艺术创造与欣赏，来怡情悦性，使其免俗，并具有"出世的精神"，进而更好地"做入世的事业"。

（三）理想青年的培养

综上所述，朱光潜找到中国社会病症所在，也开出疗治的方法，就是希望在青年。但并非所有的青年都能担此重任。唯有脱去病态的理想青年，才是国家社会的希望。理想青年的培养就成为朱光潜在危难存亡时期的重要动机，他提出的方法就是审美教育，人格感化。朱光潜早年从香港大学毕业，就开始萌生教育自由，反对官僚对教育的商业化运营，青年朱光潜在上海与一批志同道合的朋友，创建立达学园，直接的目标就是培养改造社会的领袖人物，使他们脱尽中华民族的劣根性。立达中学，校名也取自《论语》的"己欲立而立人，己欲达而达人"。立达中学的办学宗旨第一条就是人格感化。可见，青年朱光潜就在积极从事着教育救国的实践。

那么，什么样的青年才是理想青年呢？从朱光潜的《给青年的十二封信》到《谈美》和《谈修养》，再到从《消除烦闷与超脱现实》到《谈理想的青年——回答一位青年朋友的询问》等论述中，朱光潜关于理想青年有以下条件：

首先，应当具有超越十字街头的免疫力。朱光潜主要用意是理想青年应走出象牙之塔，来到十字街头，意在与现实社会接触，但是要有超越十字街头各种腐蚀剂的免疫力。他告诫青年要能于街头叫嚣中不至于自我沉沦，"以冷静态度，灼见世弊；以深沉思考，规划方略；以坚强意志，征

① 朱光潜：《一番语重心长的话——给现代中国青年·谈修养》，《朱光潜全集》（第四卷），安徽教育出版社1988年版，第8—9页。

服障碍”。[1] 当时振聋发聩，今天也发人深省。

其次，应当具有“超效率”观念。所谓“超效率”就是不要太短视，急功近利，也是朱光潜针对青年病态之一的“太贪容易、太浮浅粗疏、太不能深入、太不能耐苦”而发的。

再次，应当确立“多元宇宙”观念。即要求青年具有多元的价值和多元的知识体系。朱光潜指出多元宇宙基本由三个方面构成，即道德宇宙、科学宇宙和美术宇宙。现在青年应具有多元的价值体系，成为一个完全的人，而非单向度的人。

最后，朱光潜在1943年发表的《谈理想的青年》一文也指出理想青年具有四大条件：其一为运动选手的体格，其二为科学家的头脑，其三为宗教家的热忱，其四为艺术家的胸襟。可见，理想青年的诸多要求也体现了朱光潜自己的艺术化人生理想的追求。

三、人生艺术化的深层动机

艺术与人生的关系，才是朱光潜思考的最根本的问题，人生的艺术化是其美学研究的最深层次的动机。朱光潜提出“人生的艺术化”，是在《谈美》一书的最后一章，而《谈美》是其美学原理色彩最重的《文艺心理学》的缩写版，他自己也坦言后来的很多著作都是《文艺心理学》基本原理的具体运用，如他在《文艺心理学》作者自白中说：“本书泛论文艺，我另外写了一部《诗论》，运用本书的基本原理去讨论诗的问题。”[2] 可见，朱光潜不惜笔墨地与青年朋友谈论艺术的创造与欣赏，只是为其阐述“人生的艺术化”做足理论上的支撑。从中国现代青年人生的艺术化，进而探讨人类如何艺术化生存，才是朱光潜用一生守护美学的最根本动力。

从朱光潜早年的《无言之美》（1924）中也可以看出，朱光潜认为：“世界之所以美满，就在有缺陷，就在有希望的机会，有想象的田地。”[3] 其实，早年朱光潜就已经具有很深刻的悲剧思想了，也难怪其留学欧洲一

① 朱光潜：《谈十字街头·给青年的十二封信》，《朱光潜全集》（第一卷），安徽教育出版社1987年版，第22—25页。

② 朱光潜：《作者自白·文艺心理学》，《朱光潜全集》（第一卷），安徽教育出版社1987年版，第200页。

③ 朱光潜：《无言之美》，《朱光潜全集》（第一卷），安徽教育出版社1987年版，第72页。

直对悲剧理论情有独钟，并且以悲剧研究拿到斯特拉斯堡大学的博士学位，并于 1933 年，由斯特拉斯堡大学正式全英文出版。朱光潜于 1929 年，远在欧洲留学得知自己在立达学园教过的得意弟子夏孟刚因烦闷而自杀，专门写了一篇《悼夏孟刚》，讨论其对自杀的看法，以及坚持认为人之所以为人注定就是悲剧的观点。他说：“人生是最繁复而诡秘的，悲字乐字都不足以概其全。愚者拙者混混沌沌地过去，反倒觉庸庸多厚福。具有湛思慧解的人总不免苦多乐少。”[①] 人之所以为人全在于其有意识活动，愚者拙者，在朱光潜看来都有愧为人。那么，人注定为悲剧的命运，如何获得解脱与超越呢？朱光潜深受传统儒家思想影响，主张积极进取自强不息的奋斗精神，来抗争战胜人生中的苦难与障碍。从其写于 20 世纪 40 年代的《朝抵抗力最大的路径走》一文中，朱光潜坚持自己在青年时就持有的抗争苦难的观点，他再次掷地有声地说：“人之所以为人，就在能不为最大的抵抗力所屈服。我们如果要测量一个人有多少人性，最好的标准就是他对于抵抗力所拿出的抵抗力。”[②] 20 世纪 40 年代，中国遭遇日本全面侵华战争，国土沦丧，山河破碎，东北、华北、华南都已陷于日军铁骑的肆意践踏之中，此时的朱光潜也已到四川，他发出了作为一名知识分子的强有力的抗战宣言。朱光潜在该文的最后，直击要害，指出如果我们朝着抵抗力低的路径走，就是失去人的资格。行文上也可以看出朱光潜的激愤，改变了其早年行文的温雅，而是奋笔疾书。他激愤地说：“生命就是奋斗，不能奋斗，就失去生命的意义与价值。”还沉痛地指出当前中国社会腐败的根源，以为“一切都由于懒”。[③] 具体到中国当时面临的日本侵略战争，朱光潜指出：“于今我们又临到严重的关头了。横在我们面前的只有两条路，一是汪精卫和一班汉奸所走的，抵抗力最低的，屈伏；一是朝抵抗力最大的路径走，抗战。”[④]

那么，人生的艺术化，与朱光潜所认为的人之所以为人就在奋斗之间有何关联呢？朱光潜为何谈人生的艺术之前，大谈艺术的创造与欣赏呢？

---

① 朱光潜：《悼夏孟刚》，《朱光潜全集》（第一卷），安徽教育出版社 1987 年版，第 75 页。

② 朱光潜：《朝抵抗力最大的路径走·谈修养》，《朱光潜全集》（第四卷），安徽教育出版社 1988 年版，第 20 页。

③ 同上，第 24 页。

④ 同上，第 26 页。

因为在朱光潜看来，只有人在艺术创造与欣赏中，才可以获得精神上的自由与解放，生命力才能达到最完全地彰显。这样的自由超脱的人生，正是人的生命展开的过程，也是其艺术化的过程，其间自然伴随着对烦闷、困苦、灾难的抗争与超脱。朱光潜认为在艺术创造与欣赏中，人才与现实保持距离，暂时脱离实用的功利性和伦理的道德束缚，人在艺术中才真正是自己的主人，“人生本来就是一个较广义的艺术。每个人的生命史就是他自己的作品”。[①] 因此，朱光潜倡导创造的人生，不断超越自己的人生，不断改造社会的人生，也就是“绝我而不绝世”的人生，就是以无所为而为之的自由的生命来创造和改造社会。这正是朱光潜在抗日战争时期，以艺术救亡的基本思路，也是其从事美学研究的最根本的动力。可以看成朱光潜一生奋斗不息的精神源泉，并希望中国青年也与之一起共勉，去为人类的历史散布照亮未来的星光。朱光潜一生确实做到了生命不息奋斗不止，也确实成为中国现代美学史上一缕最璀璨的星光。

朱光潜指出自由的人生，是人的生命最完整的彰显，不为实用和伦理所牵绊，又是至性至情的流露。在这种状态下，人达到了与外物的交感共鸣，在微尘中见大千，从而超越有限获得永恒。我们将在下一节朱光潜美感特征分析中再详述。他说：“景物变动不居，情趣亦自生生不息。我有我的个性，物也有物的个性，这种个性又随时地变迁而生长发展。”[②] 朱光潜看似在论述艺术创作上的“修辞立其诚”，其实质是在论人生，即这种至诚至深的生命得以敞开，就是美满的生命的表现，所谓艺术的生活就是本色的生活。朱光潜说世间有两种人的生活最不艺术，一种是俗人，一种是伪君子。俗人根本就缺乏本色，伪君子则竭力遮盖本色。朱光潜还指出文章与生活都忌俗滥，俗滥就是自己没有本色而蹈袭别人的成规旧矩，而落实到人生的俗滥，就是朱光潜所说的没有做到至情至性的本色生活，也就是被湮没在十字街头、被流俗腐蚀。这样的人生，朱光潜认为就是“生命的机械化”，只能做喜剧中的角色。生活落到喜剧里去的人，大半都是不艺术的。

朱光潜进而指出，艺术的人生与伦理的人生具有相通性。因为在当时

---

① 朱光潜：《“慢慢走，欣赏啊！”——人生的艺术化·谈美》，《朱光潜全集》（第二卷），安徽教育出版社1987年版，第91页。

② 同上，第91—92页。

山河沦陷的时代下，朱光潜大谈艺术的创造与欣赏，被一些左翼作者批评。批评者包括鲁迅、巴金等著名人物，都批评过朱光潜的静穆艺术观，以及将青年带进精神的象牙塔内，而脱离社会现实等。其实，朱光潜和鲁迅都是以改造国民性的启蒙者自居的，都旨在救亡图存，只是各自所开的药方不同。鲁迅提倡的是金刚怒目式的“动”的方式；朱光潜却崇尚从人生的感化入手，属于春风沐雨式的“静”的方式。在朱光潜看来，人只有在“无所为而为的玩索”状态下，生命活动才能绝对自由。他说人愈能摆脱肉体需要的限制而做自由活动，则离神亦愈近。“无所为而为的玩索”是唯一的自由活动，所以成为最上的理想。[①] 因此，朱光潜认为，最高的美也是最高的善，人达此境界，也就进入了诗的境界、艺术化的境界。

朱光潜接着说：“艺术是情趣的活动，艺术的生活也就是情趣丰富的生活。人可以分为两种，一种是情趣丰富的，对于许多事物都觉得有趣味，而且到处寻求享受这种趣味。一种是情趣干枯的，对于许多事物都觉得没有趣味，也不去寻求趣味，只终日拼命和蝇蛆在一块争温饱。后者是俗人，前者就是艺术家。情趣愈丰富，生活也愈美满，所谓人生的艺术化就是人生的情趣化。”[②] 朱光潜从事美学研究的深层动机，再清楚不过了，即追求艺术化的生活，情趣化的人生，希望青年人因审美感化而脱离烦闷，走上有高尚情操的人生道路。朱光潜在《谈美》开场话，坦言中国社会闹得如此之糟，大半因人心不能免俗，而济世之道，正在于从“怡情养性”做起，一定要于饱食暖衣、高官厚禄等之外，别有较高尚、较纯洁的企求。要求人心净化，先要人生美化。朱光潜正是想通过创造艺术和欣赏艺术，来把玩它的意象、领略它的趣味，来获得自由自在的美感享受，因为“在欣赏时，人和神仙一样自由，一样有福”。[③] 不仅可以解脱烦闷，更在于使人免俗。

总之，我们认为朱光潜走上美学之路，并矢志不渝，直接的动机在于救亡图存，在国难当头的紧急时刻，朱光潜和近代中国有志之士一样，充满救亡激情。朱光潜救世所开的药方是通过培养青年，审美救国。朱光潜

---

① 朱光潜：《“慢慢走，欣赏啊！”——人生的艺术化·谈美》，《朱光潜全集》（第二卷），安徽教育出版社 1987 年版，第 95 页。

② 同上，第 96 页。

③ 同上，第 96 页。

认为中国的希望在于理想青年，使青年走出烦闷和免俗，成为朱光潜美学研究的出发点，并且认为通过艺术创造与欣赏，可以使青年走出心理病态，成为理想化青年。朱光潜进而探索人生艺术化的路径。人生如何获得最根本的自由与解放，又成为朱光潜美学研究的更深层动机，也为朱光潜美学思想增添了宗教超越性情怀。

第二节 “物我同一”与朱光潜的美感经验研究

在第一节中，我们不惜笔墨详细阐述朱光潜走上美学道路的直接动机和深层目的，可以说朱光潜在山河残破国难当头之际，正以一名有良知、有担当的知识分子，为国家民族进言献策。朱光潜选择在这危难紧急时刻，与青年朋友谈美、谈修养、谈文学、谈诗，正缘于朱光潜认为中国社会之所以如此之糟，是因为人心太坏，人们除了与蝇蛆争温饱之外，别无更高的企求。因此，他认为救亡图存的关键是培养中国青年，使其免俗、人生美化，而要实现青年人的人生美化，最有效的方式，就是从“怡养性情”开始，从谈美、谈修养、谈文学、谈诗开始。这也与朱光潜认为的人性本质本身就存在除了饮食男女之外，尚有精神上的饥渴，除了与蝇蛆争温饱之外，更应有更高的企求，这是人之所以为人的尊严；也是中国走出混乱、落后、腐败，以及走上秩序、富强、高尚的方剂。

从朱光潜自传来看，朱光潜追求的是独立自由的人格，他说自己是世界大舞台里的一个演员，却站在台下喝彩。朱光潜将自己置身于世界之外，以一个欣赏者来把玩、回味世界这一“图画”或“诗”，诚如朱光潜在《谈学文艺的甘苦》一文指出的，这种旁观者的静观，被一些人批评为“颓废”“滑头”“不严肃”。但是我们认为朱光潜的良苦用心，绝非如人们所说的颓废主义和滑头主义，他说“人本来需要同情”，在我们看来，朱光潜在当时是多么寂寞，缺乏知音，“爱好文艺的人们总难免有几分书呆子的心习，以书呆子的心习去处身涉世，总难免处处觉得格格不入”。[①]

① 朱光潜：《谈学文艺的甘苦·我与文学及其他》，《朱光潜全集》（第三卷），安徽教育出版社1987年版，第342页。

朱光潜的这样以跳出世界之外去观世界的方式，绝非是颓废和不严肃，而是一种至诚至性的最高严肃。他说："我所懂得的最高的严肃只有在超世观世时才经验到，我如果有时颓废，也是因为偶然间失去超世观世的胸襟而斤斤计较自己的利害得失。我不敢说它对于旁人怎样，这种超世观世的态度对于我却是一种救星。它帮助我忘去许多痛苦，容忍许多人所不能容忍的人和事，并且给我许多生命力，使我勤勤恳恳地做人。"[①] 因此，朱光潜以自己现身说法，得出谈美、谈文学、谈诗等超世观世方式，更能激发自己的生命力，是超脱现实、改造现实的最严肃的体现，是改造国民劣根性的根本途径。

之所以产生以超世观世的审美救亡道路，并非其有意为之，而是在大灾大难面前，朱光潜更加深刻地看到了中国国民的劣根性。朱光潜也从自己一直崇尚的世界大舞台的旁观者变为一名"演员"，直接参与了争取教育自由和校务管理这类实际工作。1937 年，"卢沟桥事变"爆发，日本发动全面侵华战争，朱光潜与北京大学的一些同事从北京辗转天津、烟台、济南、南京、上海，最后由上海来到成都。一路上，朱光潜更加深切地体会到中国人的无秩序、自私自利等劣根性。朱光潜于 1937 年 7 月到 1946 年 8 月，先后在成都的四川大学担任文学院院长和乐山的武汉大学教务长等职务，在危亡面前，朱光潜接受了自己一向不热心的行政职务，在两校任职期间，还组织并领导了四川大学"易长风潮"，经历了武汉大学的安徽籍教授与湖南籍教授直接的相互排挤斗争。[②] 朱光潜经过这些人事纷争和战乱更加促使其对国民性的反思，此期间朱光潜陆陆续续写出《谈群处》《谈恻隐之心》《个人本位与社会本位的伦理观》《谈羞恶之心》《谈立志》《一番语重心长的话——给现代中国青年》《朝抵抗力最大的路径走》等一系列论文，来反省国民性。

朱光潜痛心地看到，中国人的自私自利、麻木不仁，不能团结同心等弱点，正是导致中国腐浊混乱的根源。他说："我们民族性的优点很多，

---

① 朱光潜:《谈学文艺的甘苦·我与文学及其他》,《朱光潜全集》(第三卷),安徽教育出版社 1987 年版，第 344 页。

② 参见王攸欣《朱光潜传》，人民出版社 2011 年版，第七章"辗转巴蜀"，第 221 页。"朱光潜在川大仅待了一年多时间，易长风潮就起来了，朱光潜成为此次风潮的领袖人物，第一次参与争取学术自由的权力和政治派系之争。"

只是不善处群。‘一个和尚挑水吃，两个和尚抬水吃，三个和尚没水吃’，这个流行的谚语把我们民族性的弱点表现得最深刻。在私人企业方面，我们的聪明、耐性、刚毅力并不让人，一遇到公众事业，我们便处处暴露自私、孤僻散漫和推诿责任。这是我们的致命伤，要民族复兴，政治家和教育家首先应锐意改革的就在此点。”① 朱光潜的反省是深刻的，认识到国民问题，并提出了疗治的药方，即审美感化。在我们看来，朱光潜和鲁迅在救亡图存的热情上是一致的，只是鲁迅较朱光潜更为冷酷地揭示国民的劣根性，他也坦言希望引起疗治的注意。而朱光潜揭示得比较温和，并且也提供了有针对性的疗治国民劣根性的方略。在《谈恻隐之心》一文中，朱光潜引述罗素的《中国问题》中指出的我们民族性格的三个弱点：贪污、怯懦和残忍。“我在中国时，成千成万的人在饥荒中待毙，人们为着几块钱出卖儿女，卖不出就弄死。白种人很尽了力去赈荒，而中国人自己出的力却很少，连那很少的还是被贪污吞没。”② 朱光潜在《谈恻隐之心》一文中，逐一对罗素对中国民族三个弱点进行了辩护，但也深切地感到国民确实存在很多弱点。他将出现这些弱点的原因归结为自私，为一点儿暖衣饱食而与蝇蛆争温饱的俗。因此，朱光潜认为在艺术的创造与欣赏中，国民能得到心灵的陶冶，人格的感化和生命精神的自由，可以从充满限制与障碍的现实世界进入梦幻般的意象世界。朱光潜认为人性是多方面的，只有“真善美三者俱备才可以算是完全的人。人性中本有饮食欲，渴而无所饮，饥而无所食，固然是一种缺乏；人性中本有求知欲而没有科学的活动，本有美的嗜好而没有美感的活动，也未始不是一种缺乏。真和美的需要也是人生中的一种饥渴——精神上的饥渴。疾病衰老的身体才没有口腹的饥渴。同理，你遇到一个没有精神上的饥渴的人或民族，你可以断定他的心灵已到了疾病衰老的状态”。③ 他认为如果青年可以达到审美的境界，不仅是青年人性本身的要求，也可以以此免俗，救亡图存也会水到渠成，并且可以获得生命的最根本的解放与自由。

---

① 朱光潜：《谈处群（上）·谈修养》，《朱光潜全集》（第四卷），安徽教育出版社 1988 年版，第 42 页。

② 朱光潜：《谈恻隐之心·谈修养》，《朱光潜全集》（第四卷），安徽教育出版社 1988 年版，第 62 页。

③ 朱光潜：《我们对于一棵古松的三种态度——实用的、科学的、美感的·谈美》，《朱光潜全集》（第二卷），安徽教育出版社 1987 年版，第 12 页。

可见，如果我们在具体分析朱光潜美学思想之前，没有关于朱光潜这些知识背景的了解，就会对朱光潜美学思想的理解出现偏差甚至误解，其审美与人生关系本来是如此紧密联系在一起的，却得出朱光潜谈美是一种逃避人生、逃避现实的颓废主义和滑头主义，将青年引进脱离生活的精神象牙塔。而朱光潜走上美学研究之路，就始终贯穿着“以无所为而为的方式”去更好地实现人生生命的充分展开，即“以出世的精神做入世的事业”，也就是以超世观世的审美方式，来实现救亡图存、人生的审美化。朱光潜所谓的“出世的精神”正是与其美学研究的核心美感经验相通，朱光潜美感经验的具体特征也正是其审美救亡和人生艺术化的理论支撑。因此，朱光潜美感经验理论，是其美学思想的前提，我们认为朱光潜美感经验主要具有三大特征：其一，美感经验是形象的直觉；其二，美感经验具有物我同一性；其三，美感经验处于永恒的动态创构中。

一、美感经验是形象的直觉

朱光潜坦言美学的最大任务就是分析美学经验，“美感经验”是朱光潜美学研究的核心，从其留学欧洲的1930年前后写作《文艺心理学》起，就开始对美感经验进行了精细的分析，再到20世纪50年代，朱光潜为自己美学思想进行辩护的论文：《关于美感问题》，再到1983年再次发表《美感问题》，可以说朱光潜的美学研究，开始于美感经验的分析，也终于美感问题。因此，美感经验具体特征的把握，是把握朱光潜美学思想的关键。

朱光潜有关美感经验的分析集中在其《文艺心理学》一书中，他说：“美感经验是一种聚精会神的观照。我只以一部分‘自我’——直觉的活动——对物，一不用抽象的思考，二不起意志和欲念；物也只以一部分——它的形象——对我，它的意义和效用都暂时退避到意识阈之外。我只是聚精会神地观赏一个孤立绝缘的意象，不问它和其他事物的关系如何。”[1] 概括来说，美感经验即是形象的直觉。形象与直觉是理解朱光潜美感经验的两个关键词，这两个关键词也可以转换为“心与物”之间的关系问题，朱光潜的美学研究方法正是以“自下而上”的经验主义路径，而反

① 朱光潜：《文艺心理学》，《朱光潜全集》（第一卷），安徽教育出版社1987年版，第269页。

对康德、黑格尔、克罗齐等人从哲学原理抽象推理美学思想的“自上而下”的方法。朱光潜美学研究方法，是首先抛开一切哲学成见，以具体的艺术创造和欣赏活动为对象，从事实中归纳出主体在审美活动的当下的心理状态，物在审美活动当下的具体变化。进入美感经验之中的主体，就是排空自我实用功利意识和科学认知意识，也就是朱光潜一再强调的进入“无所为而为”的心理状态，也诚如老子所谓的“涤除玄鉴”、庄子的“心斋”“坐忘”等最彻底地排除利害观念后的“真我”状态。这种境界就是“至美至乐”的高度自由的境界。庄子把这种境界称为“游”的境界，“游”即为没有功利目的，是“不知所求”“不知所往”的状态。朱光潜借助康德审美具有无功利性，以及克罗齐的“直觉说”，强调进入审美状态的主体，才可以达到如庄子所谓的“游心与物之初”的大美自由逍遥境界。在朱光潜看来，我们中国传统一直都太讲实用，以功利实用心理，而导致自己的烦闷与自私、麻木。用朱光潜自己的话来说，就是与蝇蛆争温饱。他不止一次地说：“现世只是一个密密无缝的利害网，一般人不能跳脱这个圈套，所以转来转去，仍是被利害两个大字系住。在利害关系方面，人已最不容易调协，人人都把自己放在首位，欺诈、凌辱、劫夺种种罪孽都种根于此。”① 朱光潜之所以选择审美救亡之路，正是缘于其对中国国民劣根性的深刻反思所开出的针对性药方，从其1929年的《给青年的十二封信》就要求青年人要“超效率”。朱光潜好友夏丏尊先生在本书序中，对朱光潜提出的“超效率”有非常深刻的阐释，他说：“‘超效率！’这话在急于近利的世人看来，也许要惊为太高蹈的论调了。但一味急于效率，结果就会流于浅薄粗疏，无可救药。中国人在全世界是被推为最重实用的民族的，凡事都怀一个极近视的目标：娶妻是为了生子，养儿是为了防老，行善是为了福报，读书是为了做官，不称入基督教的为基督教信者而称为‘吃基督教’的，不称投身国事的军士为军人而称为‘吃粮’的，流弊所至，在中国，甚么都只是吃饭的工具，甚么都实用，因之，就甚么都浅薄。”② 夏丏尊的阐释深得朱光潜本意，也是朱光潜一以贯之的以超世观世思想的体现。朱光潜在《谈人生与我》一文中，提出看待

① 朱光潜：《谈美》，《朱光潜全集》（第二卷），安徽教育出版社1987年版，第6页。

② 夏丏尊：《给青年的十二封信·序》，《朱光潜全集》（第一卷），安徽教育出版社1987年版，第78页。

人生的方法有两种，其一为把自己摆在前台，和世界一切人和物一块玩把戏；其二为把自己摆在后台，将自己和万物看成一体，都作为一幅画，自己静观其趣味。在前台看人生的人，把自己看得太重，就会无比痛苦，诚如日本哲学家阿部正雄说的："作为人就意味着一个自我，作为自我就意味着与自身及其世界的分离；而与其自身及其世界分离，则意味着处于不断的焦虑之中。这就是人类的困境。"① 因此，朱光潜认为现实世界是充满密密无缝的利益，很不自由，人生必然在现实面前自我受到阻碍、打击，以至于烦闷、痛苦，甚至走向自杀。而朱光潜也一再强调自己对待人生的态度，采取的是超世观世的方法，他说："我平时很欢喜站在后台看人生。许多人把人生看作只有善恶分别的，所以他们的态度不是留恋，就是厌恶。我站在后台时把人和物也一律看待，我看西施、嫫母、秦桧、岳飞也和我看八哥、鹦鹉、甘草、黄连一样，我看匠人盖屋也和我看鸟鹊营巢、蚂蚁打洞一样，我看战争也和我看斗鸡一样，我看恋爱也和我看雄蜻蜓追雌蜻蜓一样。因此，是非善恶对我都无意义，我只觉得对着这些纷纭扰攘的人和物，好比看图画，好比看小说，件件都很有趣味。"② 这些都是朱光潜在实际的艺术欣赏中，所获得的美感经验的切身体验，从根本上解脱人生烦闷，并且也是人性自我生命尊严的体现。他说："真善美都是人所定的价值，不是事物所本有特质。离开人的观点而言，事物都浑然无别，善恶、真伪、美丑就漫无意义。"③ 并且认为人性就本应具有艺术创造与欣赏的生命要求，是人精神上的饥渴和人之所以为人的尊严。他说："人所以异于其他动物的就是于饮食男女之外还有更高尚的企求，美就是其中之一。是壶就可以贮茶，何必又求它形式、花样、颜色都要好看呢？吃饱了饭就可以睡觉，何必又呕心沥血去作诗、画画、奏乐呢？'生命'是与'活动'同义的，活动愈自由生命也就愈有意义。人的实用的活动全是有所为而为，是受环境需要限制的；人的美感的活动全是无所为而为，是环境不需要他活动而他自己愿意去活动的。在有所为而为的活动中，人是环

① ［日］阿部正雄著，王雷泉译：《禅与西方思想》，上海译文出版社1989年版，第11页。

② 朱光潜：《谈人生和我·给青年的十二封信》，《朱光潜全集》（第一卷），安徽教育出版社1987年版，第59页。

③ 朱光潜：《我们对于一棵古松的三种态度——实用的、科学的、美感的·谈美》，《朱光潜全集》（第二卷），安徽教育出版社1987年版，第11页。

境需要的奴隶；在无所为而为的活动中，人是自己心灵的主宰。”① 在抗日战争年代，朱光潜也是在深入反思国民劣根性之后，提出审美救世策略的。在他看来，只有在美感经验中，国民才能超脱现实的自私自利与麻木不仁，才能激发生命力的全面展现，才能改造混乱、腐浊的社会。

朱光潜认为人只有跳出世界之外，站在人生的后台，才能有助于美感经验的产生，朱光潜所谓的审美心理距离，正是要求人们以超脱利害的方式去看待事物。主体与事物保持一定的心理距离，绝非要主体脱离现实生活，而是要与实用功利拉开距离。实际上，实用功利的态度往往遮蔽人的生活世界的本来面目，而审美的态度因为超越了实用功利性，反而能照亮世界的本来面目。以花店的老板为例，成天生活在花丛中，但是他眼中的鲜花，在他看来，都是金钱，他希望每天都是情人节，他并没有把花作为花本身来欣赏。朱光潜认为任何事物除了实用功利性和科学认知性价值之外，它本身作为一个孤立绝缘的意象，作为一幅画来看，也同样是有价值的，并且是事物本真的自身。朱光潜举例子说，同是一棵梅花，你如果采用科学的态度时，你就会想到它的名称、在植物分类学中属于某一门某一类；当你以实用的态度看时，又会想到做买卖或送亲友。科学家的态度只注重梅花的实质、特征和成因；抛开实质、特征和成因，梅花对于科学家便无意义；实用的态度，只注重梅花的效用，除了效用，梅花对于实用便无意义。但是梅花除了实质、特征、成因、效用等以外，是否还有什么？朱光潜认为将梅花作为形象本身来看，把玩它的色彩与线条，会得到美的意义，也才是梅花之所以是梅花本身。因此，朱光潜将美感经验最基本的特征定义为形象的直觉。这一理论的实质，就是让我们在面对外在世界时，将一条路，看作通往某银行或食堂的实用的路标之外，还能将其当成一幅画来把玩它的形象和线条。那么，世界将变成美的世界。所谓“万物静观皆自得，四时佳兴与人同”，人一旦进入美感世界，就可以超乎利害关系而自由。人沉浸在美感经验中，摆脱的是日常繁复错杂的世界，所获得的是单纯的意象世界。意象世界虽是现实世界的回光返照，却没有现实世界的牵绊，它是独立自足，别无依赖的。

① 朱光潜：《我们对于一棵古松的三种态度——实用的、科学的、美感的·谈美》，《朱光潜全集》（第二卷），安徽教育出版社 1987 年版，第 12 页。

二、美感经验的物我同一性

叶朗先生对朱光潜美学做过评价，认为：“朱光潜的美学思想反映了西方美学从古典走向现代的趋势。西方美学从古典走向现代的趋势，从思维方式看，就是从主客二分的模式走向‘天人合一’的模式。”① 叶朗指出朱光潜美学反映了从主客二元论走向主客合一论，是非常有道理的。朱光潜在对具体的审美活动进行分析时，认为美存在于物我两忘，进而走向物我同一的关系中。朱光潜强调审美对象不是物理意义上的“物”，而是经过主体“见”之后的包含着主体的情趣的“意象”，是主体情趣与对象形式之间的契合。朱光潜说：“无论是欣赏或是创造，都必须见到一种诗的境界。这里‘见’字最紧要。”② 因为，“见”必须是建立在“无所为而为”的状态之下的“直觉”，而非知觉。是主体凝神观照对象本身，不旁涉他迁。另外，“见”的对象，也要恰能表现主体当下的情趣，“见”为见的主动，不纯粹是被动的接受。朱光潜说：“所见对象本为生糙零乱的材料，经‘见’才具有它特殊形象，所以‘见’都含有创造性。比如天时的北斗星体本为七个错乱的光点，和它们邻近星都是一样，但是现于见者心中的则为象斗的一个完整的形象。这形象是‘见’为直觉时尤其是如此。凝神观照之际，心中只有一个完整的孤立的意象，无比较，无分析，无旁涉，结果常致物我由两忘而同一，我的情趣与物的意态遂往复交流，不知不觉之中人情与物理互相渗透。”③ 如前文所述，朱光潜美感经验正是主体在“见”中，所获得的心灵自由与超脱，而美就是所“见”的意象。此“意象”，正是朱光潜所谓的既不全在心，也不全在物，而是心物契合一体的新生儿。

朱光潜认为人在实用的现实世界中是不自由的，在艺术创造与欣赏中，见其所乐见，没有外在的要求与限制。生命的实质就是活动，生命越自由，活动也越自由，越有价值。在实用世界里，人的活动受环境的限

---

① 叶朗：《从朱光潜“接着讲”》，《美学的双峰——朱光潜、宗白华与中国现代美学》，安徽教育出版社 1999 年版，第 3 页。

② 朱光潜：《诗的境界——情趣与意象·诗论》，《朱光潜全集》（第三卷），安徽教育出版社 1987 年版，第 51 页。

③ 同上，第 53 页。

有毁灭诗人的性灵，而且在熊熊大火之中锻炼出新诗人的心’。他描述英国诗人在战争中人格的进化，情绪的净化，他说：如果把各阶级的战士诗，顺着时间的先后排比起来，可以编成一个大悲剧。而这悲剧最后阶段的主要题材，是‘美丽的伟大的死’。”①

1939年10月1日为文杰《就诗歌作品，略论英德法三国的国民性》所写的编辑后语："英德法三国又开始战争了，就人类文化立场言，真是令人不胜惋惜的。现在从他们三个民族的灵魂深处——诗——里面研究他们的特性，也可作把握这战争的一面侧影。”②

1939年9月24日为方令孺《信》等所写编辑后语说："诗人在这个钢铁炮火的世界里面真不是滋味，而内心所感到的矛盾心情和不能体合时代的痛苦，尤其有一种不易说出的烦闷，空虚。方令孺女士在前一封信里虽然那样深挚有力地鼓励着青年的乐观，而这封信里却也不免叹出诗人在这时代里的疑问。”“我们这时代还有‘诗’吗?”③

1942年6月22日为赵萝蕤《夜之赞》所写编辑后语中引用赵萝蕤女士的话："如果没有夜，没有明星嵌在天上，便是没有思想，也没有工夫想，更与禽兽无异了”，并感叹，“但是，我想——设使夜容许我想——人类‘土做的’那一半，他们每天的琐屑是：参政，经商，打仗，修路筑桥，制造飞机，他们也曾注意到夜和夜的天上嵌着有星星吗?”“人类的文明和尊严起始于‘仰观天象’。你看，亿万光年外的亿万星光照耀着守护着你那白天劳作的小厨房了!”④

1944年5月10日为陈剑云《“意境”的没落与教育的悲哀》所写的编辑后语："自从孟子大声疾呼地提出义利之辨，奠定了中国的教育精神与文化精神，才使中国能在惊涛骇浪的国际危机中屹然不摇。‘舍生取义’、‘杀身成仁’的抗敌战士何止几百万，这不是先哲的学说教育两千年来传播下种子今天得到丰富的收获吗？我们要获得未来的新收获，现在就要注意播种，注意空气、土壤和肥料。这是启蒙唯一的命脉所在!”⑤

1939年2月5日为俞大絪、商章孙、徐仲年《英法德美军歌选》所写

---

①② 宗白华：《时事新报·学灯》(渝版)，重庆，1939年3月26日。

③ 同上，1939年9月24日。

④ 同上，1942年6月22日。

⑤ 同上，1944年5月10日。

编辑后语中认为："睡眠了多年的东方雄狮，现在真正地做狮子吼了！五千年的历史，四万万五千万的民众，尝尽了酸甜苦辣，聚积了无数的愤怒耻辱，这一次要拿最大的牺牲夺取最大的光荣了。岂能没有歌？民族的歌只能在民族一次最大的热情里迸出。时刻到了！看我们的歌也正在源源地流出！"①

1939年4月23日为常任侠《唐代乐舞东渐日本述略》、欧阳竟无《"支那"为文明之美称解》等所写的编辑后语中说："日本曹梅未开，西洋堕入中古的黑暗，世界最高的声物文明辉煌于中国唐代的长安。孟子说：充实之谓美，这是中国生活力最充实的时期。李杜的诗歌，韩柳的文，龙门的造像，玄奘的智慧，欧、虞、褚、薛、颜、李，尤其是太宗的书法，王维、吴道子、阎立本的画，无一不表示生命力的发挥和最高美的成就。日本人震惊惶恐，五体投地，遣派'唐生'来华求学，留恋不肯去，他们的'精神总动员'就是全盘接受中国文化。于是日本从蒙昧中渐睹光明，带回去的唐代文物，至今尊为'国宝'。然而一千年后，日本持以报答中国的，是屠杀奸淫，走私贩土，毒化，原始式的野蛮和半殖民地式的堕落。唐代文明的影响在哪里？常任侠君所述唐代乐舞的东渐，只是历史上的一段佳话而已。"②

1941年4月7日为傅抱石《晋顾恺之〈画云台山记〉之研究》编辑后语中，评价："傅抱石先生因激于日本学者尹势氏的'无视一切'，一种表现日本民族的'偏狭的自大'，乃细心地把中国山水画史上顶重要而晦涩的文献，东晋顾恺之的一篇《画云台山记》，研究一番，竟能豁然贯通，一拨千百年以来的谜，最重要的是，此后中国山水画史的研究，可冲过隋代，即绘画思想的研究，也可从南齐谢赫经由顾恺之而上溯汉魏了。《学灯》很荣幸地发表这篇在学术上也战胜敌国的重要发现。"③

在为余上沅《关于〈奥赛罗〉的演出》等文所写编辑后语中，宗白华说："抗战以来，戏剧学校在各地出演抗战剧本数十次，唤醒民众抗战意识，产生了很大的力量。现在又定于七月一日至四日在国泰演出莎士比亚名剧《奥赛罗》，将收入慰劳前方将士。此剧计五幕，十四景，演出之佳

① 宗白华：《时事新报·学灯》（渝版），重庆，1939年2月5日。
② 同上，1939年4月23日。
③ 同上，1941年4月7日。

将在《威尼斯商人》之上，因为筹备得更精密也。剧校在服务时代之后，偶尔出演一次超时代有永久价值，表现永久人性的莎翁名剧，编者是很赞成的。我们在遍体伤痍之中不要丧失了精神的倔强和努力。”①

1941 年 4 月 28 日为《论〈世说新语〉与晋人的美》的编辑后语中说：“我们这个时代是个什么时代？我们想要认识现实，可以读英洛亚的《法兰西的悲剧》，徐仲年先生译的《波兰亡国惨状》两本，人人应该读一读的书，尤其是我们的一般‘政治家’。”“我们若要认识欧洲大战所能产生的精神影响和生活态度，可以读本刊上期《美国小说家海明威》。我们设若要从中国过去一个同样混乱、同样黑暗的时代中，了解人们如何追求光明，追寻美，以救济和建立他们的精神生活，化苦闷而为创造，培养壮阔的精神人格，请读完编者这篇小文。”“但是血战三年的现代中国，究竟应该怎样建筑我们新生命的基础，我们的新国家，这要面对着大时代、背负历史使命的现代中国的战士！”②

这些饱含学者情感的文字，正是宗白华时刻关注着抗战社会现实的体现，既有对战争中背负着历史使命的中国战士的深情赞美，又有对中华民族伟大热情和生命力的殷切期望，也有诗人在钢铁炮火世界里的痛苦之情。宗白华曾在《唐人诗歌中所表现的民族精神》一文中表示，“文学是民族的表征，是一切社会活动留在纸上的影子。无论诗歌、小说、音乐、绘画、雕刻，都可以左右民族思想的。它能激发民族精神，也能使民族精神趋于消沉”。因而极力主张民族精神人格的培养，“民族自信力”的提升，时刻提醒国人“在遍体伤痍之中不要丧失了精神的倔强和努力”。

综上可知，抗战时期宗白华编辑渝版《学灯》期间发表了大量编辑后语，这些编辑后语是宗白华美学思想的具体实践。在这些或长或短的评论中，宗白华涉及了大量文艺方面的具体问题，在跨门类艺术比较与中西比较视野下探讨文学艺术之美。正如宗白华 1940 年 1 月 22 日为汪辟疆《明清两代整理〈水经注〉之总成绩》所写编辑后语说：“学术的目的在于‘求真’，文学的作用在于‘抒情’。”③ 回溯宗白华先生的编辑后语，我们也不由感慨，宗白华先生正是秉承着“求真”的学术精神，以其广博的学

① 宗白华：《时事新报·学灯》（渝版），重庆，1938 年 6 月 26 日。

② 同上，1941 年 4 月 28 日。

③ 林同华主编：《宗白华全集》（第二卷），安徽教育出版社 1996 年版，第 253 页。

术视野在抗战时期坚持着学术道路，在遍体伤痍之中坚持精神的倔强和努力。

结 语

宗白华是属于“五四”新文化运动影响下成长的一代，那是一个大变革的时期，崇尚达尔文“物竞天择”“适者生存”的进化论思想，有一股强劲的“尚力”和“尚动”的锐气。“力”的原则逐渐被整合到文化秩序中，个性自由被逐出新的话语系统。中国20世纪的学术思想充满火药味和革命性，使中国的知识分子从个性至上走向了“群体意志”。从宗白华早期对歌德“浮士德精神”和尼采的关注，不难看出宗白华也曾受到深刻影响。然而抗战时期已步入中年的宗白华却以清醒的价值判断和独立精神人格为依托，坚守了一条为民族、为诗意人生的学术道路。用他自己的话说，即“现代的中国站在历史底转折点。新的局面必将展开”。“就中国艺术方面——这中国文化史上最中心最有世界贡献底一方面——研寻其艺境底特构，以窥探中国心灵底幽情壮采，也是民族文化底自省工作。”①

如果说“五四”时代，中国社会加速了打破传统的变革，所凸显的是新旧交替阶段人在精神上的茫然、烦闷和恐慌；那么在抗战时期，就凸显了民族生存的危机感，这一文化历史情境所凸显的则是振作民族精神、增强民族自信力的问题。集中而言，则是中国文化精神的问题。抗战时期，在充满抗敌激情的时代洪流中，宗白华既时刻关注着战争中的民族命运，又以清醒的价值判断致力于中国传统美学精神的挖掘和发扬。他以坚定的态度相信中华民族的生命力将会在抗战中爆发强大力量，民族复兴和新国家的未来将会实现。

---

① 宗白华：《中国艺术意境之延生（增订稿）》，《哲学评论》1944年第8卷第5期。

第三章　洪毅然抗战时期美学思想研究

中国知识分子自古以来就有肩负国家责任的传统。抗战时期身处战争危机中的洪毅然先生，作为一个崭露头角的青年艺术家兼美学理论家，同许多知识分子一样，用艺术的方式寻找拯救国家民族的良方。他用画笔勾勒出自己抗战的赤子之心，在大量的艺术实践中发展自己的艺术理论和美学理论，完成了一个艺术家在时代源流与民族意识中的诗性嬗变，在中国现代美学中形成独特的审美价值。他的价值不是个体的价值，而是由其人、其文所表征的一种审美属性的价值，是与一个大时代的价值取向相关联的文化价值。

洪毅然（1913—1989），1913 年出生在四川达县县城一个商人兼地主的家庭。父亲粗通文墨，思想守旧，不让他进“洋学堂”念书。六岁的洪毅然进入私塾读书，受国学启蒙教育的同时又师从一位蒋姓画家学习国画，幼年便受到国学和绘画的双重启蒙，为后来走上绘画之路继而又转向美学理论研究奠定了基础。1927 年，14 岁的洪毅然考上了四川美术专门学校，从达州到成都学习绘画，四年过后，考上了杭州国立艺术专科学校（现中国美术学院），遂开启了从绘画到艺术理论再到美学理论，涉及整个美学领域的人生。不可否认的是，抗战时期是他艺术创作最丰硕的时期，也是他美学理论的成熟期。

从 1931 年“九一八事变”开始，直到 1945 年日本投降，抗战取得胜利。身处这一时代洪流中的洪毅然先生，有三种身份形成交叉：画家、艺术理论家、美学家。在此期间，洪毅然创作了诸多反映抗日救亡的绘画作品。例如，作于 1932 年的大幅油画《战后》，便是为了纪念“一・二八”上海抗日而作。他通过绘画的艺术实践形成自己的美学理论，在中国现代美学中有其独特的价值。

洪毅然的美学研究，大致可以分为三个阶段。第一个阶段，20 世纪 30

年代到40年代，是其美学思想的形成阶段，含抗日战争时期。这是洪毅然在艺术和美学的探索上最为活跃、最有创见的一个时期。艺术理论方面，他发表了大量评论和理论文章，1936年出版了第一部艺术理论著作《艺术家修养论》；作为美学家，洪毅然在这一时期形成了系统的美学观，以《新美学评论》的发表为标志。值得注意的是，《新美学评论》中美学思想的基本框架是在同蔡仪《新美学》进行辨析中产生的，在同其他美学家思想交锋中形成的，反映了在那个特殊年代里一个青年美学家的锐气。

第二个阶段，20世纪50年代到60年代，是其整个美学体系的发展阶段。这一阶段的标志便是50年代中期洪毅然也参加其中的美学大讨论。在这次讨论中，大致形成四个不同的美学派别，分别是以蔡仪为代表的客观派，以吕荧为代表的主观派，以朱光潜为代表的主客观统一派及以李泽厚为代表的实践美学派。通过参与美学大讨论，研究马克思主义美学，洪毅然对自己的美学思想有一个重新定位和思考，将自己的美学思想归为“社会功利派”。

第三个阶段，是洪毅然美学思想体系的深化和成熟阶段，开拓了美学“大众化”的道路，《新美学纲要》《大众美学》《艺术教育学引论》等美学理论著作问世或修订再版，分别从美的本质、美感以及美育等方面，全方位将美学引向大众，因此，洪毅然被称为“中国大众美学的开拓者”。

第一节　抗战时期洪毅然美学思想的社会文化背景

自19世纪末20世纪初，封建帝制被推翻后，封锁的国门开启，中国迎来了“德先生”“赛先生”及蜂拥而入的西方思潮。许多爱国志士，怀着满腔热血为中华民族从帝国主义奴役中，从封建思想的禁锢中解放出来而奋斗不息。知识分子们几乎是“饥不择食”地汲取西方先进知识、文化。在这乱纷纷你方唱罢我登场的革命时代，帝国主义的侵略和压迫，封建统治者、军阀的昏庸腐败，陷国家于民族危亡的边缘，人民在水深火热的生活中挣扎，这个时代确实坏得不能再坏了。然而这样的内忧外患，如此的丧权辱国，又激起仁人志士、中华儿女奋起反抗；发起武装斗争，反抗民族侵略，新文化运动，摆脱陈旧思想的禁锢，不断寻求振兴中华的真理。这一时期的思想达到了前所未有的开放程度，又加快了中国现代性步伐，促进了中国现代美学的发展。

抗战时期，文艺界人士团结一切可以团结的力量，在抗日民族统一战线的旗帜下，形成了“五四”新文化运动以来最为广泛的团结。文艺界人士从以前狭小的圈子中走了出来，或投笔从戎，走进抗日战场；或在大后方坚持抗战救国。战争初期，抗日武装战线和抗日文化战线在空间上的结合似乎不是那么紧密，一个是最前线，另一个为大后方。但是，正如南怀瑾先生所言：“所谓奔向后方，就是转投前方。因为抗日圣战，是全方位的，去后方，向前方，它的意义跟精神是一致的。”[①] 这时的抗日文化重要战线伴随着中国大批高校、文艺阵地以及文化界名人的内迁而移至大后方。使整个四川的文艺环境在文化抗战的旗帜下爆发。大量美术作品、话剧、音乐、文学作品等在此间涌现出来，在宣传抗日救亡的同时，在抗日民族统一战线的率领下形成了一个团结、爱国的文艺战线。

一、大时代洪流之中的洪毅然

洪毅然自小就对美术产生了浓厚的兴趣。同时，由于受导师张鲤庭的影响，对新文化运动中的启蒙新思想有一定的涉猎。当时他读了很多胡适、陈独秀等人关于新文化运动的著作，思想上获得启蒙。14 岁他考入当时成都的四川美专学习绘画，兼修艺术理论。18 岁时洪毅然进入杭州艺专进行绘画学习。1931 年 9 月 18 日，日本关东军在沈阳制造了蓄谋已久的“九一八事变”，东北三省沦陷。日军侵华行径越发猖狂，次年，日本在上海发动了“一・二八事变”。此时身在杭州的洪毅然为了纪念“一・二八事变”，创作了与该主题相关的油画《战后》。画中，他鲜明地表达了内心的愤懑并饱含对民生的关注。由于抗日战争大环境的影响，学西画出生的洪毅然对现实更加关切，注重结合艺术理论思考艺术和现实之间的关系。1929 年，17 岁的洪毅然在《西南日报》“时代艺术”的首刊上发表了自己的第一篇文章，即《普洛艺术概论》，该文观点犀利，引起美术界注意。是年 11 月，洪毅然写成《艺术家的生活问题》一文，结合抗战对艺术家生活的社会环境进行了分析。

---

① 南怀瑾：《去大后方・前言》，《新民周刊》2005 年第 21 期。

以后陆陆续续，洪毅然关于艺术理论的文章不断见于当时报刊。他以“毅然”为笔名在各地、各大报刊上发表自己关于绘画、文学以及艺术、美学的见解。因为学界有位名为“章毅然”的美学家，为了不让读者混淆，遂将其笔名改成“尼印”“各公”等，以示区别。30 年代的洪毅然在各大报刊上不停发表文章的同时，还多次刊载自己的素描、漫画作品，满腔热血，相当活跃。当然，这“热情”与当时的抗战，和抗战的宣传有着密不可分的关系。其中就有见于《新新新闻》的《四川漫画首次抗日救亡漫画展览会宣言》以及《华西日报》的《战地写生之必要》等作品。

1937 年，战事加剧。24 岁的洪毅然从杭州国立艺专毕业。由于得到母亲突然病逝的消息，他返川奔丧。正在奔丧途中，“七七事变”爆发了，洪毅然立刻被卷入战争的灾难当中。从浙江到四川途中，战事不断，交通阻断，他无法直接回到老家达州遂辗转到成都西南美专分校任教，在成都开办南虹艺校。这期间他积极组织“四川漫画社”，开展抗日宣传活动。“在全面的，长期的御侮救亡的大目标下，为了要完尽‘艺术’与‘艺术家’之在抗敌阵线中的任务和功能，我们的‘四川漫画社’应运而生了，并且同时我们的‘救亡漫画展览会’也应运而生了。”① 他认为漫画在当时是最有效、最普及、最富于煽动性的一种启发与激励，甚至是组织广大底层同胞的工具。从战争初期延续到战争结束，洪毅然先生一直在四川投身于文艺抗战，开展抗敌救亡艺术宣传活动，进行艺术、美学研究。20 世纪 40 年代，洪毅然的整个艺术、美学活动都在四川进行，积极用艺术的方式抗战。于 1949 年出版的沉淀已久的美学著作《新美学评论》，可视为洪毅然抗战时期美学思想的总结和升华。

无论是从绘画创作方面还是从美学理论来看，都能看出洪毅然这一时期美学思想中深深的时代烙印，看出他对战时社会现实、社会大众深切的体察与身陷其中的痛苦。他以现实生活为蓝本表现人民疾苦，创作出大量与抗战相关的艺术作品。30 年代末 40 年代初，正是洪毅然从美学实践转向美学理论的过渡期，大量探讨艺术与生活、艺术家与生活关系的文章发表出来。洪毅然努力参加抗日救亡的实际工作，在创作大量艺术作品进行抗日宣传的同时，组织了多种艺术社团开展抗战工作。但与此同时，洪毅

① 洪毅然：《四川漫画社第一次救亡漫画展览会宣言》，《新新新闻》1942 年 1 月 15 日。

然仍有着美学家的清醒，产生了不少的担忧。他看到了抗战文艺“繁荣”背后的另一面：“气氛很浓但水准很低”。战争对人性是一个考验，当时大后方现实环境异常复杂，平时潜藏起来的人性善恶都被激发出来了，各色人等应有尽有，真心抗战者有之，投机取巧者有之，甚至还有汉奸之类，可以说是鱼龙混杂。据1939年成都的报刊记载，每次日军轰炸成都，都能精准地向目标投弹。这一怪象很快被发现，原来是隐藏在成都少城一带的日本奸细收买了一些见利忘义之人。这些人仅为10个铜钱就在躲避轰炸的人群中放置白布引诱敌机精确轰炸。可见环境之险恶，生存之艰难。四川大后方这样复杂的战争环境，势必也影响到文艺界。1941年，洪毅然怀着对大后方现实环境与文艺环境的担忧，在成都发表了《成都是艺术界冒险家的乐园》一文，抨击当时五花八门，水平参差不齐的画展以及所谓“艺术家”买画卖画的风气。“虽然，在这儿的艺术空气的确是很浓厚的，可是其水准却低得一塌糊涂。别的先不要说，只以月份牌掮客郑曼铎冒充仕女画家，牛鼻子黄尧一装‘民族艺术’，而均居然大大地成功一事看来即已足够说明而有余。”① 自称“艺术家”的人们凭借开画展而“名利双收”，大批的杰作变成大捆的“法币”。洪毅然于文中提到，在“恭临”过这些画展以后，留在记忆中的却只有画作下方“八十元”“一百元”“一百五十元”等价码，而那些买画的“雅人”们也尽是些天生的“猪头三”“阿木林”。可见，洪毅然在这个特殊时代表现出强烈的民族救亡意识，同时又能跳出这个时代现象的表面而对之进行反观，这可以说正是来源于一位美学家对现实深刻的观察。

二、马克思主义美学对洪毅然的影响

马克思主义自“五四”进入中国以来，逐步取代革命民主的美学观，并且在民族侵略战争的背景下日益显示出强大的生命力。战争在改变人们生活秩序的同时不能不冲击到意识形态领域，正是由于战争，使得大批知识分子走出象牙塔，不再追求超功利的“为艺术而艺术”，而将自己和国家民族，和劳动人民以及无产阶级紧密地联系在一起。瞿秋白、鲁迅、蒋光慈、胡风、周扬、蔡仪、洪毅然等人开始了将马克思主义运用到美学领

① 洪毅然：《成都是艺术界的冒险乐园》，《华西日报》1941年6月6日。

域的尝试。他们从马克思主义的唯物史观考察文学，运用马克思主义的基本原理来解释艺术审美问题。当然，三四十年代，中国马克思主义美学的形成，经过了第三者的搭桥。对于马克思恩格斯的观点、方法论与中国审美实践的结合，受到苏联文艺理论和美学观点的影响。其中，卢那查尔斯基的“真善美合一”说，普列汉诺夫艺术起源于劳动的观点以及车尔尼雪夫斯基“美是生活”的观点成为我国早期马克思主义美学得以构建的三大理论支柱。而中国现当代美学对马克思主义美学的研究的开端，则始于中国文艺界曾经的领军人物周扬 1942 年翻译出版的车尔尼雪夫斯基的《生活与美学》。它在中国现当代美学的发展中，在 50 年代所产生的影响远比 40 年代的影响广泛而深刻，尤以 50 年代的“美学大讨论”为甚。当然，这与当时的主流意识形态，与包括洪毅然等青年美学家在内的中国知识分子的集体性选择有着莫大关系。

洪毅然的美学理论深受马克思主义的影响，早在抗战前就已初见端倪。可以说，马克思主义哲学和美学的影响直接奠定了洪毅然美学思想的理论基础和发展方向。洪毅然到成都四川美术专门学校求学之时，就已经开始涉猎苏联的文艺理论译著，其中包括周扬译《生活与美学》。20 世纪 40 年代，很多学者接受了车尔尼雪夫斯基“美是生活”的观点。较早接触马克思主义美学的蔡仪认为：“……美是客观的，不是主观的；美的事物之所以为美，是在于这事物本身，不在于我们的意识作用。”[①] 蔡仪不认同车尔尼雪夫斯基“美不能脱离人类社会生活”的观点，并在其美学著作《新美学》中将这一观点作为研究的对象。洪毅然著《新美学评论》一书与蔡仪书中的理论进行商榷。其中主要观点为：“美是事物处于人类生活实践关系中，首先基于它对人类生活实践所具有的意义和所起的作用，决定它是好或坏的事物。”[②] 他认为事物的本身所客观固有的属性、要素也是极富社会性的。这本书主要是在与同时代美学家共同探讨马克思主义美学而写成的。

三、中外美学、哲学理论以及新兴美学理论的影响

纵观洪毅然公开发表的美学论著，似乎难觅中国古典美学的踪影，仅

---

① 蔡仪：《新美学》，群益出版社 1948 年版，第 35 页。

② 洪毅然：《美是什么和美在哪里?》，《新建设》1957 年 5 月号。

有一篇公开发表的《庄子论美与艺术》于1945年发表在《江苏美术通讯》上。这是洪毅然先生试图编著一部宏大的具有资料性质的《中国美学与艺术学》中的一小部分，后来由于各种条件不足，最终没能完成。洪毅然先生将该书设计成“历代思想家论美与艺术”和“历代文艺家论美与艺术”两个大的部分，但最终仅完成先秦部分，即老子、庄子、孔子、孟子论美与艺术，而其中只有一篇公之于众。洪毅然能撰写这样一部宏大巨著，与其扎实的国学基础以及严谨的治学态度是分不开的。而萌生这本书的想法并开始构思，却起于抗日战争时期。

1944年，洪毅然离开了纷纷扰扰、派系林立的成都，回到了阔别已久的故乡达县，居家治学。他在其幽静的“半隐山居”中作画、写作，同时对中国古典美学各种观点、流派进行整理、学习和总结。其治学六步法值得注意。他认为研究国学要做到六步：第一，通读原文文献；第二，博览各家注解；第三，在参考注解的前提下，再一次通读原文文献，做到对原文的全面理解和把握；第四，从原文文献中提取、摘录涉及美与艺术的语句，并加以详尽的分析；第五，对提取、摘录出的关于美与艺术的观点，进行深入研究和对比，领会其本质之所在；第六，将所有关于美与艺术的观点，按照自己拟定的逻辑关系重新分类，整理之后，遂成篇章。基于这六步治学方法，洪毅然对中国古典美学进行了一个成体系的挖掘，对其之后美学风格的形成起到至关重要的影响。例如，洪毅然根据孟子的“充实之谓美，充实而有光辉谓之大”。[①] 发展成“充实光辉”之谓“美”。认为孟子这里所说的“大”，实际上比“美”还要更高一个层次，主要是指社会美。这也是洪毅然极为推崇的，他认为：“审美经验……必须经过对于对象事物之为何，并有何用的认知之过程，而更联想及于其在过去生活实践历程中一切与之相关之使用经验……”[②]

（一）蔡元培的美学思想对洪毅然的影响

蔡元培，作为中国现代美学的奠基人，将中国现代美学作为中国现代思想文化启蒙的工具，影响了一代知识分子。蔡元培是对洪毅然美学思想的形成有着最深刻影响的人之一。由于处在特殊的社会背景和文化环境之

---

① 朱熹：《四书章句集注》，中华书局1983年版。

② 洪毅然：《新美学评论·陇上学人文存洪毅然卷》，甘肃人民出版社2010年版，第36页。

下，蔡元培与王国维相似，有着西方美学的知识谱系及引进功绩。“他对美学学科的认识是建立在对中西美学发展的系统研究基础上的。”[①] 而他整个美学观点都以美育为最终目的。蔡元培的艺术理论以教育为主旨，认为文艺作品最终目的是要对人生产生影响：一件艺术作品首先要使人观之得以享受，达到一个赏心悦目的效果；其次要具有能够陶冶人性情的功能；再次能完善欣赏者的人格；最后能达到教育民众和改造社会的目的。他提倡“以美育代宗教”。他认为对一个尚未被启蒙的社会来说，与古代社会一样，宗教，无论从情感上说还是从理智上看，与这一社会的所有教育有关，占据了人类文明教育数千载的历史。而对于一个具有现代性的启蒙社会，保守、有限且具有强制性的宗教只会被进步、普及和自由的美育所代替。

蔡元培的许多美学思想都成为洪毅然形成自己美学思想的养料，特别是在美育方面。“以美育代宗教”说对其影响很大，帮助他将美育理解成能够提高人们生活趣味和道德水平的工具，以最终解决社会问题。其次，他继承了蔡元培实施美育的方法，即在实践中身体力行地推行和确保美育的实施。虽然洪毅然推广美育的力度和范围不及当时的北大校长蔡元培那样深广，但可以说洪毅然先生的一生都在实践中推广着美育。抗战时期，他用自己的画笔向民众做出了兼有优美与崇高的传达，秉承其“艺术是美育的基本手段”，身体力行地影响着大众。20 世纪 80 年代初，他与朱光潜、伍蠡甫等人一道致函中央，要求将美育列入国家的教育方针。

（二）陈独秀、胡适的美学观对洪毅然的影响

作为新文化运动旗手的陈独秀和胡适，担负起了中国现代思想启蒙的重任。他们的文艺、美学思想为中国现代美学的建立和发展奠定了基础并产生了深远的影响。旨在对中国社会进行全面改造的陈独秀，“他的思想方法的特点，决定了他的美学观念在新范式建立方面的排山倒海的风采和旧范式破坏方面的摧枯拉朽的气势”。[②] 而信奉杜威实验主义的胡适，则身体力行地多研究问题，少谈主义。他虽不像陈独秀那样“气势恢宏”，但他从具体问题入手，大胆假设，小心求证，最终得出对旧理论的修正。正

① 陈伟：《中国现代美学史纲》，上海人民出版社 1993 年版，第 98 页。

② 同上，第 129 页。

因他们肩负着“启蒙”的重任，那么“革命”这个字眼也便是贯穿始终的。胡适等人以《新青年》为阵地，浩浩荡荡发起了文学革命，以二人先后发表的《文学改良刍议》和《文学革命论》为肇始。这场文学革命在中国现代美学史上同样具有重要意义。首先，它确定了白话文的地位，作为一种在文学创作中代替文言文而普遍运用的语言，能为作家表现自己独特的审美体验开辟了一片广袤的新天地。其次，它在总体的美学观上肯定了作为个体的“人”的创造性，标志着研究对象从群体的人到个体人的转向。最后，文学革命重视写实文学和通俗文学，试图建立一种崭新的“社会文学”，这正是从追求和谐统一的古典美学向追求对立、个性和与现实紧密结合的现实主义的转化。

1923 年，初小毕业，尚年幼的洪毅然，在启蒙老师张鲤庭的影响下，就读到了《独秀文存》和《胡适文存》，这让一直在传统的私塾教育中成长起来的洪毅然眼前一亮，了解了什么是“劳农政府”“庶民政治”。“德先生”和“赛先生”的观念也悄然进入了他的思想，这可以说是洪毅然与新文化运动的第一次接触，在潜移默化中奠定了其哲学、美学思想以及政治倾向方面的最初的基础，以至其后来形成了社会功利论的美学理论体系。他以“‘社会生活’这个深厚广阔的基础，以‘社会功利的好或坏’作为经络骨架，用‘外部表征（即关系形态）’为墙体，不同的美学范畴为装修材料，自然科学与社会科学的各种知识作为黏合剂，花了 40 多年心血，营造起一座质朴无华的美学建筑”。①

正是由于抗日战争的影响，洪毅然的人生轨迹及学术轨迹得以改变。在这一人才辈出的特殊时代，洪毅然虽然算不上在思想、美学领域大放异彩的人，但是作为一颗闪亮的新星，散发着他自己的光和热。他说：“我自青年时期所习专业为绘画。习画固非兼习相关理论不可。于是，由绘画艺术理论而旁参各门艺术理论，进而升入一般艺术理论，终于涉足艺术哲学与美学。”这是洪毅然自己对他这一生的学术轨迹的概括说明。抗战时期，通过大量绘画创作，洪毅然深感理论提升与美学研究的重要。他深研古今中外美学著述，对朱光潜的《文艺心理学》、蔡仪的《新美学》都有细致的分析甚至辩论。到 40 年代写成《新美学评论》一书，兼对两位美

① 穆纪光：《中国当代美学家》，河北教育出版社 1989 年版，第 640 页。

学家的美学理论进行评价和商榷，他始终自谦称其美学思想为“大派中之小支流耳”。

第二节　战火中的美学嬗变

从 1931 年到 1945 年这 14 年间，洪毅然的美学轨迹是与抗战的现实紧密联系在一起的，从表现对受战乱影响的劳苦大众的美术作品出发，到与大众现实生活相关的艺术理论再到美学体系的形成，无不体现出这一特殊的时代对这一特殊个体的影响。他感受到艰苦的生活，耳闻目睹了抗日战争的现实，既扩大了生活视野，也促使他思想感情发生变化，这一切必然影响到他在美学上的探索。细分起来，两个十年又有不同。30 年代他主要倾向于研究与现实密切相关的艺术理论，出版了《艺术家修养论》。40 年代，则注重于美术实践和美学理论建设，将美学理论、艺术理论紧密地与现实结合起来，以《新美学评论》一书的出版为标志，形成了自己的美学理论体系。

一、审美视角的外移：新写实主义的提出

20 世纪 30—40 年代产生的一系列西方“现代”意义上的艺术流派，都曾不同程度地影响了中国的艺术潮流，如象征主义、未来主义、表现主义、达达主义、意识流、超现实主义、后象征主义等。第二次世界大战开始由于法西斯势力的崛起，这些流派曾一度沉寂，因为好多艺术家都投身于战争了。随着抗战的展开，面对新的社会状况，艺术将何去何从？这是当时中国文化人所关注的重要问题。身居大后方的洪毅然认为，艺术总是与国家命运及时代生活密切相关的。在他看来，战争将使艺术变革的能量以另一种形式重新释放出来。这是一个审美视角的外向转移过程。战前，西方浪漫派的“内心决定世界”，爱伦·坡等对个人的感情、情绪的注重；霍桑的强调“内在的真实”，象征派的“表现内心最高的真实”等艺术主张对中国现代文学艺术影响很大，很多作家认同表现主义的理念，认同文艺作品就是“内在需要的外在表现”“创作是内心世界向外部世界的巨大推进”（卡夫卡），注重写内心深处的东西。战争爆发，中国大地遍地烽火

的现实，使文学艺术的理念由内向化倾向开始外移，“新写实主义”的艺术主张勃然兴起。洪毅然旗帜鲜明地主张“新写实主义”。他在《战斗美术》创刊号上发表了《新写实主义与革命的浪漫主义》一文，指出：“我们的抗敌艺术在作为目前的伟大的时代之客观反映场合，当然应该是新写实主义的。”①

针对什么是新写实主义，洪毅然给出了一个定义：“我们说新写实主义就是通过了所有一切现代的非写实主义乃至反写实主义之洗礼的，朴素的旧写实主义之充实化与高升，既等于新写实主义就是融化了印象主义以后所有一切印象主义、新印象主义与立体主义、未来主义、构成主义、表现主义、野兽主义，甚而超现实主义与达达主义等，极多样、极复杂的素质的一种写实主义。”②他借鉴桐城派对阳刚阴柔之美的论述表达他对刚与柔两种写实的思考。新与旧相对，有新必然有旧。旧写实主义又名学院写实主义，它主要侧重以写生的方法来描绘对象，以达到表现出视觉的真实为目的。这种以摹写对象准确与否为评判尺度的写实主义与抗战时期的新写实主义有着本质的区别。抗战爆发以后，“画室里的模特”丝毫不能承载民族救亡的使命，这种纯客观的、自然主义的、不关注下层人民需求的创作方法和创作态度受到当时大量“为人生而艺术”“为抗战而艺术”的艺术家们的彻底否定。新写实主义美学观认为文学的任务就是要表现人在事件过程中所激起的情感和人性本身的无限丰富性和复杂性，风格应厌繁求简，返璞归真，追求哲理；写人写物应趋向具体，凡是与事物本质无关的一切繁枝杂叶统统去掉，单刀直入，突出主干。洪毅然完全接受并积极推广这种艺术主张，不仅如此，他还对新写实主义进行了深化。他在《今日中国之艺术运动——现代化、科学化、现实化、实用化、生产化、大众化、中国化、世界化》一文中，具体阐述了新写实主义理论的三个特点：首先，基于反映论的新写实主义一定是从现实出发的；其次，在以科学的世界观与思维方法来观察现实、把握现实发展的规律的同时，由于处于特殊的时代背景之下，还应具有一定的战斗性，不以认识世界为最终目的而把重心放在改进世界上；最后，在创作方法上新写实主义也应与其科学的世界观相统一。

①② 洪毅然：《新写实主义与革命的浪漫主义》，《战斗美术》1939 年 1 月。

洪毅然对当时存在的主要美学流派做了一个比较全面的分析，认为：第一，观念论派美学，完全从主观意识出发，仅止步于形而上学的研究，但如果不走极端，也有很多对人们生活中审美意识的精辟独到的见解；第二，实验派美学，一味机械地从客观现象出发，但如果不单纯地只还原为自然科学的原因，而更多地融入社会科学观点，又加之其对审美经验具体精确的验证，便可成为有用的材料；第三，以蔡仪为代表的唯物论派美学，如果完全抹杀主观意识，即使从整体上来说比较正确，仍然会遇到很多阻碍。故洪毅然认为："不以纯粹源于唯物论哲学之单纯反映论的认识论之美学，为今日真正'新'美学，而正向往一种上述意义之更新的美学系统之建立。"[①] 为此，洪毅然以"披沙拣金，在批判中继承"的治学态度，提出建立新美学的道路。

二、新写实主义与"宣传的艺术运动"

洪毅然也注意到当时的一个矛盾现象：一方面，艺术家与抗战脱离，很多艺术家以为抗战宣传艺术仅为临时应付抗战的政治宣传之工具，因而不愿持续地参加新的艺术创作与活动，作品推陈出新的速度便慢了下来，艺术宣传的节奏也慢了下来，甚至陷入一片死寂当中；另一方面，单一的强化艺术宣传功能，满腔热血的漫画家们用快捷简便的工具材料和技巧，绘制出与前线军事形势相呼应的宣传性作品，致使不少标语化、口号式的粗制滥造充斥街头巷尾。

认识到问题的严重性。洪毅然提出如果不建立起二元论的艺术观，只是空谈艺术宣传，没有实质性的内容，是绝对不会有任何效果的。而为了打破这沉寂的艺术抗战第二阶段，在艺术宣传上的要求无疑要更深刻、更真切，更具体，更有力，而不要具有抗战初期艺术的标语化、号角式的特征。所以，在此一阶段需要的是将艺术的"宣传运动"，发展成为宣传的"艺术运动"。从艺术家的立场来看，"艺术的宣传运动"是被动的，"宣传的艺术运动"是主动的，被动的艺术宣传运动作为政府的宣传之工具的色彩很浓，主动的宣传艺术则应该作为艺术之宣传的姿态。"宣传艺术"应符合具有艺术的一切的标准，不能像"艺术宣传"一样成为政治宣传的

① 洪毅然：《新写实主义与革命的浪漫主义》，《战斗美术》1939 年 1 月。

工具。在洪毅然看来，艺术需具有欣赏性、教化性以及宣传性，在《略论艺术的“欣赏”与“教化”》一文中，洪毅然对三者的关系做了论述：“抗战艺术仍然是‘艺术’，我们就并不只抓住其‘教化性’或‘宣传性’而排斥其‘欣赏性’。艺术中的‘教化性’与‘欣赏性’是不可分的，质言之，艺术的本质实为此二者的‘矛盾统一’所构成欣赏为教化之过程，教化乃欣赏之终极。”① 宣传艺术是教化性高于欣赏性的艺术，但如果忽略其欣赏性，那么宣传艺术也只不过是政治宣传的一种工具。此时的宣传艺术应该以欣赏性为基础，教化性必须由欣赏性生发出来，并且为欣赏的形式所承载。从整个绘画艺术来说，抗战时期的中国绘画只有作为抗战宣传的斗争武器，帮助抗战，才能在这一特殊的时期有新的发展。

三、新写实主义与抗战艺术的“科学化”

洪毅然在 1943 年《华西日报副刊》上发表的《艺书科学化及其探讨之途径》一文中，提出了“我们为什么要提倡艺术科学化”的问题。文中认为，中国艺术数百年来是在每况愈下的衰落途中，而其根本原因则是在曾经促进其发展的庄老禅宗等思想所造成的玄虚哲学传统之后，形成了对其继续向前发展的桎梏。要想“拯救”艺术，必须彻底否定一切玄虚美学及其佛道哲学之思想所造成的文人画之类颓废的、逃避现实的、风雅主义的以及逃避现实的，风雅主义与笔墨游戏的传统，而其根本解决办法便是“艺术科学化”运动。而在《今日中国之艺术运动——现代化、科学化、现实化、实用化、生产化、大众化、中国化、世界化》一文中，洪毅然详细论述了艺术科学化的内涵与实质及其具体方面。

同许多艺术家一样，洪毅然认为新写实主义是最能够适应抗战现实的艺术主张，其中一个重要原因是其中包含了“科学化”的内涵。他多次提出中国美术发展必须遵循具有科学性的艺术观和创作方法，曾写过多篇文章进行论述。如 1942 年，在《大学》月刊第 1 卷第 7 期中发表的《中国艺术的科学化》一文中批判和分析了对艺术与科学关系的两种极端的态度，一是对认为艺术与科学绝对无关的理论的批判，认为持这种观点是将明理知识、审美经验以及实用行为看作三种完全毫无关系的活动，而忽视

① 洪毅然：《略论艺术的“欣赏”与“教化”》，《华西日报》1940 年 11 月 10 日。

三者之间相互依存相互渗透的关系；二是对认为艺术就是科学，科学家完全能做艺术家的工作的理论之批判。

洪毅然认为艺术的“科学化”是艺术“现代化”的一个方面，“艺术科学化”的动机在于补救我国数千年传统旧艺术的落后性，而期以借此促成更进一步的发展。同时需要搞清楚的原则性问题是，所谓“科学化”并不是以科学来“化”艺术，而是要求尽可能增加艺术本质中原来具有的科学性要素。具体而言则是首先在其思想内容方面，必须要有科学的世界观、人生观；在艺术技巧方面必须要求活用各种科学的成果。用洪毅然自己的话来概括就是内容的抗战化，技术的西洋化。

总的来说，所谓的艺术科学化，是指思想意识的科学化，创作方法的科学化以及表现形式的科学化。思想意识的科学化就是洪毅然指出的要有科学的世界观、人生观，要站在唯物论的立场来观照现实。而创作方法的科学化即是特别针对抗战这一特殊的时期提出的。任何游离于抗战现实、大众生活之外的主观精神和创作原则都不能促进这一时期的艺术的发展，更不能起到此时艺术应该起到的宣传、教化以及鼓舞之作用。可见新写实主义并不仅止于一种创作方法，而是同时与创作方法和艺术观相关的。另外，艺术科学化还包括科学化的艺术形式，即工具材料的现代化以及艺术技巧的写实。

四、抗战艺术的“民族化”

抗战时期，大后方开展了一场关于“民族形式”的大讨论，从文学界一直“蔓延”到美术界。这场大讨论实际上是对“五四”以来文艺大众化问题的延伸。“五四”运动之后的文艺家们，摒弃了民族主义的盲目自大心态，西方学说在“五四”之后源源不断地引进和接受，成为许多知识分子进步思想的来源，受到追捧。美术界不少艺术家也将西方绘画的理论作为改良中国画的重要的参照系。而在洪毅然看来，这是艺术“中国化”的一个问题。他认为出现这一问题的原因是国民对于随帝国主义列强而来的西洋艺术抗拒失败之后，转而开始的学习和研究西洋艺术的潮流，它不可避免地造成了艺术殖民化现象。在这一问题上，有许多思想需要予以纠正，所以他要求“吸收外国艺术的必以批判的和改变的态度吸收之。所谓‘中国化’盖即指此。文艺界曾讨论文艺的‘民族形式’之创造，其意义实亦相同”。[①] 美学家宗白华也同他的主张相似。宗白华认为：“我们对于过往的民族菁英，应当有相当的敬仰，使我们在这民族生存斗争剧烈的世界上，不致丧失民族自信心。我们的弱点固然要检讨，我们先民努力的结晶，也值得我们这颓堕的后辈加以尊敬。”[②] 否定对传统的虚无主义的态度，正是为了“不致丧失民族自信心”。

另外，洪毅然对于开始冒头的民粹主义也有所警惕。抗战到来，在救亡图存的旗帜下，全盘西化理论已无立足之地。不少仁人志士努力捍卫自己民族文化的尊严。比如，当时张大千对敦煌石窟壁画的关注和临摹，折射出在这民族危亡的时刻，中国艺术家对民族艺术价值的认知和体察，饱含文化民族主义的情结。但当时也出现了一些极端例子。洪毅然亦对此种极端现象做出了批评，他认为应避免发展到极端、走向国粹主义的桎梏之中：“有人误解吸收外国艺术却必须‘中国化’之意义，因而主张中国艺术应该保持其永远是‘中国的’，故对于外国艺术之吸收，筑起种种国粹主义的防线，阻碍中国艺术‘世界化’之可能，实是可笑。”[③]

对于以上两种极端，洪毅然提出了自己对中国艺术“民族化”的看法。在他看来，艺术的国际性和民族性并不矛盾，国际性丝毫无损于民族性，故而艺术的“世界化”亦无损于艺术的“中国化”。正因为中国艺术处于“世界化”的进程中才必须要“中国化”，并且因为要“世界化”才更要吸收外来的影响。“设若连吸收外来影响都已无需要了的话，那么‘中国化’又何从说起呢！”[④]应该看到，虽然抗战时期民族主义占了主导地位，不少艺术家在艺术创作中带有时代赋予的爱国护国激情，但洪毅然却能站在一个比较客观的立场对之进行评价，他认为如果想不吸收外来影响对当时中国之艺术来说已是不可能的事，中国艺术的“世界化”乃为必然趋势。

当时的大后方美术界对于艺术“民族性”“民族形式”等问题争论不断，从各种论点中可以大致归纳出三类。第一类观点认为民间形式便是民族形式的中心源泉，这类画家以早在民间存在并为老百姓喜闻乐见的形式为基础和源泉来创作饱含时代气息的艺术作品，比如把民间的年画、门神

①③④ 洪毅然：《今日中国之艺术运动——现代化、科学化、现实化、实用化、生产化、大众化、中国化、世界化》，《华西时报》1945年3月10日。

② 林同华主编：《宗白华全集》（第二卷），安徽教育出版社1996年版，第351页。

等加以改造，配上与抗战相关的标语或口号，起到了较好的宣传及鼓舞作用。第二类观点主要是注重将西洋画“中国画化”，这一类的画家尤其重视绘画技法的使用，以线造型是中国画最本质的特征，用中国画的骨干——线条来影响自己画笔下的油画和版画。“基于这种认识，不少版画家和油画家在进行民族形式的探索中，都着意加强线的应用，而削弱体积光影的因素。这种认识直至抗战后仍有相当大的影响。”① 而持此观点的艺术家以洪毅然的好友赵望云为代表，他在《中国现代画坛的片段观》一文中指出民族形式必须在题材和技巧上要密切联系起来。第三类观点以洪毅然等人为代表，认为民族形式必须要注重民族风格的表现和民族生活的把握，即用中西融合的绘画技法来表现赋有民族特色，即时代特征的现实生活。洪毅然在《抗战绘画的“民族形式”之创造》一文中表示纯粹的国粹和纯粹的西洋化都不是当前需要的，而必须要产生一种中国画和西洋画两种不同传统的综合的具有“民族形式”的绘画。

五、“写光明抑或写黑暗”——时代源流与民族意识的诗性嬗变

生活在这一苦难与迫害交织的特殊时期，大量反映抗战的新写实主义作品风起云涌。洪毅然在从事理论研究与艺术评论的同时，一直坚持用自己所擅长的西洋画专业进行反映抗战社会现实的美术创作，实践新写实主义的艺术主张。他希望借助艺术形式来达到改造现实的目的，希望通过艺术达到心灵的碰撞与相遇。

具体到创作题材的选择，当时出现了一个典型的分歧，这就是“写光明抑或写黑暗”。艺术作品不仅要有对光明的抒写，给人以强烈的生的意欲，也要有对黑暗的揭示，让人看清苦难的真正面目，光明的确是要在黑暗的衬托之下才能显现出来，给人以生的希望。画家出身的洪毅然，此时更注重将艺术作为一种抗战的工具来唤醒和启蒙民众以达到宣传抗战的目的。他认为，艺术精神的表现是生命内蕴的存潜与涵养，艺术的境界意味着它作为民族最高的精神需要的境界。在抗战后方，目睹每时每刻进行的屠杀，洪毅然选择了揭露黑暗。集中反映在洪毅然的美术评论中，首见于

① 黄宗贤：《大忧患时代的抉择——抗战时期大后方美术研究》，重庆出版社2000年版，第183页。

对现代主义画家庞薰琹相关画作的评论文章当中。抗战时期从欧洲学成归国的成都画家庞薰琹，受蒙派纳斯、毕加索的影响，其画作重在对现实的描写，是写实主义和表现主义的渗透与结合。洪毅然认为他的画作充满矛盾，虽然这使作品具有充沛的生命力，但仍然是有问题的。1941 年夏天，洪毅然看过庞薰琹画展之后曾评价："庞先生的作品有古典主义的和谐，完整，庄重，与严肃，有浪漫主义的诗情，有写实主义的诚实，有表现主义的虚灵，有印象主义的奉真，有一切形式主义的智巧。"① 而到 1943 年 9 月，庞薰琹的成都画展之后，洪毅然却认为他的创作出现了一些变化，即："庞先生目前是在逐渐脱离世纪末的'现代主义'之'形式主义'而正迈向进步的'现实主义'之大道了。"

庞薰琹认为，在这一特殊的时期，人生迫切地需要艺术，因为艺术能给人以鼓励，抗战时期的人民在极大的苦难中艰难生存下来，而支持他们生存下来的是强烈的生之意欲和兴趣，如果没有这些因素的支持，要战胜苦难和迫害势必十分艰难，所以主张在创作中抒写光明以鼓励此种积极的意欲和兴趣，而不主张写黑暗以引起消极的恐惧与忧伤。洪毅然对其绘画水平赞赏有加的同时，也尖锐地指出抗战时期庞薰琹的创作虽属现实主义，但没有从客观的现实观点表现光明与黑暗之间的斗争，并没有将光明必将战胜黑暗或黑暗必然转化为光明的真理表现出来，而一味表现光明，忽视黑暗。他列举庞薰琹画作中表现李唐盛世升平气象的舞者、富丽堂皇的装饰，画苗族少女的天真和生命情趣等作品，无一不是对光明的一种向往，旨在表现人性之生的动力和意欲，这是光明的要素，但也在客观现实的社会生活中掩盖了与同其实力相当的黑暗。洪毅然认为，"非见之于黑暗的现实存在中的光明之抽象亦不是真正的光明"。只描写黑暗或者只描写光明，都不免会或多或少地对真正客观现实造成一种歪曲，甚至扭曲，得到适得其反的效果。洪毅然此时创作态度，与庞薰琹相反，更倾向于揭露社会生活的黑暗面，与民众的疾苦联系在一起。他希望将现实中的光明和黑暗作为一对矛盾的统一体而存在于作品当中。在他自己的作品中，对黑暗的描绘要多于对光明的抒写。

在此期间，洪毅然完成了诸多反映抗日战争的绘画作品，如其 1932 年

① 洪毅然：《论庞薰琹之艺术》，《华西日报》1943 年 9 月 23 日。

作大幅油画《战后》；1943 年洪毅然参加在成都举办的“七人画展”，此次展出使得其作品得到广泛的关注和认可。画家苏文认为洪毅然不但对于艺术理论有深厚的修养而且能够绘画。在看过“七人画展”之后，苏文在《华西日报》副刊上发表了《略谈七人画展》一文，高度评价洪毅然的画作：“洪先生的作品趣味多而技巧少，有许多作品的讽刺意味很浓厚……洪先生的人物描写和油画的调和，也均不可抹煞。”①

纵观洪毅然抗战时期的绘画，可以分为两类，一类即是对光明的抒写，这一类作品主要是对抗战的一种宣传以及对民众的一种鼓励，鼓舞民众，在这一国家危亡的关键时刻，应该为国家投身战斗。但是，洪毅然此一时期的画作并没有描写战争的宏大场面，反之，则是从个人出发，从士兵出发，从民众和战士以及各行各业的人民出发，进行形象而生动且极其富有感染力的创作。例如，其画作《我们上前线去》系列与《战地速写》系列。画面右侧是两位整装待发，准备奔赴前线的战士，可以从他们凝重的表情里读出一种热血贲张和坚定不移。而与之形成对比的画面左边则是两个眼神充满迷茫和犹豫徘徊的乡民，似乎是在思考自己应不应该也像这样，扛着枪到前线去？这幅画作定能让当时观赏该画的年轻人思考同样的问题：我们是不是也该上前线，投入保家卫国的战争中去？《战地持枪休息》描绘了一个民兵战士在战壕里持枪休息的场景，身后虽然硝烟弥漫，但是我们从他的面部表情和身体姿态中可以读出疲惫和惆怅之外的一丝悠闲。整幅作品带有新写实主义的痕迹，即不用任何有争议、夸张的表现手法，忠实地记录社会学的现实，“毫无个性”地、真实地把主题呈现出来。

洪毅然另一类绘画作品则是对黑暗的描绘，表现人民在残酷战争中的疾苦百态，仍然以抗战时期民众的苦难生活为创作来源。相比之下，洪毅然对黑暗的描绘要多于对光明的抒写，并且在对黑暗的描绘中除了素描之外还融会了多种绘画手法和风格，刻画出直击人心的黑暗。比如，在对敌机轰炸后民众的苦难的主题的描绘上，洪毅然创作了多幅作品，其中最深刻、最具代表性的是《敌机轰炸后》和《苦难与无奈》。

《敌机轰炸后》从绘画风格来看属于立体主义与新写实主义的结合，虽然没有明显可以看到的面部表情，但通过许多组合的碎片形态，图中人

① 苏文：《略谈七人画展》，《华西日报》1943 年 3 月 25 日。

物和物体的交错叠放以及散乱的阴影造成的三维空间错觉，加深了画面的凝重感，可以让人深切感受到敌机轰炸之后的混乱与无所不在的痛苦，给人以很深的震撼力。而同样是表现这一主题的《苦难与无奈》，所借用的表现手法则更加真实可感和直击人心。在轰炸后的废墟中，一人已倒在血泊和废墟中，另一人望着死去的亲人，神情恍惚，脸上热泪横流，心中流淌着痛苦，血液中流淌着仇恨。同时又显出万般无奈和悔恨。战争到底给他带来了什么？又让他失去了什么？在这幅画里出现了两个对比，即死去的人与活下来的人的对比；近处的断壁残垣，轰炸后的废墟与远处完好无损的房屋的对比。然而，洪毅然在其作品中并没有把希望全部夺走，我们还是可以在其中找到一丝慰藉，散落在周围废墟中的十字架不就代表着苦难和救赎吗？

在抗日战争这一伟大的时期，艺术家们纷纷从“为艺术而艺术”，越过“为生活而艺术”直接到了“为抗战而艺术”。知识界、文艺界很大一部分精英们选择了呐喊和战斗，响应“文化从军”的口号，完成了从精英到“战士”的转变。抗战时期的洪毅然不仅自身积极投入反抗黑暗的艺术创作中，创作出了大量既写光明又写黑暗的战地主题画作，同时积极进行抗战宣传，肩负起大后方，特别是成都的抗日宣传活动；另外还分别成立了四川漫画社与成都抗战美术会，可谓是一个同时活跃在前线和后方的“艺术战士”。他认为艺术如果是一把刀，在平时可以用来切菜，那么在抗战时期则用于杀敌。1938 年在全面的、长期的、御侮救亡的大目标下，为了完成“艺术”与“艺术家”之在抗敌阵线中的任务和功能，洪毅然与张漾兮、谢趣生、刘怀素、乐以均等十余位持有“艺术之刀”的美术家们在成都成立了“四川漫画社”，成立之后分别在 1938 年和 1939 年元旦先后举办了一次大规模的“救亡漫画展览”，并以成都为中心，在附近各县举办巡回展览。

抗战时期的洪毅然一方面以“披沙拣金，在批判中继承”的态度，在理论上构建“新写实主义”；另一方面又以具体的艺术实践，用绘画的形式践行新写实主义美学主张。他认为艺术是“最有利、最犀利的一种精神的抗敌救亡之必不可少的武器，乃是最适合于民众，这伟大的时代之需要的一种最深刻，最具体的表现”①。

第三节 “大众美学”的开拓者

从洪毅然对新写实主义的探索可以看出，他并未止步于这一具体的艺术理论主张，而是以新写实主义为基础，构建美学的体系。最终洪毅然选择了大众美学作为其美学思想的主干，以《新美学评论》一书出版为标志。

1942 年，洪毅然怀着“多年来学习美学而试欲建立一新的美学系统”的强烈愿望，写下了他称为“首次初步研究报告”的《新美学评论》一书。在其中，他系统地阐释了自己初步形成的美学理论体系，包括“美学作为学科”“美的性质”“美与丑的本质是什么”“美学研究的方法”等等，其中涉及大众美学的种种问题。抗战时期是洪毅然美学体系的初创时期，《新美学评论》作为洪毅然美学研究的初创成果，鲜明地表达了其早期的美学思想，在此之前，洪毅然在各大报刊上发表的艺术评论是其美学思想的实践，对其美学思想的形成有着重要意义。其中大量艺术评论和思考很有价值。可以看出，洪毅然对艺术、美学理论深入浅出，走的是大众化的路线，浅显易懂的文字中蕴含着他对美学独特的思考。他坚持具有大众化、科学性、民族性的艺术创作，选择最有效、最普及、最富于煽动性的一种兼具启发和激励功能的审美教育形式，“以它的最尖锐最活泼之本质与它底最洗练最明快之形式，承担起艺术家的责任”。②这些见解无论对当时的人民大众还是对艺术家都有鼓励和启发。

一、“抗战艺术之大众化”

洪毅然敏锐地看到，抗战爆发以来中国社会的性质在不断地发生着变化，“现实社会的表率者”从封建士大夫及其代言文人变成了大多数民众。民众正在成为抗战胜利的最重要因素以及最重要的资源，因为战争的主题是民众，特别是在总人口中占绝大多数的农民，如果中国艺术要在这一时

①② 洪毅然：《四川漫画社第一次救亡漫画展宣言》，《新新新闻》1939 年 1 月 15 日。

期发挥作用，就必须创作能使广大的民众广泛理解与接受的作品。国难当头，美术（艺术）大众化比以往任何时候都更为必要而迫切。“质言之，我国目前之艺术，应为大多数被压迫的，正为自由解放而反抗斗争着的民众。”①

洪毅然抗战时期所走的“艺术大众化”路线分别从两个方面展开，首先是自己有关抗战的画作，其次在他的艺术批评及理论文章中发表了大量针对性强的观点。两方面都体现了新写实主义的“大众”美学观。他认为“大众化唯一的道路就是现实主义的创作态度与写实主义的描写手法之动用”。② 艺术的“‘大众化’期以呈现大众的思想感情而更鼓舞其斗志，因此之故，其形式，亦必须是大多数民众所喜闻乐见的形式”。③洪毅然把表现形式方面的大众化看作新写实主义最重要的一环，不仅自己的创作选择了漫画这一有利于进行抗日宣传的艺术形式，同时还发表文章、画评，提倡采用多种民间形式来实现之。当时流行的将民间的年画形式赋予抗战的意义的代表性作品，如张文元所作之《抗战门神》等，都受到洪毅然的关注，为其撰写了画评。但是，洪毅然也看到仅仅如此是不够的，“大众化”的意义不能只是形式方面的大众化。如果仅止于照样采用“旧瓶装新酒”的办法，不完成新的大众化形式的创造是没有意义的，可能会因纯粹追求大众化而降低了艺术文化的水平和标准。

洪毅然从艺术的现实功能性寻找到了切入点。他提出艺术的大众化总是与“实用”联系在一起的。艺术就是要表现大众的需要，之前适应于封建士大夫的旧艺术的创作是极端个人主义和主观主义的，绝不表现自我意外的任何东西，自美其美，独乐其乐，这使得艺术的社会功能完全丧失了，没有实用价值。在洪毅然看来，战争到来，大众的、生活的艺术应该是所谓“实用的艺术”。“‘实用艺术’包括吾人全部实际生活的一切活动，当然则是吾人整个生活的所有一切活动都是与艺术有极大关系的。”④在残酷的现实面前人人都应成为自己生活的主人，人们对任何事物或事件从“知”到“用”的过程都同时伴有一种理智和清醒，对周遭任何事的态

①③　洪毅然：《今日中国之艺术运动——现代化、科学化、现实化、实用化、生产化、大众化、中国化、世界化》，《华西日报》1945年3月10日。

②　转引自刘军平《艺术与大众》，河北教育出版社2013年版，第36页。

④　洪毅然：《生活与艺术》，《华西日报》1945年8月5日。

度总有几分是持对国家和社会有用的态度，即使是“用画的视角来看，从音乐的视角来听，以诗的观点来想”。但在这个过程中画家、音乐家或诗人也应该严格要求自己不能堕落于低劣的艺术生活。因此洪毅然在强调艺术内容、形式“大众化”的同时，还特别注重艺术“化大众”的功能。

作为大众美学观的进一步阐发，洪毅然把艺术与生活的关系放在艺术美学问题首位。什么是生活？什么是艺术？生活与艺术有什么关系？艺术在生活中占什么地位？洪毅然 1943 年 5 月 28 日在《华西日报》上发表的《生活与艺术》中做出了详细的论述。他首先肯定了“生活”的社会性，同时指出人类在满足自己生活需要的同时必须满足他人，侧重生活的价值，认为人类的生活可以分为意志的生活、理智的生活及感情的生活三个方面。其中，意志的生活表现为各种实用的行为，理智的生活表现为客观的研究，感情的生活表现为审美经验的直观，而审美经验的直观则会发展成为艺术。他认为，不光是艺术家，普通的人也有审美的艺术生活。“既然生活与艺术的关系如此密切，然而艺术不只是少数艺术家的专利品，当然艺术生活之充实与提高，是任何人都必须做的事。”[①] 一切有审美意义的实际的行为与劳作都可以被称为艺术，特别是生活艺术的表现，即洪毅然所谓的“实用艺术”，就包括人们全部实际生活的一切活动，任何人从某种程度上来说，都是某种限度内的艺术家。由于人们的知情意三方面的生活浑然不可分割，所以人对任何事物或事件之“知”的过程与“用”的过程，都是同时伴随着一种直觉欣赏的缘故，即人类对任何事物与事件的态度或多或少都是用画家的观点来看，用音乐家的观点在听，用诗人的观点在想。洪毅然认为提高艺术生活的质量就是提高人们三位一体的生活的质量，即要随时随地对任何环境中的事物与事件都要用画的观点去看，用音乐的观点去听，用诗乃至一切艺术的观点去想。

二、美学与价值论

在美本体问题上，洪毅然持价值论观点，他将美的静态本体移为动态本体，主张用现实功用的尺度、规范来表达或实现对美的本质的探求。他认为：“美学就是美学”，“美学是为大众服务的”。

---

① 洪毅然：《生活与艺术》，《华西日报》1945 年 8 月 5 日。

在中国现代美学思想史上，最早从美的本体角度来对美学加以说明的美学家是吕澂。他于1929年和1931年发表两篇文章分别探讨美学研究的对象和美学的性质等问题，虽然在说明美学研究对象的时候只是对西方美学的相关观点进行一个比较全面的译介和爬梳，而在中国美学的初创阶段，这也是美学的重要突破。在对美学性质进行说明时，吕澂首先将美学定义为“一种科学的知识”，承认了美学的学科地位，认为美学是一种精神之学、价值之学以及规范之学，不同于哲学也不同于科学。“至于美的世界呢，先自凭着请安，就非但反映着宇宙人生而已，还在憧憬着，爱慕着，苦闷着，宇宙人生和人心纯粹脉络贯通。”① 可以看出，吕澂的整个美学思想注重于从心理学的角度来研究美学。但他同时认为这样的一种“憧憬”，要善于用理智来做基础，才能更觉得深刻，即美学亦不能完全脱离哲学和科学。如果说吕澂关于美学的建设实为介绍多于创建的话，那么朱光潜可以说是进入了以自身美学观建立的阶段。

朱光潜作为中国现代最著名的美学家之一，也是中国现代美学体系得以建立起来的关键性人物之一，他的美学思想和整个美学体系在东方传统的浸透下发散出西方精神的光芒。20世纪80年代他曾对自己早期的美学研究有一个评价：“移花接木。”即移西学之花，接中国文化之木，具体说接儒学之木。其中他对克罗齐的观点继承最多。朱光潜崇尚非功利目的性，他在提倡美学学科时，排斥一切带功利性、以功利为目的的活动，注重“合规律性”；朱光潜的美学观念崇尚古典与和谐。这不禁让人想到蔡元培的“美育”思想，他们都存有一颗启蒙和改良社会的炽热的心。朱光潜早期的美学思想在新旧美学形态之间徘徊。蔡仪是第一个以唯物主义为哲学基础，对美学进行系统研究的。在其所作的《新美学》一书中有具体的体现。但从整体上来说，蔡仪对美学特征的认识还是古典主义的美学范式。他在书中认为，美学从属于哲学，哲学是关于存在和认识法则的学问，而美学是关于美的存在和认识法则的学问。同时，蔡仪还对比了美学和其他学科，如美学和一般自然科学或社会科学不同，因为美学是以美的领域为研究对象；并且还撇清了美学与艺术学及心理学之间的关系，认为美学是“关于美的存在和美的认识的关系及其发展的法则之学，故其本质

① 胡经之主编：《中国现代美学丛编：1919—1949》，北京大学出版社1987年版，第6页。

是哲学的”。[①] 洪毅然认为，朱光潜、吕澂、蔡仪等虽然对于建立美学体系功不可没，但他们整个美学理论体系的建构和研究方法都偏重于从哲学本体论、认识论入手涵盖所涉及的美学问题。洪毅然则在《新美学评论》中，通过批判总结提出新观点，初步形成了早期大众美学体系。

洪毅然在《新美学评论》开篇，便提到他与蔡仪的基本分歧，首先出现在“关于美学本身的认识”之上。洪毅然认为美学“不只是一种规范之学，亦不只是一种说明之学，而是规范与说明兼而有之的学问”。[②] 洪毅然认为诸如美的效用即美与人生关系的问题必须用哲学的和科学的两种研究方法来研究，并且在整个美学的研究领域，哲学和科学的研究方法是相互渗透，相互重叠的，并不能截然分开。洪毅然强调的是一种价值论美学。他认为一般的认识论只关注主观与客观是如何发生关系的，而价值论则注重于主观与客观关系所产生的评价。洪毅然认为认识论包括理智、实践与感觉三方面的内容，是非真伪是关于理智的评价，好坏善恶是关于实践的评价，美丑则是关于感觉方面的评价；如果仅以认识论的观点考察美学，那么关于感觉的评价就极有可能与关于理智的评价相混淆。

显而易见，画家出身的美学家洪毅然是从艺术与现实社会生活密切的联系来研究美学的，这种联系就决定了洪毅然的美学本质观以及对美（丑）本质的独特看法。

美是什么？这个关于美学本体性的问题，一直是古今中外美学家们都试图回答，却又至今悬而未决的问题。对此，洪毅然在《新美学评论》一书中说明了自身的观点。他既不认同观念论者说美是观念的外射表现，也不完全认同唯物论者称美为事物自身具有的属性。他认为，美既不是完全客观自在的东西也不是纯粹主观意识的外射，而是人们主观意识对于客观事物偏于感觉上的评价。落点在“评价”上，而不是一种实体。洪毅然认为，“美是一种价值”。在他看来，美既不单单是客观的，不全存在于客观事物里，也不完全是主观的，不完全存在于主观的意识中，而是一种物我相接关系中产生的一种评价，一种人的主观意识对于客观事物相接时感觉上的评价。这样既反对美是主观意识的外射，又反对美是客观事物的自

① 蔡仪：《新美学》，群益出版社1948年版，第35页。
② 洪毅然：《新美学评论》，《陇上学人文·洪毅然卷》，甘肃人民出版社2010年版，第2页。

在，洪毅然提出了自己对美的本质的看法，认为心物若分离便无美。所以，美的本质实际上和真、善的本质是一样的，都是一种价值，而不是一种实体。

但是，在这里，洪毅然把“价值”与“评价”这两个具有不同性质的范畴互相等同起来，实际上在不经意间不小心陷入了观念论之中。评价，是对价值的评议与判断，而价值，则是评议与判断之对象，二者的关系属于主体与客体之间的关系。所以，在美学上，如果把价值与评价相等同的话，“则是混淆了美丑现象与美丑感受（审美欣赏体验）、美丑观念的形成之间的关系，将二者混为一谈”。[①] 同时，洪毅然还认为美丑的价值实际上是实用价值的一种“化装的表现”，而这里的实用价值是指事物的使用价值。洪毅然在这一时期对美的实用价值的观点实际上并没有触及实质，只接触到美丑问题的表面现象。事物的实用价值固然重要但它不同于“美”，它是因人而异的，所有人都可以感受到事物的使用价值，但并非所有人都可以感受到同样的美。例如，音乐能调节身心，净化心灵，但对于某人来说心之所向的摇滚乐，对于另外某人却是“噪音”。所以，事物的实用价值并不能决定美与丑的实质。

三、美在心物相接——美感理论

洪毅然为了使美的本质更清晰明了，转入对美感的考察：“为明美之本质的究竟期间，请试考察美感‘审美经验’的构成的实际情况吧。”[②] 洪毅然将美感即审美经验放在了美的本质观中进行考察，符合辩证唯物主义的要求。

在洪毅然看来，美感发生过程是“从形象直觉到感觉经验之联想”。凡是人与物发生关系必然首先产生感觉。这是因为首先与事物外部属性，如色彩、线条、形状、音响等属性相关联的便是人的感官，事物的外部属性必然带给人们视觉上、听觉上或者是其他各种各样的刺激，引起一种感觉，形成某种印象（impression），这就是纯粹的形象直觉的阶段，属于纯粹的感性活动。在产生了对某一事物形成的形象直觉之后，由此直接的感

① 穆纪光主编：《中国当代美学家》，河北教育出版社1989年版。
② 洪毅然：《新美学评论》，《陇上学人文存·洪毅然卷》，甘肃人民出版社2010年版，第14页。

觉经验，必然会唤起对过去感觉经验的联想。然而，这一联想并不是简单的联想，正是因为它，我们才得以认知及辨识事物的意义。“然此第二步联想作用所唤起者，诚以过去的感觉经验为内容，却不止为单纯的感觉的材料而已；盖因所谓过去的感觉经验之本身，必是过去的生活实践历程对于其事其物相关的实用关系中所曾有过的感觉经验的缘故。”① 洪毅然还在书中批评了一些美学家审美欣赏的态度是偏重感觉的缘故，误以为审美经验只是纯粹的感觉活动，而不需要经过认知和联想的错误。所以，在洪毅然看来美感的产生实际上是起于形象直觉，然后通过联想交替活动，最后仍然归于想象直觉之上，但在这一过程中，还伴随着相应的情绪反应。他认为正是因为有相当复杂的联想的缘故，所以人对于一切外在事物，首先必然会有感觉上、生理上的适应与不适应，从而产生“前进反应”和“退避反应”的本能的行为，但更重要的是随同利害的联想记忆而产生的实用意欲的心理倾向，美在心物相接。

当然，能够引起美感的事物则为美的事物，能够引起丑感的事物则为丑的事物，但是美和丑到底有什么意义？如果它是客观存在的话，为什么不“一视同仁”而却因人而异？如果它不是客观存在的，那为什么如果没有对象事物某种一定的形式条件就没有美呢？所以，洪毅然认为美实际上既不是纯粹客观对象事物本身的一定的形式条件，也不是纯粹主观的精神意识的外射，“既不全在于物，亦不全在于心，而乃心物相接之场合，由于客观对象事物的形式条件，具备某种恰足引起主观感觉之于吾人过去生活实践历程所曾有过的实用经验之有利的联想，伴生积极的意欲与情绪，并经历‘交替反映’，而仍复返于当下的形式直觉上之一种评价也”。②这句话便可以说是洪毅然在这一时期美感理论的一个总结。由此可见，洪毅然认为美是心物相接、心物合一的产物，如若心与物相分离，就没有美可言了。

四、大众美学之“功用说”

洪毅然的大众美学理论以“美的功用”说为具体内涵：“譬如饭为充

①② 洪毅然：《新美学评论》，《陇上学人文存·洪毅然卷》，甘肃人民出版社2010年版，第15页。

饥之物，茶为解渴之物，米为造饭之物，乃至商品为可买卖以牟利之物……所知有何意义可言？既然凡所认知的事物之意义，必然包含关于其事其物的实用方面，当然有关其事其物之于吾人过去生活实践历程中所曾有过的使用经验，不免亦必一并联想了起来。”① 洪毅然认为审美经验中产生美感的联想，必然会涉及对事物实际功用的联想，如果在认知、联想过程中不涉及事物实际功用，那就没有任何意义了。人对任何事物，除非是没有感觉到，一旦感觉到就必然会产生认知，一经认知便会考虑到其实用的价值，产生实用的意欲，这便是“物我关系之通则”。进而，洪毅然区分了三种不同的实用态度。第一种为一般人的实用态度，即一切只为实用，偏重最终实用的结果，却是视而不见，听而不闻，食而不知其味，并且无暇钻研和探求。第二种实用态度是“重理知”的实用态度，最终返回理智的阶段，形成理智的研究态度。第三种是“重感觉”的实用态度，最终便会返回于感觉的阶段，形成审美欣赏的态度。一般的实用态度对事物的评价为好坏与善恶，理智的研究态度对于事物的评价为是非与真伪，而审美的欣赏态度对于对象的评价则为美与丑。然而，审美经验虽然是由感觉而起而最后回归到感觉之上，但却必须要先经过一个对对象事物的认知过程，认识到对象事物是什么，有什么实际功用，加之联想其在自己过去实际生活经验中一切与之有关的实用经验，同时，又加之对事物表面反映的积极或消极的情绪便使人们对事物感觉的内容加强了，并不仅仅是纯粹的形象直觉而已。而这样的形象直觉，若是使人觉得惬意、心情愉悦的积极情绪便是美感；反之，若使人觉得厌恶则为丑感。在这里，我们可以明显地看到，受其美学本质观的评价论影响，洪毅然仍将审美欣赏态度最终归为一种评价，而洪毅然所提到的“功用”实际上是指事物的自然使用价值，他的这种观点只接触到美丑问题的表面现象，尚未接触到内部的实质问题。事物的自然使用价值之于每个人都是一样的，饭就是用来充饥，茶就是用来解渴，并不会因人而异，但是美或丑确是因人而异的。

美因人而异，说明事物的自然实用价值并不是决定美与丑本质的内容。“决定美丑实质的是它们的社会功利关系价值，美丑只是社会功利关

---

① 洪毅然：《新美学评论》，《陇上学人文存·洪毅然卷》，甘肃人民出版社2010年版，第15页。

系价值的形态表现。即美丑是社会功利关系形态；美是有利于审美主体的社会功利关系形态；丑是有害于审美主体的社会功利关系形态。它们都以事物的自然功利关系形态和自然物质形态为物质载体和存在条件。”[①] 所以，美感实际上是先通过对事物的自然物质形态和自然功利关系的直接感知之后再进一步认识其社会功利关系的实质而产生的，是社会的实用价值属性而不是自然价值属性。洪毅然对这些具体问题并未给出详细的阐释和说明，导致其在对美感产生有无功利性的阐释稍显牵强。

五、洪毅然大众美学思想在中国现代美学中的独特价值

无论是从洪毅然早期的美术作品还是美学文章中，我们都可以看出他受到新文化运动的影响。19 世纪末期到新文化运动之前，中国现代美学的先驱们纷纷向西方汲取现代美学的思想，在译介美学学科专有名词的同时，形成自己的美学观念。王国维作为最早将“美学”一词引入中国[②]，以叔本华的哲学、美学思想为基本框架，并汲取康德、尼采等西方美学家的思想观点，构建出自己的美学思想体系，并将之运用于对中国古典文艺作品的评论之上。他在《人间词话》中提出“境界说”，已有了美学的意蕴。蔡元培于 1911 年将德语 Ästhetische Erziehung 译为“美育”，提出了“以美育代宗教”的主张。从 20 世纪 20 年代到 40 年代，中国现代美学迅速发展，但更多限于引进、翻译西学。洪毅然在其《新美学评论》一书中，对这一现象有精辟的概括：“故我国人，治斯学者，每本外人之典籍，大都述而不作；近年学术独立要求日急，始略有变，或迻译而补充本国资料，或纂述而试行批判剪裁……”[③] 最初作为教育学一个分支的美学，成为一种有力的启蒙工具，也就是顺理成章的事情了。但是以朱光潜、宗白华等为代表，对西方美学观点和中国传统美学观点进行融合，以西方美学理论体系阐述中国传统文学艺术现象，形成自己独特的美学思想，即所谓“移花接木”（朱光潜语）。其后，以周扬、蔡仪等美学家为代表，中国现代美学又迎来了马克思主义美学的译介和传播。周扬选编的《马克思主义与文艺》翻译和收集了马克思、恩格斯、普列汉诺夫、高尔基、列宁、鲁

① 穆纪光：《中国当代美学家》，河北教育出版社 1989 年版，第 619 页。

② 在《叔本华之哲学及其教育学说》一文中，王国维将 Aesthetic 译为“美学”，并加以使用。

③ 洪毅然：《新美学评论》，《陇上学人文存·洪毅然卷》，甘肃人民出版社 2010 年版，第 1 页。

迅、毛泽东等人关于文学艺术的观点和言论。蔡仪的《新艺术论》和《新美学》传播了马克思唯物主义美学观。而抗战时期洪毅然大众美学思想的形成，对于中国现代美学来说，犹如一股清风独具意义。

画家出身的洪毅然，具有与其他美学理论家不同的气质和特点，其鲜明、独具一格的美学风格，使其在20世纪40年代脱颖而出。从“为艺术而艺术”到“为人生而艺术”的转变，可以说奠定了洪毅然大众美学走向更广阔舞台的基础。

从美学背景来看，1931—1937年洪毅然出川求学的这段时期，他接受了以周作人、郑振铎、许地山等人提出的“为人生而艺术”的主张，这是周扬等人在文学研究会成立之初便提出的主张，认为文学艺术是之于人生的一种很切要的工作，已经不是把文艺当作游戏和消遣的时代了。抗战爆发，使得知识分子们不得不走出象牙塔，到实际生活中来关心人民的疾苦和国家的命运。这样一个时代，已经不容艺术家们陷入于国家、社会、人民无关的纯艺术当中，而需要将艺术引向社会和人民生活中去，唤醒广大人民群众，真正发挥其启蒙的作用。此一时期的洪毅然认识到：“自从‘人生艺术派’的全部理论被确立以后，‘美’与‘人生’的全部问题之相关性才被一般人的思考所承认。在这以前，所谓形而上学的美学者们之对于美的理解是只以为它是超世的，并不与人类实际生活有什么关联。”①自此，奠定了洪毅然美学的大众路线，抓住社会生活这一广阔而深厚的基础，也正是由于他作为画家的特殊身份，使得他相较于其他美学家而言更能从人民实际的生活出发来进行研，究最后又能回到大众的生活来予以启蒙。曾经有学者将洪毅然的美学体系归于“社会生活学派”，而洪毅然则认为未必妥当，认为称其为“社会功利学派”也无不可。

纵观洪毅然的美学思想，说它是社会生活派也好，社会功利派也罢，“大众化理论和公共参与思想”，始终是他的核心命题，也是洪毅然能在众多青年美学家中脱颖而出之关键所在。直至其最后《大众美学》的出炉，可以说是中国现代大众美学思想理论之重要创建者。

洪毅然抗战时期的艺术评论与艺术实践，也因鲜明的大众化色彩而独具风格。从艺术创作和美育上来看，洪毅然受美国实用主义学派创始人杜

① 洪毅然：《美与人生》，《亚波罗》1933年1卷第4期，第19页。

威的影响颇深，他主张创作态度的平民化以及提倡艺术即教育、教育即生活。从艺术的接受方面来看，在抗战时期，为了更好地进行艺术宣传，洪毅然早已开始从人民的生活中广泛收集民间材料，研究大众的艺术审美倾向和习惯，并从美学理论方面进行思考和反省。他于1942年7月1日在《华西日报》副刊上发表的《从艺术宣传到宣传艺术》一文中指出了第一期艺术抗战的弊端和取得的成效，分析了年轻艺术家们存在的主要问题，与其1941年6月6日在《华西日报》副刊上发表的《成都是艺术界冒险家的乐园》一文相呼应，指出了艺术家的错误并且指明了艺术家的发展方向。沿着大众化的道路将自己的美学思想发展，洪毅然最终形成了自己大众美学的理论体系，被誉为“大众美学的开拓者”。

在抗日战争这一特殊时期，作为画家的洪毅然创作出了大量“写光明亦写黑暗”的反映现实，抒写民间疾苦的作品。作为艺术评论家，其画展、艺术评论见于各大报纸杂志，早在杭州国立艺术专科学校毕业之时就写成了《艺术家修养论》。书中涵盖了对艺术的本体、本质、发生与发展以及艺术创作和艺术家等基本的艺术理论进行阐述和探讨，在当时受到广泛好评。洪毅然在杭州艺专的老师李朴园在为这本书所写序言中这样评价：“这本专论《艺术家休养论》的有系统的著作还是第一部，这，在佩服毅然的勤学而外，我们还得佩服他眼光的锐利！”① 他眼光的锐利不仅限于艺术理论上，在其早期美学理论的研究中也可见一斑。20世纪40年代出版的《新美学评论》虽然是建立在对蔡仪《新美学》的批判之上，但仍出现了不少具有影响力的独到观点。

第四节　抗战时期蔡仪、洪毅然关于“新美学”的“碰撞”

在抗日战争的硝烟弥漫中，大后方的文艺理论建设虽然不如文艺创作活动那样蓬勃发展，但也并没有因为战争而停滞不前，而是因为抗日战争，为着“新美学”的目的有了新的姿态。很多新的观点在学术的交流与碰撞中迸发而出。抗战时期蔡仪不乏“新美学”的观点，但同时也存在着

① 洪毅然：《艺术家修养论》，杭州罗苑座谈会1936年版，第2页。

理论上的罅隙和矛盾，故引起当时对美学感兴趣的朱光潜、洪毅然等人的关注，引出多方面的分歧。洪毅然是这场“碰撞”的关键人物。蔡仪与洪毅然作为中国新美学的思想先驱，早在抗战时期就开始用中国话语体系谈论美学的基本理论问题。

学术界认为，中国现代美学的历史范畴应确立为从辛亥革命到新中国成立。中国现代美学与中国整个思想文化领域的状况一样，首先源于西方思想的引进，之后马克思主义进入，进而开始思考怎样建立自身的美学体系以及中国美学的学科建设民族化问题。在抗战期间，蔡仪推出了两本成体系的美学理论新作，一本是1943年出版的《新艺术论》，另一本是1947年由群益出版社刊行但写作始于战时的《新美学》。洪毅然对两本书都给出很高评价的同时，对书中一些观点提出了自己的见解。

抗战时期洪毅然在四川省立艺术专科学校等地多次做美学演讲，针对蔡仪的《新美学》阐述自己的美学观点。1949年5月问世的洪毅然第一本美学专著《新美学评论》收录了有关这一场碰撞的文章。在1943年9月8日《华西日报》副刊上洪毅然发表文章介绍蔡仪《新艺术论》。他认为在抗战的时代背景下，有不少艺术理论研究者在做无言的竞赛，而“最近蔡仪先生《新艺术论》的出版，不但证明这种竞赛是存在的，并且，还证明他已获得了光荣的锦标了……他的著作对新艺术的创作与批评实践之指导方面是很有用的……的确是一部艺术研究者们人人值得读的好书”。① 但同时，他认为蔡仪在书中对艺术功能的阐明略显不足。对于当时最迫切需要解决的一个问题——艺术宣传问题的阐述还不够充分，仅停留在认识的层面，认为艺术宣传要达到的效果只在于使民众能够获得与作家相同的一种认识而已，这并不是艺术的全部功能。洪毅然认为蔡仪在这方面的论述中，降低了艺术作为社会功能的积极性。

洪毅然对蔡仪《新艺术论》的评价只是两位美学家美学理论思想“碰撞”的一个开端，或者可以说是一个“热身”，1947年，蔡仪的《新美学》艺术出版之后，两人真正的分歧与“碰撞”更加深入，可以说洪毅然抗战时期的美学体系正是在与蔡仪等美学家的思想碰撞中形成的。

对于洪毅然和蔡仪抗战时期的交往，美术家王琦回忆道：“1944年下

① 洪毅然：《〈新艺术论〉介绍》，《华西日报》1943年9月8日。

半年洪毅然来重庆，专门找我和蔡仪认识。在当时的小牛肉馆里我请他们坐在一起……蔡、洪他们俩讨论得非常好，娓娓而谈，不像50年代那样，但是他们观点不太一致，主要分歧在美的客观性与主观性方面，最后还是没有达成一致，蔡仪认为美是客观的，洪毅然认为没有主观就不存在美，美是由人的主观产生的。我在旁边听两人说的都有道理，他们俩非常和颜悦色地谈论……"[①] 可以说1944年两人对美的本质及其他相关问题的"各抒己见"，是后来蔡仪《新美学》出版引发"碰撞"的前奏。

一、关于美学本身的分歧

洪毅然与蔡仪对美本身的分歧首先在于美是否为哲学的一部分？美学与科学及哲学的关系是什么性质？关于这个问题，蔡仪的观点是："哲学是关于存在和认识的发展的法则之学，在认识客观存在之上，并求改造客观存在。而美学呢？根据上面所述，我们也可以概括地答复，美学是关于美的存在和美的认识法则之学，在认识美的存在之上，并求改造美的存在，而创造艺术。因此美学其实就是一种哲学，就是美的哲学，是哲学的一部分，一分支。"[②] "美学的性格，第一个特点，很显然的，它是以美的领域为对象，而和一般自然科学或社会科学不同的。第二个特点，即它是以美的全领域为对象，也和艺术学和心理学是不同的。第三个特点，即它是关于美的存在和美的认识的关系及其发展的法则之学，故其本质是哲学的，是以哲学为基础的，但仅是哲学的一部分，或者说是哲学的一分支，是次于哲学的。"[③]

洪毅然则认为："蔡先生只肯定美学与哲学的关系，而不肯定其与科学（如心理学）的关系，是不妥当的。诚然，说'美学是哲学的一分支'，未尝不可，但要说美学的'本质是哲学的'而完全抹煞其亦具有科学的一方面或一部分——即同时为科学的一分支的事实，我就不敢苟同。这因为美学中有些问题，诚然属于哲学的领域，而其另外一些问题，却正属于科学的领域的缘故。质言之，美学全领域中实在同时包含着属于哲学方面的问题，与属于科学方面的问题。属于哲学方面的问题，如美的本质一类问

---

① 刘军平：《艺术与大众》（附录二），第225页。

② 蔡仪：《新美学》，群益出版社1948年版，第35页。

③ 同上，第36页。

题，须由哲学的途径解决之；属于科学方面的问题，如美的构成一类问题，须由科学的途径解决之；自然，美学中属于哲学一类问题与属于科学一类问题，不能截然分开，因而其于哲学的研究和科学的研究，亦常相互渗透，相互叠合，如关于美的效用一类问题之。”① “所以，美学的内容实在一部分为哲学，一部分为科学。一方面是哲学的，另一方面是科学的，仅视之为哲学与仅视之为科学，同样都是仅执其一，未得其全的见解。”② 可见这场争论一开始就都各自观点鲜明。

二、关于美的本质观

在美的本质观的争论上，主要围绕蔡仪的“典型说”展开，同时涉及两位美学家各自不同的出发点和美学立场。

蔡仪著名的“典型论”是抗战时期提出来的。他说：“我们认为美的东西就是典型的东西，就是个别之中显现着一般的东西；美的本质就是事物的典型性，就是个别之中显现着种类的一般。于是美不能如过去许多美学家所说的那样是主观的东西，而是客观的东西，便很可以明白了。”③

“这样的美是典型的意见，其实也并不是过去的美学家，哲学家完全没有触到过。还是因为他们的整个的思想系统陷于观念论，及他们的对于美和美感的混同不分，以致他们的正确的解答，都是片段地或弯曲地提出来了。”④

之后蔡仪从“亚里士多德诗学的暗示”“康德美论的一面”“黑格尔理论的背面”三个方面进行“美的典型性”的论述。“如上所述，美的事物就是典型的事物，就是显现着种类普遍性的个别事物。美的本质就是事物的典型性，就是这个别事物中所显现的种类的普遍性。但是种类的普遍性显现于个别事物之中，必得通过这个别事物的特殊性，而不能在个别事物之中显现着单纯的种类的普遍性。只是显现着单纯的普遍性，事实上便不能是客观存在的个别事物，而是一个空洞的抽象的架子，或者如现在一

① 洪毅然：《新美学评论》，《陇上学人文存·洪毅然卷》，甘肃人民出版社2010年版，第2页。

② 同上，第3页。

③ 蔡仪：《新美学》，群益出版社1948年版，第68页。

④ 同上，第69页。

般人所说的类型。”①

洪毅然认为：“美的典型说，看起来虽似具有两大优点，其一是定义简明，标准确切；其二是能够很简单，很顺利地解通自然丑何以转化为艺术美的疑难和矛盾。但是它能否成立，却待商讨。根据典型说来考察人的美丑，所谓‘美人’，当然必定就是‘完人’或标准的人。而完人或标准的人，不消说要是其身心方面都最健全，所以，无论其身体或心灵任何一方面，不幸而有某种缺陷，便成‘丑人’而不是‘美人’了。不过，例如瘸腿的人，诚然因为残废不全之故而不是美人，但他也许正是‘残废的人’一个类中典型的残废者。”②“典型的就是美的原则，那就必须承认他在较大的‘人’之类中，虽因为不是典型而不美，可是他在较小的‘残废的人’之类中，却又可能正因为是典型而美了。盖因一事物于较大的类中虽不是典型，实无害其于一较小的类中之是典型或可以是典型；反之亦莫不然。何况一切事物所在之类皆无限，故其成为典型或非典型之可能性亦皆同等地无限。试思一个瘸腿的人既可称为‘不美的人’，亦可称为‘美的残废者’。那么他——那个客观存在的事物本身，到底是美的或不美的呢？于此自然只好分别言之，可以说：就其为‘人’而非典型说来，是不美的；就其为‘残废的人’而是典型说来，则是美的。但既然是只好就其事物所在之类说，即无异于是只好就其事物之某方面看：凡事物皆同时属于无限种类，凡事物亦皆同时具有无限方面。于甲类言之非典型者，于乙类言之未必非典型；于此方面看来不美者，于彼方面看来未必不美。因此之故，以典型为美不美之标准，最终仍然无标准！蔡先生径向物中去寻找美，既寻不到美，而又不宣告失败，于是抓住典型不放，但他忽略了一个重要的事实：就是所谓‘种类性充分显现于个别性中’的典型事物，往往可以是美的，也可以是不美的。所以，我不否认事物有典型的与非典型的之分，然欲以事物的典型性释美，却不是充分圆满而正确的理论。”③

不同的本质观引出不同的出发点和美学立场。蔡仪的立场是：“美是客观的，不是主观的；美的事物之所以美，是在于这事物本身，不在于我们的意识作用。但是客观的美是可以为我们的意识所反映，是可以引起我

① 蔡仪：《新美学》，群益出版社1948年版，第75页。

② 洪毅然：《新美学评论》，《陇上学人文存·洪毅然卷》，甘肃人民出版社2010年版，第7页。

③ 同上，第9页。

们的美感。而正确的美感根源正是在于客观事物的美。没有客观的美为根据而发生的美感是不正确的，是虚伪的，乃至是病态的。”① 由此，“美的本质就是个别事物中显现着的种类的普遍性，美的事物就是种类的普遍性显现于其中的个别事物。也就是说，美就是美的本质表现于事物的特殊现象之中”。②“总之，比例和调和，均衡和对称，它们成为单纯现象的美的条件，或事物形式上的美的条件，正是因为它们表现着种类的普遍性。”③

洪毅然认为：“蔡先生最大的错误是因为他要有意避免观念论，执着唯物论，而径向客观界去找客观界所本来没有的美。实际上美固不存在于主观的意识中，亦不全存在客观的事物里面：盖因美既不是一类‘物’，也不是物底‘属性条件’，而乃物我相接——即物与我对，我感知物——的关系中所生出的一种评价。所以，说美存在于物中，亦正如说美存在于意识中一样不妥。”“蔡先生既相信在客观界中确有所谓‘客观的美’或‘美的存在’其物，因而以事物的某种属性条件去规定美，以为美即事物本身某种一定特殊的属性条件，殊不知一切客观自在的事物本身，原皆无所谓美或不美，质言之，所谓‘客观的美’或所谓‘美的存在’实在只是一种想当然的东西，以非存在者为存在，矫枉过正的唯物论且或必将自陷于观念论了。”④

因此，美不属于物的属性。“我们只要对于物的属性一加分析，即不难明白；所谓物的属性，通常分为两类，首先是其不可入性、可分性或个体性与生存性等，称为物的第一义属性；次则是其形状、色彩、音响、味道、香臭、硬软、冷热等，称为物的第二属性。美既不同于物的第一义属性，亦不同于物的第二义，故不存在于物中。观念论者见美不存在于物中，遂谓美乃纯粹主观之产物，美乃意识之外射，或曰观念之物化，诚属无稽之谈。然美不全在心，亦不全在物，而乃在于心与物之相接，心物分离则无美，可见美确不是纯粹客观的存在。自然同时亦非纯粹主观者。其实，岂仅美非纯粹客观的存在，即以物的第二义属性言之，且已不能脱离

① 蔡仪：《新美学》，群益出版社 1948 年版，第 68 页。
② 同上，第 76 页。
③ 同上，第 79 页。
④ 洪毅然：《新美学评论》，《陇上学人文存·洪毅然卷》，甘肃人民出版社 2010 年版，第 8 页。

主观感觉而独存而已。况美尚非物的第二义属性，安可径向物种寻求耶?”[①] 关于1944年蔡仪洪毅然两人见面讨论的焦点问题——对美的本质认识上的分歧。蔡仪仍然持有“美是客观的，不是主观的”这一看法，他认为美的事物之所以是美的，在于该事物本身而不在于人们主观的意识作用，并且认为“没有客观的美为根据而发生的美感是不正确的，是虚伪的，乃至是病态的”。[②] 洪毅然对蔡仪书中稍显极端的理论持有批判态度，认为他最大的错误乃是对观念论的刻意避免，固执地、死板地坚持唯物论“径向客观界去找客观界所本来没有的美”。此时洪毅然在书中提到的观点要比1944年讨论时所持观点稍显成熟了，他在书中指出：“实际上美固不存在于主观的意识中，亦不全存在客观的事物里面：盖因美既不是一类‘物’，也不是物底‘属性条件’，而乃物我相接——即物与我对，我感知物——的关系中所生出的一种评价。”[③] 所以，如果单纯要说美存在于物之中，就像说没存在于人的意识中一样不妥当。

三、关于美感的分歧

在说明了二者美的本质之分歧后，关于美感的分歧便凸显出来。洪毅然在《新美学评论》中针对蔡仪的观点提出考察美感“审美经验”的构成情况。

蔡仪认为概念具有具象性，它既以表象为根据，又不排除表象的个别的属性条件，它是个别里显现一般，特殊里显现普遍。“这种概念的具象性，就是艺术的认识，美的认识的基础。”[④] “因为概念的认识往往是不自觉的，于是人们以概念的具体性为基础的美的观念的获得也往往是不自觉的。又因为美的观念往往是不自觉的，于是人们不知道美的观念和一般认识的关系。然而根据上面对于认识过程的分析，指导概念的具体性是美的认识的基础，概念的具体性的发展，使认识的内容成为一个个别里显现一般的典型的形象，就是对于该事物的美的观念。因此所谓美的观念，和其

① 洪毅然：《新美学评论》，《陇上学人文存・洪毅然卷》，甘肃人民出版社2010年版，第9页。
② 蔡仪：《新美学》群益出版社1948年版，第76页。
③ 洪毅然：《新美学评论》，《陇上学人文存・洪毅然卷》，甘肃人民出版社2010年版，第8页。
④ 蔡仪：《新美学》，群益出版社1948年版，第143页。

他概念一样是客观事物的种类性的反映。”① “我在《新艺术论》里曾将科学的认识和艺术的认识作一个对比的考察，所规定的艺术的认识的过程和内容，就是美的观念产生的过程和内容。因此所谓美的观念就是对于客观事物的具象性的概念，或者说具体的概念，就是意识中的反映事物的典型的形象。”② “因为美的观念是意识把握着的客观事物的形象，可以说是认识的内容，而美感呢则不能说是认识的内容，只是认识的精神状态。两者虽然是相关的，却不是同一的。” “精神的基础活动是认识，美感既是精神活动，那么显然是在认识的基础上发生的，也就是说美感显然是美的观念的基础之上发生的。”③

因此，蔡仪认为“美感是根据着美的观念，但是美的观念，尤其是在日常生活中获得美的观念，往往是不自觉的，也就不是自我充足的。因为它不是自我充足而完全的，所以它常是在渴求着自我充足而完全。固然具体的概念是有和个别表象紧密结合的倾向，且有时能唤起新鲜活泼的感觉，只是人若不是固定观念的精神病者，日常生活中变化无穷万物众象，也在意识里反映而变化无穷，所以这种形象，依然常是空洞、模糊而不自我充足”。④

洪毅然反对蔡仪把美定义为典型。“定义为典型事物的典型性，于是发生一个问题：就是事物的典型亦即所谓‘客观的美’或‘美的存在’，如何能被人的主观所认识呢？蔡先生谨守唯物论的认识论立场，当然主张反映说，主张典型事物‘反映’于吾人的主观意识即构成美的认识。在这里蔡先生且严格区分美的认识与美感之相异，蔡先生认为美感只是伴随美的认识过程而有之一种特殊心理活动或状态，蔡先生不言‘审美经验’而言‘美的认识’者，当然他之所谓美的认识属于‘知’的范畴，而不属于‘感’的范畴。蔡先生虽然说‘美的认识就是具象性重的概念的认识’，但毕竟是概念的认识而不是具体的感觉。质言之，毕竟是理性的活动而不是感性的活动。他虽然也承认它不是完全无关于感性，甚至其具象性是比较‘重’的，可是其源于实际的感觉经验之具象性却无非仅为构成其概念的

① 蔡仪：《新美学》，群益出版社 1948 年版，第 144 页。
② 同上，第 145 页。
③ 同上，第 157 页。
④ 同上，第 160 页。

素材而已。所以他之关于美的认识的解释，是人必先在胸中有着某种模糊而朦胧的美的观念，一遇外面世界某种恰与那种观念相符合的对象，顿觉清醒，于是唤起一种会心的喜悦，此种喜悦的激动与陶醉，蔡先生遂称为美感。在这里很明显地一切美的认识的先决前提，都必须要有一种既成的美的观念；如果没有既成的美的观念为基础，美的认识，自必无由构成；或者虽有美的观念，对象事物如果不与原有观念恰相符合，也是无由构成美的认识的。可见蔡先生关于美的认识所主张的这种观念说，实与观念论派的理论非常邻近。”“因而先于产生美的认识以前存在意识中的美的观念，如果真是美的观念的话，必然应是典型事物的反映所构成的，那么，以之视为获得美认识的前提，无非证明成见的联想作用之重要。然则，美的观念到底如何生成呢？除开成见的联想而外，岂不仍然无所说明么？蔡先生固不主此。根据他的解释，凡先存在于产生美的认识以前的，各人主观意识中的美的观念，因为是在日常生活过程于不知不觉中，积渐获得的缘故，所以一般地总不免朦胧而模糊的。那么，凡未遇见典型事物之对象以前的诸观念，怎么能是美的观念？若是美的观念的话，则必应当已是典型事物的摹写和反映，则必应是早已完成的了，怎么还说尚待典型事物之提醒呢？”①

洪毅然明确提出这是个两难的问题，如果不解决，蔡仪关于美的认识所主张的观念说便不能成立，或者陷入观念论。他还用“累赘”一词代指蔡仪之“观念”说，认为是蔡仪整个理论体系中的“累赘”。那蔡仪为何不能割除这个累赘呢？理由很简单，就是因为他将美与人的交涉误解为知性的识别作用而不是感性的欣赏作用的缘故。美感的形成是“起于形象直觉，通过联想交替，而仍归于形象直觉，并伴生一种积极的情绪反应的，证悟心理活动”。②“美为心物相接，心物合一之产品。美在心物相接，心物合一之时所存在。”③“观念得以自我充足而完全，遂发生美感。”④

① 洪毅然：《新美学评论》，《陇上学人文存·洪毅然卷》，甘肃人民出版社 2010 年版，第 10 页。

② 同上，第 18 页。

③ 同上，第 19 页。

④ 蔡仪：《新美学》，群益出版社 1948 年版，第 161 页。

四、关于美的类型

蔡仪、洪毅然二人都提出美的分类标准问题。

蔡仪认为有两种美的分类标准："依事物的构成状态不同而有三种不同的美：一是单纯现象的美，可以简称为单象美；二是完整个体的美，可以简称为个体美；三是个体综合的美，可以简称为综合美。这三种美各有其特征，即所显的客观事物本质各有不同。"① "按照事物的产生条件来分类，也可以将美分为三种，那便是这里要说的自然美、社会美和艺术美。这三类美，大致说来，不仅程度上有不同，而且性质上也有个别的特点。"②

洪毅然认为蔡的第二种分类，算不得是美的分类，只是美的事物之分类而已。他认为可以依靠美的构成状态来划分标准。进而，二人的分歧集中在"单象美"这一概念上。

关于"单象美"，蔡仪举树与叶、叶脉为例加以说明。他认为叶脉当然是树叶的属性条件，它的美也是完全从属于树叶全体的美的，不过是树叶的美的一个条件。"可是用药水把叶身的其他部分腐蚀，只余下叶脉，这时候我们却能看出有些叶脉是美的，所谓叶脉的美，不在于它原是叶脉，而在于它原是线条构成的形体，也就是单纯的现象；那么它的美也就无关于树叶，只是由形体的种类的一般性所决定。"③ "任何事物有许多属性条件，任何属性条件又有低一级的属性条件，而分析到一个适当的阶段时，这低级的属性条件便都是单纯的现象了，如形体，音响，颜色，气和味，温度和硬度等都是。"④

"这种单象的美，宇宙间原是许多的，凡是一切形体的美，音响的美，颜色的美等都是的。即以形体方面来说，如黄金分割率的线段的美，即因为这种比例的线段是线段比例中最有一般性的……同样美的音响，美的颜色，也因为这音响，这颜色是最有一般性的，所以是美的。" "颜色，音响、形体这三种单象的东西是有典型，也就是有美的。"⑤

①③ 蔡仪：《新美学》，群益出版社 1948 年版，第 174 页。

② 同上，第 194 页。

④ 同上，第 177 页。

⑤ 同上，第 178 页。

“正因为单象的东西的种类单纯，差别性少，单象的美虽显现着种类的一般性，也就是本质的东西，但是它究竟主要的是密接于现象范畴的东西。或者说，单象的美究竟是偏于形式的美，于是我们的意识对于它的反映，主要凭借感性作用者多，凭借知性作用者少……我们认为一般地说本质要透过现象表现出来，对于美的认识也要凭借感性作用，但既是美的认识又不得不凭借知性作用。单象的东西虽是属于现象范畴的，但是单象的美则是本质的东西，所以对于单象美的认识，还是要凭借或多或少的知性作用。因此这单象的美才能引起美感。”

关于形式美，洪毅然认为：“然而一切事物之形象方面的色彩、线条、形状、音响等独自的美，即形式美（Formal beauty），蔡先生一方面既反对形式派美学并否定形式美，而另一方面却又在美的种类论中立此单象美一个形式美的范畴，实不免自相矛盾。尽管蔡先生曾以非烦琐的解释求与典型之说相贯通，毕竟他所称为单象美的就是形式美。然则形式的美果真只有形式吗？若依蔡先生的解释，当然是只有形式意义的。何以故呢？因为他一则说那是‘纯粹现象的美’，再则说那是各种色、线、形、音等本身的种类的属性条件充分显现于个别的属性条件之独自的典型的缘故。然则如此这般地构成单象美的各种典型的色、线、形、音等究竟是怎样的色、线、形、音呢？”

“抑有进者，蔡先生既认为单象美在美的分类中，可以自成一类，而其美的本质又是纯形式的，实无异于承认了即使绝不涉及任何内容而仅具备某种典型的形式条件者，亦仍不失为一种类的美；这里是蔡先生对形式派美学的妥协或让步。所异者只在形式派美学家以之为唯一的美，而蔡先生在此以外尚别立所谓形式内容恰相融合的个体美，及所谓特重内容的综合美，两个范畴而已。至于他和康德学说不同之点，则仅在于康德认为自由美（洪按：即这儿所说的纯粹形式的美或所谓单象美）是较高级的或较本质的美，而蔡先生却以为它是较低级的一类，而与所谓个体美及综合美相对待和并列起来，最易令人误会后二者是与形式无必然关系的，至低限度，也会叫人以为形式条件对于个体美及综合美是不甚重要的。蔡先生正是这样主张。试问美果能有不重形式条件的么？换言之，美果能有不经由形式而显示的么？敢相信除非不以审美经验为感觉的欣赏活动有误以之为纯粹理智的辨认活动者，必不会首肯；实则凡审美经验尽皆非为‘形式的’不可。唯此所谓‘形式的’却又尽皆不是纯形式的（因为尽皆必须通过理智对于其内容本质的辨认等作用）。所以，如蔡先生所谓纯粹现象的单象美，毕竟并不存在。说得更明白些吧：无论个体的美或综合的美，凡美，则必皆系就其形式方面的色、线、形、音等单象的表现而言。唯一切形式方面的色、线、形、音等所谓单象的本身，却不是绝对形式的真正的单象如蔡先生之所言那样地简单，而必与其内容本质不可分地统一着。所以蔡先生于其美的种类论中立单象美一类，不但是自相矛盾的，而且是不能成立的。”①

五、关于“新”“旧”美学之争

其实洪毅然对蔡仪的美学理论，一开始是十分推崇的，甚至曾撰文介绍。但当蔡仪用典型释美之后，洪毅然开始了一系列有针对性的辨析。抗战时期洪毅然曾在多个艺术学校做讲演，对蔡仪美学观加以辩论。焦点问题即是“新”“旧”美学问题。二人都认为自己提出了“新”美学的主张。

《新美学评论》中记载洪毅然在讲演过程中曾有人当场反对他的看法，认为他虽然赞成新美学，但仍未脱旧美学窠臼。由此使他幡然醒悟，认为他对蔡仪美学的那些批评，“实际仍是不自觉地在为旧美学张目，而对新美学实行抵抗，不过不是采取直接反对，而乃采取调和、折中和杂糅的办法罢了”。这里提出“新”“旧”美学之争，即是针对蔡仪之前带有机械和烦琐倾向的旧美学理论的“纠正”，但客观上洪毅然认为，这种“纠正”无助于建立新美学，反而对于整个新美学发展起了“某些阻碍或混淆作用。这也是我过去长时期未能懂得，而只是近几年才逐渐明确起来的”②。也就是说二人的美学观点虽有“碰撞”，但究其实质都在“新”与“旧”之间，而非新旧之间，辜负了他们所处的大时代，已是承前启后之际。蔡仪在《新美学》中专门论述了新写实主义的艺术渊源的问题。书中在对“旧”美学相关理论的批判之后，认为新写实主义“一方面是否定象征主义、表现主义、未来主义等，而直接集成旧现实主义的根本精神；另一方面要克服旧现实主义的流弊缺点，而间接接受浪漫主义的重视主观的倾

① 洪毅然：《新美学评论》，《陇上学人文存·洪毅然卷》，甘肃人民出版社 2010 年版，第 13 页。

② 洪毅然：《美学论辩》，上海人民出版社 1958 年版，第 20 页。

向。它虽然是旧现实主义的继承，却不是浪漫主义的复归，它不是和浪漫主义绝对对立的，而是批判地接受浪漫主义的优点”。[①] 在对新写实主义同以往艺术思想的继承性问题之上，洪毅然与蔡仪有着不一样的认识。洪毅然认为蔡仪对新写实主义继承性的描述上存在一定的问题，而主要问题在于蔡仪对于旧现实主义与新现实主义之间，19 世纪末 20 世纪初，特别是第一次世界大战前后，五花八门的“现代主义”（包括立体主义、象征主义等至新现代主义之所有主观主义的系列）的完全抛弃，并视其为与新写实主义完全对立的流派。而洪毅然认为新写实主义具有一种包容性，并不是完全排斥现代主义艺术，相反能够吸收现代主义流派当中一些精华因素，而成为当时最具科学性和时代性的创作方法论和艺术观。但是，在关于新写实主义的思想根本来源上，两位美学家都认为浪漫主义与新写实主义的关系最为密切，洪毅然亦于发表在《战斗美术》创刊号上的一篇《新写实主义与革命的浪漫主义》一文中阐述了新写实主义的来源问题：“新写实主义不纯是客观的写实主义，它本身就包含了相当的浪漫主义素质，两者不仅不是完全对立，而且两者是可以相互包容，甚至相互转化的。”[②] 并且洪毅然和蔡仪都认为在偏向于主观、理想主义的浪漫主义思想影响下的艺术创作，会出现两种截然不同的倾向：一是有损艺术性地对客观现实进行歪曲，二是可增强艺术性地对客观现实典型性的强化。

事实上，洪毅然与蔡仪的争论，为二人日后的美学思想甚至中国美学的发展奠定了一个良好的基础。蔡仪与洪毅然作为中国新美学的思想先驱，早在抗战时期就开始用中国话语体系谈论美学的基本理论问题。尽管洪毅然与蔡仪关于美、美感等问题的碰撞，由于战争原因没有继续下去，但是，“主客体”“美本身”“典型论”等概念并没有消失，而是被美学与文艺理论作为核心范畴一直使用下去了。

第五节　抗战时期洪毅然与其他美学家、艺术家的碰撞

在这样一个战争硝烟弥漫的特殊年代里，处于“新”“旧”美学交替

① 蔡仪：《新艺术论》，重庆商务印书馆 1943 年版，第 162 页。
② 洪毅然：《新写实主义与革命的浪漫主义》，《战斗美术》（创刊号）。

的时代，能迸发出这样的美学碰撞实属不易。承载着“新”思想的混合体，富有改造世界的冲动。抗战时期的洪毅然活跃在各大报纸杂志，投身美学实践并敢于表达自己的态度，不仅是和蔡仪，和其他多位有着各自不同的学术背景的美学家、艺术家，也形成了美学争论。这些争论为中国美学史、艺术史留下了珍贵的资料。虽然美学家并没有完全脱离旧美学的窠臼，但是他们为新美学理论所做出的努力和尝试历久弥珍。

一、洪毅然与张大千的“碰撞”

在抗战时期与张大千同为画家的洪毅然，不管是绘画理论还是美术实践上，洪毅然和前辈张大千完全走的是两个路数。同时又由于在同一抗战时代背景下，两位画家有着截然不同对这一时代的反映，不论是从作品上还是从态度上，所以，洪毅然对张大千存有一定的批评。曾在《华西日报》副刊上两度撰文讨论张大千画作的同时，说明自己同当时中国第一流画家之一的张大千所存有的分歧。

首先，洪毅然在抗战时期观看张大千画展之后，对其此一时期的画作有不少的批判，特别是对张大千于敦煌对佛像的临摹。他认为张大千对敦煌壁画佛像的临摹不是十分到位，只临摹出了佛像之形而非其实，因之张大千“对于佛学尚无真知识，对于佛教尤无真信仰，无修持，已无实感，无实感，即非真艺术”。[①] 洪毅然对张大千的绘画功底和技巧给予肯定与赞赏，但是他认为从张大千的临摹作品之中只能看见形式上绚烂的色彩和苍劲有力的线条，并未让观画人感到静穆、虔诚的意境。比如，观世音菩萨变成了大家闺秀，使得鉴赏者从画中感应到的不是“空”而是“色”。洪毅然这样的评价似乎稍显苛刻，似乎已经超越了事实之外，或多或少存在一些偏见了。那么究竟是什么导致洪毅然对张大千的作品及其创作存在这样的质疑和偏见呢？这还要从绘画的“民族性”上找原因。

在当时，洪毅然和张大千对抗战时期美术创作“民族性”的理解和认识完全处于两个对立的层面之上。学西洋画出身的洪毅然，在抗战的大背景下，认为民族形式的着重处在于民族风格的表现和民族生活的把握，应该以中西相融的绘画技巧使此一时期的绘画作品呈现出“中国化”与“世

① 洪毅然：《论张大千近作及其他》，《华西日报》1942 年 6 月 7 日。

界化”并有的风貌。他认为中国绘画的前途就应该是从中西绘画矛盾的把握中努力相互渗透，相互融合，取长补短，最后融汇而成非中非西，亦中亦西，既世界化而又民族化的一种全新的绘画，洪毅然大量的抗战美术作品都体现了这一点。而作为当时中国画坛领军人物而蜚声海内外的张大千，沿袭了中国画的传统，在抗战期间，用饱含民族性的文化形式来捍卫民族尊严。由于立场和出发点的不同，在洪毅然眼中，却将张大千列入了国粹主义，认为他是中国传统国粹画的“孝子”，其画作一味仿古，在这一特殊的时期仍然脱不了旧的风雅传统，题材总是山水、仕女、佛像、花鸟之类。“老逍遥于风雅的梦境中而全不有关于现实的社会生活的话，其前途怕究竟是有限得很的吧?”① 他认为张大千的作品并不能与这个时代的主体相融合，不能体现出当时中国绘画即将转变出的新形态，对此，洪毅然不免是有一些失望的。

从洪毅然对张大千的批判中，可以看出他对传统中国绘画在抗战时期改良的迫切心情，但是客观来讲，在这一迫切心情的驱使下，对从另一个层面来拓展绘画民族性的张大千的批判在很大程度上是有失偏颇的。

二、洪毅然与丰子恺

抗战初期，丰子恺编著的《漫画日本帝国主义侵略中国史》从明代的“侵扰”到“八一三事变”都以漫画的形式一一画出，在抗战初期出版的《子恺漫画》《子恺画集》，在漫画艺术上达到了其个人的黄金时代。丰子恺用简洁的笔调，朴实的技巧，展现抗战时期人们的生活。但是此时的洪毅然认为丰子恺是以“简洁之笔调，朴实之技巧，描写风雅之题材，表现冲淡的意境”。② 其抗战初期的宣传漫画虽然引起了广泛、良好的社会反映，但是无疑未能摆脱其风雅主义习惯手法之束缚。后来，由于战事加剧，“此间久苦于飞机炸弹”的丰子恺，家园失陷，从 1937 年 11 月开始，便携家带口，开始了历经五省，长达八年的“难民”生活。而在此期间，丰子恺的漫画创作日益减少，后来的一段时间里，亦搁浅漫画这一创作形式，投身于自己本不擅长的中国画之中，并数次展出自己的作品。丰子恺

① 洪毅然：《再评张大千》，《华西日报》1943 年 2 月 11 日。
② 洪毅然：《论丰子恺先生的漫画》，《华西时报》1942 年 12 月 7 日。

实际是想以中国画这样一种饱含民族性的形式来捍卫民族的尊严，但似乎是不成功的。

洪毅然在看了丰子恺画展之后，感叹其“倒退”程度之深，从抗战初期对民生的关注，到现在完全与时代相悖地搞起了题材完全不接地气与抗战毫无关系的中国画，绿柳红桥、新月垂钓、朱兰粉墙、板桥瀑布等成为其描绘的主题。在这个特殊的时代，作为一种最接地气的艺术宣传形式——漫画正是这一时代所需要的一种宣传斗争的武器。当时成千的青年漫画家整天奔走于街道、乡村、学校、工厂等各种紧张的地方，忙碌的地方、危险的地方、悲壮的地方，画壁画、画插图，空前的热烈、空前的振奋。但是相比之下，作为老漫画家的丰子恺，在洪毅然看来，他虽然会一出于愤慨而也曾做过一些有关抗战的宣传画，但却总是一派风雅，一派冲淡。洪毅然在对其绘画题材的选取上一直存有一定的批判，同时作为画家出身的洪毅然对丰子恺的中国画技巧也持有怀疑态度，认为从其作品更可断定他的基本绘画技法非常不够，所以导致他的作品类似符号的堆砌，没有实质性的描绘，而缺乏表现力。他认为丰子恺这些缺乏技法的国画作品是“强不能以为能”“急功近利”的表现。

从洪毅然对丰子恺画作的批判中，可以看出洪毅然的一种想让艺术与现实紧密结合并起到宣传作用，启迪、教化民众的急迫心情。但这样的批判是不够全面的，仍有失偏颇。丰子恺在抗战时期的漫画创作大多以儿童为对象和题材，带有丰富的象征性和创伤治愈性，正是这一特殊的时代所需要的。丰子恺的漫画虽然笔法相当简洁，并不含太高的技巧，但却极富人文关怀和启蒙精神，他提出的理念“护生”即“护心”，意蕴深厚。这也是优秀画家所呈现的风格，不应该简单地以绘画技巧来一分高下。

三、洪毅然与赵望云

赵望云是抗战时期“新国画”的代表人物，他利用传统国画的精髓来表现当时的现实生活。在当时，掀起西洋画“中国画化”之风的赵望云，其作品代表作《农村写生集》等备受关注。在这一特殊的时期，作为一个国画家，虽然并未逃脱传统观念之束缚，传统技法之桎梏，但是在创作的题材上他进行了开拓性的尝试，一改往日国画以山水花鸟虫鱼的风雅题材，更多地转向现实。赵望云借旅行写生以向现实农村乃至整个自然、社会及人生方面汲取新鲜而真实之事物为题材，重新面对现实的客观世界，其国画技巧亦不是对古人旧作的临摹。赵望云把国画的形式同当时民众的生活联系起来，主要是因为“假如我们是以多数的民众作为鉴赏它的对象，因了一般人习见以为常闻的关系——自然国画的技巧和工具比较方便适宜了”。[①]

与赵望云有私交的洪毅然对赵望云的“新国画”作品给予了充分的肯定，认为他在中国国画改造的尝试历程中已经走出了一条“路”。但是，洪毅然却认为他这条“路”走得并不彻底，认为他的国画创作虽然已走入了“农村”，但他所看见的农村仍不是真正现实的农村，仍只是透过其传统的风雅主义画家的有色眼镜所看见的、被歪曲了的农村。抗战时期，中国农村是满眼凋敝的景象，但是在赵望云的新国画当中却都变成了陶渊明诗中的时境：风和日丽，山青水绿，实为一幅幅“农家乐”的景象。所以洪毅然说：“赵先生选取题材虽属进步，而其对于所选题材之处理却极错误！”[②] 同时，洪毅然还指出了赵望云之所以在根本上还是脱离不了传统“风雅”束缚的原因，根本在于其为名利得失所累，这是所有艺术家最大的难关，并送给赵望云一句果戈理在其小说《肖像》中的一句话“金钱让给别人，你就不会失掉你的”以勉励之。

作为一个画家来说洪毅然对赵望云的批评不无道理，但究其根本原因还是因为两人抗战时期“民族性”的落脚点不同。赵望云一直走的是西洋画“中国画化”的新“路”，而与其说“走”，倒不如说是“开辟”。客观来说，赵望云开辟的这条中国画的新路子对抗战时期乃至抗战以后中国画发展有相当大的影响。在当时，这种将中国画的材料、技法视为绘画民族形式最基本的要素的观点具有相当广泛的代表性。当时的赵望云作为一名国画家，认为用来画中国画的笔墨，以及中国画重要组成部分的线条，便是新国画必须继承以及可以利用的精髓，是民族形式的重要载体。而认为民族风格的表现和民族生活的把握应用中西画融合的形式为载体的洪毅然，思想要更为激进一些，认为像赵望云一样的一批画家，虽然开辟了中国画的新路子，却始终难逃传统中国画风雅之风的桎梏。

---

① 赵望云：《中国现代画坛的片断观》，《中苏文化》1940—1941年特刊。

② 洪毅然：《评赵望云的新国画》，《华西日报》1942年12月30日。

第六节 洪毅然抗战时期的艺术活动与美育实践

在完成其画家向艺术理论、美学理论家转型的同时，洪毅然投入了大后方关于“民族形式”问题的争论之中。

抗战时期的艺术创作活动非常蓬勃，但也由于战争的关系，审美艺术理论研究滞后，一直以来表现得零碎而缺乏系统性，甚而以至于影响了本来能有更高发展的抗战艺术的创作成绩，洪毅然认为弥补这一缺憾是每一个致力于艺术理论研究者的职责。

一、洪毅然抗战时期的艺术宣传活动

洪毅然从“艺术是什么”这一问题入手，提出了抗战时期的艺术宣传问题。在《艺术家修养论》一文，洪毅然首先解释了艺术是什么。通过对“艺术”（Fine-Art）与“术”（Art）的区分，他认为，艺术首先是一种人类生活历程中的行为，进而是一种为了维持生活所必需的感情和思想社会化的方法，最后是一种相互在彼此之间传递包括爱、憎、欲、求等感觉的手段。艺术是“精神化了的物质”，亦是“物质化了的精神”。但是，如果将它视为艺术创作者任何和精神之寄托及其情感和思想的表现之场合的话，那么，“它，是人类生活中的一种行为，一种交际，一种到达人我之间的和谐境界的方法或手段”![①] 明确提出了艺术的作用和社会性，洪毅然实际上将“精神化了的物质”与“物质化了的精神”相等同。同时把艺术看作一种传递感情的手段，为其以后将艺术与美育结合奠定了基础。

在论述了艺术是什么之后，洪毅然又进而论述艺术家是什么。从艺术的生产者，到人人都可以成为艺术家，因为事实上在生活中并没有不生产艺术的人，所以，由于所有人都有其精神生活以及所有人都有其精神社会化的行为缘故，他认为“艺术”不应该有所谓什么专门的“家”！在所有人中，艺术家不应该成为一种特殊的人的类型而存在，虽然现实社会的艺术家一般是特立独行表现着自己超脱众人之外的个性。但洪毅然认为：

① 洪毅然：《艺术家修养论》，粹华印刷所1936年版，第7页。

“此种发生自现实的畸形社会生活的组织体中的这畸形的现象，迟早总得有时间被结束的。”[①] 洪毅然期待那一时代的到来，即一切人都是艺术家，而一切的人都又不被称作艺术家。“他们是真理地生活着的。在他们经历着 life of devotion 的过程中，他们同时生产着真理的艺术。”[②]

1942 年 7 月 1 日洪毅然在《华西日报》上发表了《从艺术宣传到宣传艺术》一文，来说明艺术、艺术家以及艺术宣传的价值。在文中，他首先对在抗战时期利用艺术来发国难财的艺术家予以强烈的批判，认为“以艺术发国难财究竟是不能原谅的”![③] 同时，还对一部分艺术家所做作品与抗战环境、主体的脱离也予以了批判。在文中，他进一步区分了“艺术宣传”和“宣传艺术”两个概念。1941 年，抗战进入相持阶段，在美国参战、太平洋战争爆发、中国正式对日宣战、形成反法西斯同盟的抗战形势之下，洪毅然认为此时期的抗战所要求的艺术宣传无疑要更深刻，更真切，更具体以及更有力，要做到这一点必须要扬弃“抗战八股”，在争取老艺术家的同时，要动员和训练新的艺术血液的加入，但不管是争取还是训练，两者都必须首先纠正不以抗战艺术为艺术，或仅承认其为本质艺术以外的艺术。洪毅然认为，抗战的“艺术政策”与艺术的“抗战形态”之意志的宣传二元论的艺术观如不建立起来，空谈艺术宣传，是绝不会有效果的。而真正需要做的是在宣传二元论的艺术观确立之后，配合这一时期的抗战之艺术的“宣传运动”发展成为宣传的“艺术运动”。同时，洪毅然还对二者做了大致的区分。他认为艺术的“宣传运动”是被动的，而宣传的“艺术运动”是主动的，被动的“艺术宣传”其作为政治的宣传工具的色彩很浓厚；主动的“宣传艺术”则伴有艺术之宣传姿态，实则为宣传姿态的艺术，是最好的政治宣传工具，而作为政治的最好的宣传工具本来亦非是属宣传姿态的“艺术”不可。

二、“绘画下乡”与抗战建国

在抗日战争这一伟大的时期，艺术家们纷纷从“为艺术而艺术”，越过“为生活而艺术”直接到了“为抗战而艺术”。知识界、文艺界很大一

① 洪毅然：《艺术家修养论》，粹华印刷所 1936 年版，第 18 页。

② 同上，第 19 页。

③ 洪毅然：《从艺术宣传到宣传艺术》，《华西日报》1941 年 7 月 1 日。

部分精英们选择了呐喊和战斗，响应“文化从军”的口号，完成了从精英到“战士”的转变。与当时文学界的“文学入伍”“文学下乡”口号相对应，美术界也提出了“绘画入伍”，“绘画下乡”的口号。响应这一口号的美术家可以分为三类，第一类直接奔赴前线，组织战地写生团，收集创作素材。第二类参加了当时的宣传队，奔赴前方或者在大后方的城市、乡村进行抗日宣传活动。第三类则是在大后方进行抗战作品的创作，举办抗战美术展览会。而洪毅然则身兼这三类美术家的责任，在创作大量既写光明又写黑暗的战地主题画作的同时，肩负起大后方，特别是成都的抗日宣传活动，另外还分别成立了四川漫画社与成都抗战美术会，可谓是一个同时活跃在前线和后方的“艺术战士”。

（一）洪毅然与四川漫画社

艺术如果是一把刀，在平时可以用来切菜，那么在抗战时期则用于杀敌。1938 年在全面的、长期的，御侮救亡的大目标下，为了要完尽“艺术”与“艺术家”之在抗敌阵线中的任务和功能，洪毅然与张漾兮、谢趣生、刘怀素、乐以均等十余位持有“艺术之刀”的美术家在成都成立了“四川漫画社”，以对抗战进行宣传。四川漫画社成立之后分别在 1938 年和 1939 年元旦先后举办了一次大规模的“救亡漫画展览”，并以成都为中心，在附近各县举办巡回展览。

为什么要选择成立漫画社而不是油画社、国画社或是其他画种的社团来进行抗战宣传呢？因为，在洪毅然看来，漫画是所有人都不会觉得生疏的东西，它的本质是幽默的同时形式又并非单纯无聊的打趣或开玩笑。漫画“以它的最尖锐最活泼之本质与它底最洗练最明快之形式论，实乃是最适合于目前，这伟大的时代之需要的一种最深刻，最具体的表现”。[①] 特别是针对当时中国的国情来说，广大的劳苦大众中文盲比重很大，而广大的人民群众又是抗敌救亡大事业的最广泛的支持力量，要让他们接受为知识界所专有的宣传而达到抗日宣传的效果，几乎是不可能的事，所以必须要选择一种最有效、最普及、最富于煽动性的一种兼具启发和激励功能的宣传形式。在他们看来，漫画便是最佳的选择，它是“最有利、最犀利的一种精神的抗敌救亡之必不可少的武器”，能够承担起组织广大无知识文盲同胞的责任，

① 洪毅然：《四川漫画社第一次救亡漫画展宣言》，《新新新闻》1939 年 1 月 15 日。

在赞颂同胞们英勇的战斗精神的同时又能予以敌人及其走狗辛辣的讽刺。

从电影院到各大报纸杂志，从市中心到周边郊县的画展，四川漫画社利用当时可以想到的各种大众媒介，通过漫画这种形式把抗战传播到民众当中去。在创社之初，成员们就集体创作了多幅大型宣传画，并且自己动手将漫画制作成幻灯片，在当时成都各大影院放映。1938 年第一次救亡漫画展览会在成都春熙路科甲巷基督青年教会举办，随后将展览搬至温江、郫县等地展出，广受民众喜爱，达到了意想不到的宣传效果。

同时，由于四川漫画社的成员有不少是当时报纸杂志的专栏主编，借职位之便，定期或不定期地刊登漫画社的作品。比如，张漾兮任《新民报》漫画栏目主编、谢趣生任《新新新闻》漫画栏目主编，以及后来乐以均又任了《华西漫画》的主编，这样就增强了当时报纸杂志上的抗战氛围。所以，可以毫不夸张地说“成都画坛在抗战第一阶段中的绘画宣传工作完全是由于四川漫画社的努力而展开的”。[①]

到抗战的第二阶段之后，艺术抗战在蓬勃发展起来之后进入了一个相对消沉的阶段。很多与抗战无关的艺术作品相继出现，很多艺术家为了追求名利，大办画展，买画卖画之风盛行，且有愈演愈烈之趋势。所以，洪毅然在 1941 年写下《成都是艺术界冒险家的乐园》一文，对当时的此种以艺术发国难财的不正之风做了辛辣的讽刺。但在洪毅然看来，在抗战的这一特殊时期，艺术家抵挡不了物质世界的诱逼，使一小部分艺术家的作品与抗战脱离，另一方面，艺术的宣传功能被强化，对量的要求和需求远远超出对质的追求，满腔热血的漫画家们，用快捷简便的工具材料，娴熟的技巧，绘制出与前线军事形势相呼应的宣传性作品，致使不少标语化、口号式的粗制滥造充斥在街头巷尾。洪毅然撰文《略论艺术的“欣赏”与“教化”》对此现象进行了批判。

三、洪毅然抗战时期的美术批评

20 世纪 40 年代初期，在大后方美术批评中，一时盛行新写实主义。洪毅然在《战斗美术》创刊号上发表《新写实主义与革命的浪漫主义》一

---

① 黄宗贤：《大忧患时代的抉择——抗战时期大后方美术研究》，重庆出版社 2000 年版，第 105 页。

文中指出："我们的抗敌艺术在作为目前的伟大的时代之客观反映场合，当然应该是新写实主义的。"① 什么是新写实主义？洪毅然给出了一个定义："我们说新写实主义就是通过了所有一切现代的非写实主义乃至反写实主义之洗礼的，朴素的旧写实主义之充实化与高升，既等于新写实主义就是融化了印象主义以后所有一切印象主义、新印象主义与立体主义、未来主义、构成主义、表现主义、野兽主义，甚而超现实主义与达达主义等等的，极多样、极复杂的素质的一种写实主义。"②新与旧相对，有新必然有旧。旧写实主义又名学院写实主义，它主要侧重以写生的方法来描绘对象，以达到表现出视觉的真实为目的。这种以摹写对象准确与否为评判尺度的写实主义与抗战时期的新写实主义有着本质的区别。抗战爆发以后，"画室里的模特"丝毫不能承载民族救亡的使命，这种纯客观的、自然主义的、不关注下层人民需求的创作方法和创作态度受到当时大量"为人生而艺术""为抗战而艺术"的艺术家的彻底否定，所以新写实主义便成为当时被艺术界普遍接受和认可的美术观和创作方法。抗战时期的新写实主义理论主要有三个特点：首先，基于反映论的新写实主义一定是从现实出发的；其次，它在以科学的世界观与思维方法来观察现实、把握现实发展规律的同时，由于处于特殊的时代背景之下，还具有一定的战斗性，不以认识世界为最终目的而把重心放在改进世界上；最后，在创作方法上新写实主义也与其科学的世界观相统一。新写实主义理论在抗战的具体语境下涉及美术的大众化、科学化以及民族化的问题。抗战时期大量的美术作品都是在这种美术观以及技巧风格的指导下创造出来的，大量反映抗战的新写实主义作品的画展也风起云涌般在各地举办。"新写实主义"也成为四十年代初期美术评论的一个重要术语。此时的洪毅然针对在成都举办的各大画展做出了相关的美学批评的同时发表了很多新写实主义的评论文章，其中以《今日中国之艺术运动——现代化、科学化、现实化、实用化、生产化、大众化、中国化、世界化》最全面，最具代表性。

四、艺术与美育的紧密联系

在抗战期间，洪毅然的艺术理论直接影响到其后来的美育思想，虽然

①② 洪毅然：《新写实主义与革命的浪漫主义》，《战斗美术》1939 年 1 月。

在这一时期其艺术美育思想尚未成体系，但已有不少作品发表，比如《关于艺术教育》《再谈艺术教育》等。

洪毅然重视艺术在美育中的作用，作为一位画家和艺术理论家，他认为艺术是美育的基本手段。可以说，洪毅然的美育思想受了很多人的影响，综合了不同的观点。首先，他受席勒、蔡元培的影响很深。“席勒曾于其名著《美育书简》中反复审论：‘人必须从单纯物性的境界（或译物理境界），通过审美的境界，而达于理智的或道德的境界。’并且认为：‘审美的境界本身并无重要意义——它的全部作用在于使人复归于他自己，从而它能把他自己造成他所希望的样子。’”[①]（据 R. Shell 为该书英译本所写的《引言》）另外，他一直坚持着蔡元培认为“美育就是将美学应用于教育”，同时，在自己的生活中努力践行着。对于马克思的相关观点，他也表示认同，认为马克思主义美学“有效地把‘生物人’转化为‘社会人’——转化成富有足够社会道德意识的人，并使之不断提高其社会道德水平，促使人们不断地向越来越高的道德境界继续前进，通过各种审美实践活动以培养人们对于一切事物的‘人的兴趣’，实为必要之途径和阶梯”。[②] 同时，还不能忽视的是，在那个特殊的年代，洪毅然在历年的求学过程中，受到的从中国先秦到现代以及欧洲古希腊到现代的各种不同形态的美育思想的浸染。关于美育思想的重要组成部分：艺术教育，他专门撰稿谈艺术教育的规范问题。在 1943 年 8 月 19 日和 9 月 6 日分别于《华西日报》发表的《关于艺术教育》和《再谈艺术教育》两篇文章中，洪对于当时国家的艺术教育分类混乱、良莠不齐的状况寄予了深深的忧虑，并提出改进的方法。当时的艺术教育主要是由不同种类的艺术学校承担起来的，而这些艺术学校内部又有划分，把高中以上程度的艺术学校称为“艺术专科学校”而把高中程度以下的称为“艺术职业学校”。然而，洪毅然认为当时的专科学校并没有养成真正艺术专家之必备师资和设施，并没有专科以上的研究机关；而职业学校也没有养成实际技术人才的办法。每学期一大批一大批从艺术学校毕业的学生几乎都是“三不像”：“是专家吧，嫌专得不够；是师资吧，又太专了；是技师吧，却只会空谈！”洪毅然认

① 洪毅然：《新美学纲要》，青海人民出版社 1982 年版，第 107 页。

② 同上，第 108 页。

为这并不是青年学生的错误，这错误应该由每一所艺术学校的主持者以及政府的教育机关负责。关于艺术教育的改革势在必行。首先，每一所艺术学校的主持者，应该弄清自己的教学目的，然后明确自己的教学方针；其次，政府教育机关应该加强督导。洪毅然同时认为，为了要造就国内最高深、最有创造力的特殊人才，还应该多多鼓励并且协助有高深修养的艺术学者各自多多创设私人的“研究所”，广泛地提倡艺术教育的“书院”风气。

洪毅然对美学、美育的体验和感悟很大程度上归功于他抗战时期在美术创作上养成的综合审美能力和审美素养。在其中，他深刻体会到美育和艺术的重要关系。他认为“因为艺术是人类审美实践的集中表现，根据历史经验，实施美育的基本手段主要为艺术，即各种各样艺术品的创作实践和欣赏实践而培养人们的审美兴趣，提高人们的审美能力，增进人们的审美素养，端正人们的审美思想，无疑是很有效的”。[①] 这是他对当时美育与艺术教育关系的一个总结和概括。

结　语

被誉为“大众美学开拓者”的洪毅然，抗战时期形成的美学思想无论是对其自身美学创建来说，还是对于中国现代美学史来说都具有独特的价值。这一时期他的大众美学观已初步建立，他以“大众美学”“美学就是美学”的观点挑战传统美学。另外，放在中国整个现代美学史来看，洪毅然“大众美学”思想具有承上启下的性质，在抗日战争的背景下，它延续了文艺大众化理论；之后，与新中国成立后的现实主义文艺观融合。

洪毅然在抗战时期的美学研究汲取时代思想的精华，受到了启蒙思想的熏陶，更重要的是受到马克思主义美学的影响，奠定了洪毅然美学思想的理论基础和发展方向，从“大众美学的开拓者”到美学大讨论中的实践派，再到社会功利派，马克思主义对洪毅然美学的影响，形成其基本理论形态。

抗战时期，美学理论在现实中的充分运用，是洪毅然美学的特殊风格所在。从表现救亡图存、抗战宣传的美术作品到犀利中肯的艺术批评，洪

① 洪毅然：《新美学纲要》，青海人民出版社 1982 年版，第 17 页。

毅然在这一民族文化的“战场”上有着“英勇”的表现。从四川漫画社的成立到成都美术社的组建，洪毅然于城市、乡间奔走呼喊，洪毅然将审美理想熔铸到抗日宣传中去，同大众紧密地联系在了一起，形成其美学的独特风貌。

抗战时期的洪毅然就是这样一个“大众”的美学家。

第四章　马一浮抗战时期的“为学方针”与美学探索

马一浮是我国现代新儒家代表人物之一，在中国现代文化史、思想史上有重要地位。在现有学术研究视域，马一浮尚未被学界认定为“美学家”。的确，马一浮并未形成系统的美学思想，难以将其定义为严格意义上的“美学家”，这主要是由于他不像蔡元培、朱光潜等人那样，系统地介绍西方美学的著述或发表相关的美学文章。但在抗日战争时期，尤其是在四川创办复性书院前后，马一浮在儒学研究中提出了“心统六艺”的美学观。他在讲演、书信、诗歌创作不断实践这一观念，在与同时代思想家、美学家的交流中探讨自己的美学主张。从其系列国学演讲、诗歌创作、教育实践这一轨迹，还原具体历史情境中身兼多重身份的马一浮，挖掘其深埋于历史之中的独特的美学思想，我们看到了一位在战乱中挺着脊梁骨的美学探索者。

第一节　马一浮的“为学方针”与美学思想的萌芽

考察马一浮美学思想的产生，有必要回溯其儒学知识谱系，寻找其“为学方针”的成长之路。

马一浮生于1883年，卒于1967年。“一浮”是其后来的改字，一说取自《庄子·刻意》“其生若浮，其死若休”，[①] 另一说取自《楞严经》“如湛巨海，流一浮沤，起灭无从”。[②] 他曾多次改变字号。马一浮出生于

---

① 丁敬涵：《马一浮先生年谱简编》，吴光主编《马一浮全集》（第六册上），浙江古籍出版社2013年版，第1页。

② 马镜泉、赵士华：《马一浮评传》，百花洲文艺出版社2010年版，第1页。

书香门第。在马一浮的成长过程中，对他影响最大的是父母和姐姐。他的父亲继承了儒学正统，对马一浮的要求很严，通过言传身教让马一浮受到儒家忠、孝、仁、义品质的濡染，经常教育马一浮要学朱熹的学问，渐渐奠定了马一浮儒学的根基。

幼时随父母隐居的生活，马一浮的母亲也对他严格教导，在为人处事、立身正行方面都为马一浮树立了楷模。小到一言一行、垂髫游戏，大到读书作诗，母亲对他都有过具体的教育："马一浮义理之学，启自庭训，而文学则禀受于母亲。"[①] 母亲曾教他诗文，据说马一浮幼时母亲曾命题让他作菊花诗，十岁所作诗句："本是仙人种，移来高士家。"堪称其一生的写照。其高洁的心性自小得到培养。马一浮有三个姐姐，自幼跟随姐姐拜何虚舟先生为师学读诗词。其中二姐与他相处时间最长，母亲去世后，二姐悲伤过度，先于父亲过世。二姐对父母的孝顺深深影响了幼年马一浮。一浮成年后，曾为二姐写下许多诗歌。

马一浮从小喜欢读诗，也爱作诗。他曾认为中国文化和思想的精华都在诗歌中。李商隐和陶渊明的诗歌对他影响至深，仿佛冥冥中自有天意，暗合了他日后深研佛学。马一浮天生读书有悟性，八岁开始读《楚辞》和《昭明文选》。经过不断的学习，他已经让老师感到难以胜任了。15 岁时，马一浮在县试中夺得头魁。据史料，鲁迅兄弟也参加这次考试，虽然他们并未有过多的交集，仍可谓风流人物的一次际遇。绍兴汤寿潜对马一浮青睐有加，将他招为东床，马一浮也因此认识了汤寿潜的学生谢无量。这两颗学界未来的新星尚未大放异彩，但日后的机遇颇具传奇色彩。马、汤两家受传统儒学思想影响极深。总的来讲早年的马一浮"平生杜门，虽亦偶应来机，未尝聚讲"，走的是墨守成规的求学之路。[②]

青年马一浮看到了戊戌变法后科举的式微，看到了如潮水般涌入中国的西方学术。他受到康有为等维新人物的影响，康有为曾驳斥原先知识为"无用旧学"，主张读今文经学，广设学堂，并提出"趣味主义"思想。为了能够接受西方的新知识，马一浮和谢无量一同前往上海学习英文、法文和拉丁文，为日后去到美国、日本等地游学提供了条件。

---

① 马镜泉、赵士华：《马一浮评传》，百花洲文艺出版社 2010 年版，第 4 页。

② 马一浮：《泰和宜山会语》，吴光主编《马一浮全集》（第一册上），浙江古籍出版社 2013 年版，第 1 页。

在此期间，马一浮交友广阔，结识了一批日后持续发生关系的学者，如马君武、李叔同、邵力子等人，马一浮正是在同这些学者的交往中使得学术思想得以发展。在清末民初国家危亡，价值变化的时代，他一方面坚持研习宋明儒学教义和方法，一方面在道德修养方面不断加强调试，涵养心性。

1903 年 6 月，清政府驻美使馆留学生监督公署需要一位懂得英文和拉丁文的秘书，马一浮踏上了美国的土地。在那个年代，各种条件都是不能和今天相比的，一个中国人远渡重洋，在生活上有多么不习惯可想而知。除了这些环境因素，作为一个弱国国民，在“强大的美利坚”又会遭受到多少冷眼。但是，因为跳出了国门，马一浮更能看到自己的祖国在世界所处的位置，在儒家传统影响下形成的对国家责任感更加凸显出来。马一浮强烈反对外国人的“中国可以分割论”，不满中国人在国外的处境，他的“人血”与周遭保皇派的留学生格格不入。在这样的环境中，马一浮经常到书店和图书馆自学，他阅读了亚里士多德、斯宾塞、黑格尔、达尔文、但丁、莎士比亚等大量欧美文学、哲学作品，并翻译了《法国革命党史》《日耳曼社会主义史》等著作。通过阅读西方的作品，接受了西方文学艺术和先进思想的熏陶，打开了视野，从文学作品中体悟美的力量。他日后的美学思想，明显受到黑格尔美本体和辩证法等学说的影响，与这一时期的中西交融和开阔视野分不开。

1904 年，马一浮途经日本归国。他的好友谢无量、马君武等恰好都在日本学习。他们一起学习日文、德文，研究西方哲学与文艺，共同翻译作品，思索国家兴亡的道理，加深了友谊，学术上相互促进，越发成熟起来。在日本待了半年左右，马一浮和谢无量回国。

马一浮曾经历了家庭的重大变故——父亲和妻子两年内接连病重而亡。家庭的变故对他来说措手不及。父亲、妻子的突然离世，人生的变幻无常，隐约预示了马一浮后来治学从儒学到兼治佛学的转变。游学北美和日本归国之后，他孑然一身，在镇江焦山海西庵隐居长达一年的时间，认真读书，醉心学术，潜心研究儒、释、道等中国传统文化。他通读了“文澜阁”《四库全书》，用坚忍不拔的意志抵抗环境的恶劣，在读书的过程中写下了许多札记和诗歌，加强自身儒学的构筑。在其《诸子会归总目并序例》中，所举书目从周秦至有宋，诸子凡一百一十四家，共六百二十七卷，其中考据翔实，下了大量功夫。同时，马一浮与弘一法师、丰子恺、梁漱溟、熊十力等重要思想家、美学家关系密切。联合友人谢无量、马君武共同开办《二十世纪翻译世界》杂志，专门对西方文学、哲学等各类著作进行译介。马一浮后来的成就与青年时期博览群书、中西互释的努力是分不开的。

在我国，马氏家族渊源深厚。根据马一浮侄儿马镜泉所著《马一浮评传》中引马一浮《会稽马氏皋亭山先茔记》和《兰亭》诗推断，“他的先祖多半在野”。[①] 马镜泉之所以强调马氏一族“多半在野”的原因，是想借此说明马一浮所处的家族清白正派，也从侧面反映了马氏一族在时代的更迭中注重保全自身，注重个人修养，不与世浑浊，符合儒家出世的观念，即孟子所谓“穷则独善其身，达则兼济天下”。但是，同时亦可看出他身上还有儒家入世的一面。抗日战争爆发后，他走出书斋、开设讲堂和书院，坚守传统知识分子的气节，尽一个炎黄子孙在国难当头应尽的责任。在马一浮身上，始终埋藏着中国传统士大夫的根。

辛亥革命结束后，马一浮原本接受了教育总长蔡元培的邀请担任秘书长，但他跟蔡元培在“反对尊孔，废除六经”的政策意见不合。马一浮认为经不可废，故而辞去。马一浮倡导的尊孔兴儒，并不是文化保守主义，而是真切地注意到了中华民族传统文化内核的优点和不可或缺。在马一浮与蔡元培的交往中，可见出二人思想的分歧。此后，马一浮开始了长达十年之久对佛学的研究。早在约1902年，马一浮就与李叔同相识，他们多次共同阅读佛学经典、研究佛学思想、游佛寺、结交方外好友，马一浮也曾受楚泉法师棒喝“反求诸己”，与曹赤霞等人共论儒佛老氏之学。马一浮在翻阅了大量佛学经典、深入思考之后，提出“儒佛互摄说”，著有《法数钩玄》。除了佛学研究之外，他也研习了老庄等百家学问。马一浮后来反对固守门户之见，主张儒释道的圆融，正是通过这一阶段治学重点的转移而了悟的。

马一浮受儒释道传统影响都很深，对“道不行”与“道行”两种情形下自己能够做的事一清二楚。他曾和谢无量探讨老庄学问，用超然物外的精神洗涤自己的心灵。同时，马一浮承续了前一阶段对西学的研究，进一

---

① 马镜泉、赵士华：《马一浮评传》，百花洲文艺出版社2010年版，第2页。

步认识了西学与儒学的关系，认为西学能对儒学起到辅佐、补充的作用。这一时期，马一浮还翻译了《堂·吉诃德》等西方名著，写新诗给当地报纸刊发。马一浮一直酷爱书法，传统文化已融入马一浮的骨血之中，即使涉猎了西方学术的精华，他仍能有体用之分，而不是盲目推翻前学。

历经从传统儒学典籍的考据到西学的译介，从宋明儒学等诸子之学到佛学研究的两次转向之后，马一浮再次回到了对以宋明儒学为主的治学道路上。据马镜泉的考证，这一时间节点应在1923年，丁敬涵的年谱大致也呼应了这一观点；也有学者认为这一时间应为“1907年前后”。[①] 马一浮自己在《尔雅台答问》中言“中土学术，必先求之六经”，[②] 他明确说明自己从“玄言”转回了“六经”，他又言“归而求之六经，但能反躬体认，不可横生知解，优柔自得，决定可期，慎无以急迫之心求之”，[③] 点明了他对待学术的态度。正因为他最终回到了“六经”，以“六艺”归引、统摄学问，才可能在抗日战争这个特殊的时代总结出独到的美学观点。

第二节　抗日战争对马一浮美学思想的催化

抗日战争爆发之前，马一浮是一个具有儒学抱负的学者。他曾于1924年拒绝接待军阀孙传芳的拜访。也曾一心学佛，佛学思想对他一生产生了潜移默化的影响。同马一浮交往的人中，不乏学界泰斗和思想家。他们的沟通、碰撞很有意义。1924年，马一浮为香积寺重建者佛智禅师作传，1925年又应虎跑寺了悟和尚之邀，为其作文。之后，马一浮还陆续为丰子恺等人作文，与熊十力交流甚密。1933年，梁漱溟、熊十力带领弟子到杭州拜访马一浮，“现代三圣”难得地聚在了一起。后来，马一浮创办复性书院，熊十力应邀在书院任教了一段时日，但他们三人的会晤，有据可查的只有这一次。马一浮、梁漱溟和熊十力同为中国现代新儒家的代表，在儒学思想上各有长处，通过这次会晤，很可能对马一浮儒学美学思想的成

① 刘炜：《从孔子到马一浮》，中国社会科学出版社2014年版，第154页。

② 马一浮：《尔雅台答问》，吴光主编《马一浮全集》（第一册下），浙江古籍出版社2013年版，第432页。

③ 同上，第400页。

长、成熟起到了潜在的影响。对他们三人而言，这次相聚都是极为珍贵的。

一、马一浮与复性书院

1937年7月，抗日战争全面爆发，日军在攻陷上海后，战火直指杭州，马一浮只得南迁。出发躲避战乱之前，马一浮作诗《将避兵桐庐留别杭州诸友》，后收入《避寇集》。诗中写到当日情形“妖寇今见侵，天地为改色”，他也只得“登高望九州，几地犹禹域？儒冠甘世弃，左衽伤髦及”。[①] 从诗集名称《避寇集》就看见出战争在马一浮心中引起的愤恨。

抗日战争爆发后，马一浮不得不从大隐隐于市的书斋里走出来，承担苦难。民族的危亡和祖国的战乱对他的心灵产生了巨大的震撼，无论是儒家的责任感和佛家的慈悲心，还是作为一个普通中华儿女眼见国破家亡而生出的爱国热忱，马一浮都不能置身事外。抗日战争以前，马一浮就构想将来要完成一部《六艺论》，但是“未成而遭乱，所缀辑先儒旧说，群经大义，俱已散失无存”。[②] 战争期间辗转流离，马一浮为撰写《六艺论》而储备的材料散佚。他辗转流离，南下避难，从桐庐辗转到开化再到江西泰和。在旅途中，接受了时任浙江大学校长竺可桢之邀，1938年开始为浙江大学的学生宣讲六艺之学。先后在江西泰和、广西宜山这两地做浙江大学“特约讲座”，为浙江大学的学生讲授国学。抗日战争这个特殊历史时期之所以对马一浮美学思想阐发起到了重要作用，是因为他看到了太多的苦难，胸中郁积了太多的悲愤之情。这一时期是马一浮治学尤其是美学思想产生的节点。也是从这一时期开始，马一浮打破从前淡泊的治学方法、文人雅士的“趣味”之学，公开演讲，给青年讲授国学。美学的思考也开始成型。

马一浮为浙江大学的学生做“特约讲座”的原因是多方面的，其中当然也有对自己生活的考虑。国难当头之际，作为一个读书人，生活必然陷入困窘。马一浮先后在泰和、宜山的讲学，固然有对自己生计的考量，但作为一代大儒，他能够放下架子和之前与竺可桢等人的分歧，怀着对中国

---

① 马一浮：《避寇集》，吴光主编《马一浮全集》（第三册上），浙江古籍出版社2013年版，第47页。

② 毕养赛、马镜泉：《马一浮学术研究》，杭师院马一浮研究所1995年版，第29页。

文化的爱戴，为青年讲国学，把自己的学术和思想成果传播、留传给世人。这就是“文章下乡”“抗战建国”，就是“为天地立心”。马一浮在泰和讲学之时，爱引张载的名言：“为天地立心，为生民立命，为往圣继绝学，为万世开太平。”马一浮强调：“须知人人有此责任，人人具此力量，切莫自己诿卸，自己菲薄。此便是‘仁以为己任’，亦即是今日讲学的宗旨。”①

不久，马一浮南下四川，在大后方住下来。1939 年，马一浮接受遍能法师和自己弟子的建议，答应了国民政府的请求，经多方努力在四川嘉定（今乐山市）乌尤寺开设复性书院，任院长兼主讲。他严格筛选生员，开班授课。虽然其中过程异常艰辛，战争带来的困窘无处不在，经费困难，国民政府在管理问题上出尔反尔，不得不迁址等，书院仍一直坚持着。在此期间，马一浮邀请谢无量等名家来乌尤寺讲授，自己更是全力以赴，为中华文化在战火中保留了一些希望。这在当时乃至四川文化史上，都是一件可圈可点的事。

乐山乌尤寺马一浮创办的复性书院讲学处

① 马一浮：《泰和宜山会语》，吴光主编《马一浮全集》（第一册上），浙江古籍出版社 2013 年版，第 4 页。

这一时期可以称为马一浮的学术转型期，其新儒家思想体系的构建、美学思想的探索，也主要发生在这一阶段。

以抗日战争的爆发和结束为节点，马一浮与美学相关的学术轨迹主要分为三个阶段：第一阶段是抗日战争爆发前，这是马一浮学术思想的积累阶段和美学的萌芽期。在此阶段中，马一浮深受儒学的影响，兼通佛家和道家思想，游学海外更让他接触了西方的哲学和文化。随着时间的推移，马一浮完成了中西之学的互渗，文学与哲学、美学的互通。第二阶段是“九一八事变”之后，是马一浮美学思想的成形成熟和集中呈现阶段。这一时期，马一浮在“变”与“乱”的大环境中顺势而为，主要进行了三次大型的讲学活动，较为完整地在儒学讲座中阐发了自己的美学思想。第三阶段，即抗日战争结束至马一浮病逝，这是马一浮美学理论的沉淀阶段。第一阶段和第三阶段，他都回归到了传统文人士大夫的生活、草庐书斋，不再如第二阶段那般进行公开讲学。

抗日战争时期，马一浮通过讲演、书信、诗歌创作，通过与同时代思想家、美学家的交流，形成了美学方面的思考，系统提出并实践了自己的美学主张。“七七事变”爆发后，马一浮亲历战火纷飞、山河破碎的现实。打破了战前宁静的生活和治学状态。他多次讲学，编书刻书，走入大众视野。马一浮的美学创建较为集中地反映在根据他讲学内容印刷成册的《泰和会语》《宜山会语》《复性书院讲录》等一系列著作中。《避寇集》等诗集也是在抗战时期成形并刻印出版的。

在复性书院中，出于传授知识和生计的需要，马一浮也刻书、鬻字。马一浮在主持、讲学复性书院的过程中，讲到“心统六艺”的美学思想，在与诸多学者、名家的互动、争辩中趋于完善。同他的书法、诗歌等美学实践一道，形成了具有马一浮特色的美学探索。其“心统六艺”的美学观与“识仁”“体仁”和“行仁”的美学传达论、“复性”的美育观，三者相辅相成。

虽然复性书院在时代的洪流之中犹如一叶扁舟，最终未能坚持下去，但它的存在使得马一浮的美学思想得以发展，他的一些演讲、诗文也鼓舞了弟子，唤起青年学子在乱世中保持对中国传统文化的热爱，对美的守护，具有进步意义。

二、马一浮美学与现代新儒家

“现代新儒家”是一个具有历史性和特定性的群体。在我国，新文化运动尤其是1919年“五四”运动以来，知识分子在内忧外患的局面下，直接或间接接受了西方文化的洗礼。清末以来，中华儿女亲历了西方文明的先进与强大，见证了腐朽政权走向末路的必然。虽然康有为等知识分子试图利用资本主义思想对儒学进行一系列改革，其目的是将改造后的儒学思想仍然当作君主立宪制政府的统治思想，在“现代新儒家”就是在“五四”精神风头正劲之时出现的思想家群体。对二者的关系，有学者敏锐地发现，“‘五四’意在根除儒学。反而成为儒学走向新生的契机。新儒家采取‘五四’反儒同样的方式回敬‘五四’。在实际内容上却得益于‘五四’，肯定了‘五四’”。①

面对狂飙突进的“五四”运动，以梁漱溟、熊十力和马一浮等学者为代表的第一代“现代新儒家”逆流而上，在“全盘西化”的大潮中看到了中华传统文化的价值。为了回应“五四”批儒学传统为“旧”的观点，梁漱溟借用叔本华、柏格森等西方哲人的思想，以文化哲学、人生哲学和心理学等角度为切入点，将中国文化同西方文化进行比较，证明儒学并未走到末路。梁漱溟指出了人们的心理需求和价值取向，以“人生”“生活”为美学取向；熊十力以熊熊的生命点燃了儒学的火光，汲取佛学思想，以西方学问补充儒学思想，主张“性智为体，量智为用”，在体用不二、天人不二等一系列辨析中突出了人“生命”和“仁心”之伟力；马一浮则以传统儒学为根基，融汇佛道和西方文化，在“六艺”的基点上完成“心统六艺”美学观的建构，进而提出“识仁”“体仁”和“行仁”的美学传达论和“复性”的美育观。1921年学衡社的成立和次年《学衡》杂志的创刊，对现代新儒家的兴起、发展，对儒学哲学思辨的蔓延，均起到了积极作用。

“现代新儒家秉承一条基本共识，即认定近代中国的危机根本上是一个文化的危机。”② 现代新儒家之“新”，学界主流观点认为其“新”在以

① 颜炳罡：《五四·新儒家·现代文化建构》，《文史哲》1989年第3期，第39页。

② 李国红：《马一浮思想研究——以性命与六艺为中心》，中国社会科学出版社2012版，第21页。

传统儒学思想为根本，融合中西哲学思想对其进行发展、改造，故而不同于过往意义上的旧儒学。现代新儒家之“新”还体现在其代表人物及思想萌生于中华民族生死存亡的关键时刻，蓬勃于“五四”新文化茁壮成长，而儒学却被贬斥为“封建保守”的尴尬境地。现代新儒家肇始于马一浮、梁漱溟、熊十力等一代学者以理性观念向传统儒学汲取养分，延续至今，可视为一种“现代性诉求的民族性表达”。[①] 现代新儒家在宗教和哲学的高度肯定了儒学的价值，马一浮将“六艺”配于“心性”贯穿其儒学哲学、美学思想的始终，反复对弟子言明“六经为理宗，治经所以明性德”。[②] 这正如第二代现代新儒家代表人物牟宗三语：“宗教可自两方面看：一曰事，一曰理。自事方面看，儒教不是普通所谓宗教，因它不具备普通宗教的仪式……但自理方面看，它有高度的宗教性，而且是极圆成的宗教精神。”[③]

在风雨飘摇、救亡图存的关键时期，现代新儒家在总体倾向上呈现出同“全盘西化”不同的“中体西用”，走出了近代洋务派的实用主义、功利主义心态，目光超出了唯西方先进科学技术论的局限。在现代新儒家看来，以儒家思想文化为主流的中国传统文化如同一座巨大的宝库。马一浮希望自己成为“不惑、不忧、不惧的人”（梁启超语）。他和梁漱溟、熊十力等人都有打通中西之学的愿望并为之不断努力。马一浮与梁漱溟、熊十力早在抗日战争爆发前就有过交往。复性书院时期，马一浮与熊十力在教育宗旨与模式方面所持观点相左，后者推病辞去。不过，尽管马与熊在哲学、美学和教育等方面有不同意见，但二人的情谊未有变化，二人对彼此的评价亦是公允，如马在为熊《新唯识论》作序中言“十力精察识，善名理，澄鉴冥会，语皆造微”，[④] 可谓君子和而不同。这一系列碰撞，对马一浮本人在抗战时期美学思想的创建起到了潜移默化的作用。

总体上来说，马一浮和梁漱溟、熊十力相似，被学界认为是我国第一代现代新儒家三位代表人物之一，然而学界仍有把马一浮排除在此群体范围之外的声音。追本溯源，其一是因为马一浮与梁、熊等新儒家相较而言

---

① 黄玉顺：《当前儒学复兴运动与现代新儒家——再评“文化保守主义”》，《学术界》2006年第5期，第116页。

② 马一浮：《尔雅台答问续编》，吴光主编《马一浮全集》（第一册下），浙江古籍出版社2013年版，第449页。

③ 牟宗三：《中国哲学的特质》，学生书局1980年版，第99页。

④ 马一浮：《新唯识论序》，《国风半月刊》1932年第7期，第47—48页。

更少为人所知；其二是因为马一浮在抗战之前坚持不聚而讲学的原则，他的学术均沉潜于心中；其三则是因为马一浮本人在儒学哲学包括美学的治学追求和表现特征上，同梁、熊等为代表的现代新儒家存有不可忽视的差异。滕复就认为“马一浮的哲学思想同熊十力以及现代新儒家第二代的人物牟宗三、唐君毅等等的哲学思想的路子是完全不同的”。① 马氏学问、哲思的妙处，有学者这样形容：“其学问之博大而无所成名，其不汲汲以构建新体系为务，其境界之高深玄远，让人很难对其学问作一整体之把握。”② 因此，马一浮与现代新儒家的学术关联和美学认同，除了体现在其内在相似性上之外，更体现在富有马氏特色的独特性上。

在以梁、熊等为代表的现代新儒家看来，现代西方哲学、科学思想与中国传统思想文化是彼此对立的。即使在他们的学术体系中使用了西方的哲学、文化来改造和引申传统儒家思想，但中、西从来都是主次明确而非彼此交融的。在熊十力的后辈牟宗三看来，西方文化使得“人之心思为科学所吸住，转而为对于价值德性学问的忽视”，造成“人的心思益趋于社会化（泛化），庸俗化，而流于真实个性、真实主观性之丧失，真实人格、创造灵感之丧失”。③ 当然，牟宗三的说法包含一定的道理，但更重要的是其从根本上反映梁、熊一脉现代新儒家对中、西文化的割裂。中、西文化的碰撞、冲突造成了梁、熊思想的焦灼，这种焦灼在梁漱溟的世界文化分期理论中，属于他认为的第二期，“对于西方文化是全盘承受，而根本改过，就是对其态度要改一改”。④

与之对应，马一浮从来没有在中、西文化之间划定一条泾渭分明的界线，他将“六艺”认定为内含中西一切学术、文化，与“心性”天然沟通，提出“六艺之教，不是圣人安排出来，实是性分中本具之理”。⑤ 马一浮认为，六艺可以涵盖天地学术与思想。由此，在马一浮提出：传统的儒释道及西方之学术水乳交融地汇通于“六艺”之内，“心统六艺”即为其美学的核心理念。不同于梁、熊等现代新儒家对传统学术的现代学科分

① 滕复：《马一浮思想研究》，中华书局 2001 年版，第 255 页。

② 刘乐恒：《马一浮与现代新儒家》，《浙江社会科学》2006 年第 3 期，第 152 页。

③ 牟宗三：《道德的理想主义》，学生书局 1985 年版，序言页。

④ 梁漱溟：《东西文化及其哲学》，商务印书馆 1999 年版，第 204 页。

⑤ 马一浮：《泰和宜山会语》，吴光主编《马一浮全集》（第一册上），浙江古籍出版社 2013 年版，第 15 页。

类，马一浮坚持的是一种传统学术的浑然和合的态度；不同于梁、熊等现代新儒家在新式学科和教育致用上的努力，马一浮所持有的是更为契合传统儒学教育和士人精神的理念，旧式书院式的复性书院是马一浮国学教育的践行之处。马一浮相信，只要“心性”存在，中华文化就不会消亡。

第三节　抗战时期马一浮“心统六艺”的美学思想

一、“心统六艺”的美本体论

目前，学界并未将马一浮的儒学思想纳入美学范畴进行研究，但不可否认的是马一浮以“六艺”为核心的儒学与哲学探索事实上囊括了美学研究诸因素。尤其是在以“六艺”为中心的美学观中，使用了类似于黑格尔三段式之对立统一和否定之否定的辩证思维，颠覆了将“六艺”局限于儒学的狭隘看法。马一浮于抗战时期，在泰和宜山的国学讲座中提出“六艺该摄一切学术”[①]“六艺统摄于一心”,[②] 以及“六艺”需要实践等重要美学观点。这些论述皆收录于《泰和会语》等文献中。

传统中国美学的论述中，对“美”本身几乎没有类似西方的直接定义，但与西方把美等同于理式、理念、“道德的象征”等说法类似，老子的“道”、孔子的“仁”乃至之后以禅论诗的传统中，都可触摸到“美”的本质。马一浮作为现代新儒家的代表，在研究宋明理学的基础上践行中国传统审美文化精神，融合儒释道，充分汲取了黑格尔等西方美学的思想精华。

学术界较为认同的观点是马一浮通晓西学但心存拒斥。马一浮曾阅读了亚里士多德、黑格尔、莎士比亚、达尔文等大家的作品，充分吸收了西方哲学、文学的精华，这在他的思想体系中必然会得到彰显。马一浮在《北美居留记》中曾说自己如饥似渴地阅读黑格尔的著作。学界也普遍认为马一浮受黑格尔影响极深，这影响从“美本体”的研究方法和具体论述

---

① 马一浮：《泰和宜山会语》，吴光主编《马一浮全集》（第一册上），浙江古籍出版社2013年版，第10页。

② 同上，第15页。

中尤可见出。

马一浮将“心统六艺”作为一切学术和活动的出发点，甚至将外来的学问也纳入“六艺”的范畴。马一浮“心统六艺”的美学阐发方式与黑格尔辩证法有着类似之处，借用黑格尔“美本体”正反合三段论，从“美的界定”“美的内核”和“美的实现”三方面，可以透视其美学探索的路径，看到其对问题的独到揭示和学术阐发。

马一浮美学探索受到了黑格尔的影响，直接体现在“美”的界定上。黑格尔批判地继承了柏拉图关于“美本体”的思想，循着正反合三段式辩证路径，得出“美是理念的感性显现”。黑格尔把“美学”界定为“艺术哲学”或“美的艺术的哲学”。他认为艺术美是高于自然美的。“心灵和它的艺术美‘高于’自然的美。这里的‘高于’却不仅是一种相对的或量的分别。只有心灵才是真实的，只有心灵才涵盖一切，所以一切美只有在涉及这较高境界而且由这较高境界产生出来时，才真正是美的。”[①] 在黑格尔的叙述中，始终把自然美当作“美”的初始阶段和第一种存在，自然美还只是自在的存在，而非自为的存在，所以他明确指出了“只有艺术美才是符合美的理念的实在”。马一浮接受了这个观点，把“六艺”作为最高的美，而“六艺”的对象更多的是在意识参与的艺术层面，即使自然，也是自然所引起的心灵反应，超越了自然界本身的层面。马一浮认为：“事物古今有变易，理则尽未来无变易，于事中见理，则是索之杳冥。”[②] 如果离开理性去谈事物，很容易产生误解，以至于认识不到事物背后的真与美。他主张“‘六艺之道’是至真、至善、至美之道，是真正的自由、平等之道”。[③] 马一浮也认识到了不能离开事而谈理，从现实的角度强调“举六艺明统类是始条理之事”。可见，马一浮的“六艺”是与黑格尔所谓的“绝对理念”有相通之处，指人意识发展的最终目标。

黑格尔在《美学》中讨论了美的本质。“美”本身必须是真的，但是美与真又是有一定区别的。“说理念是真的，就是说它作为理念，是符合

① ［德］黑格尔著，朱光潜译：《美学》（第一卷），商务印书馆1996年版，第5页。

② 马一浮：《泰和宜山会语》，吴光主编《马一浮全集》（第一册上），浙江古籍出版社2013年版，第21页。

③ 吴光：《马一浮思想的基本特色》，吴光主编《马一浮全集》（第六册下），浙江古籍出版社2013年版，第572页。

它的自在本质与普遍性的，而且是作为符合自在本质与普遍性的东西来思考的。所以作为思考对象的不是理念的感性的外在的存在，而是这种外在存在里面的普遍性的理念。”[①] 同时，这样的理念又必须得到外界的实现，不能仅仅是一种“普遍性的理念”，要表现出一种客观存在。这也就是说，既要有真的存在所呈现的意识、概念，也要将其外现于一定的现象中，以及这二者的统一，这才使得理念由真更进一步成为了“美”。黑格尔的关于“美”的定义：美是“理念的感性显现”。艺术或美的艺术处于绝对理念阶段，故而也可以将其界定为“绝对理念的感性显现”。马一浮接受了这个思想，他进一步找到了儒释思想的连接处和内在超越性。“六艺”绝非“六经”，更非学习的科目，而是代表固有的学术与心性。在《复性书院讲录》中，马一浮将“六艺”分为六艺之经、六艺之文和六艺之道，“六艺之道，条例粲然。圣人之知行在是，天下之事理尽是，万物之聚散，一心之体用，悉具于是”。[②] 马一浮引《礼记・经解》以及《庄子・天下篇》中的叙述，以突出“有六艺之教，斯有六艺之人。故孔子之言是以人说，庄子之言是以道说”。[③] 将这两者结合而言，六艺自有其概念。马一浮认为“六艺”不是空话或仅仅停留在理论的层面，还有实践及其外现。“今人日常生活，只是汩没在习气中，不知自己性分内本自具足一切义理”[④]。用“心统六艺”“心统情性”来总括“美本体”实际上与黑格尔的“美”本身思想一脉相承。马一浮的“六艺”拓宽了黑格尔“理念的感性显现”。他的“心统六艺”甚至延伸到宗教、哲学等层次。马一浮的“心统六艺”是在儒释传统土壤上吸收黑格尔的哲思，并且从美的界定的领域发展到了更深广的层次，直接与黑格尔绝对精神对接。这也是一种“移花接木”（朱光潜语），体现出马一浮对中国传统美学的创造性。

黑格尔既然明确指出了美是“理念的感性显现”，那么何为“理念”？理念不仅是黑格尔“美本体”的重要内核，也是其美学自然论、艺术论和艺术史论等一系列美学理论的出发点和归宿。在这一点上，马一浮的“六

---

① ［德］黑格尔著，朱光潜译：《美学》（第一卷），商务印书馆1996年版，第142页。

② 马一浮：《复性书院讲录》，吴光主编《马一浮全集》（第一册上），浙江古籍出版社2013年版，第127页。

③ 同上，第9页。

④ 同上，第14页。

艺之道”恰好可与黑格尔的“理念”相匹配，他的“六艺”不仅是其整个哲学、美学体系的重要起点、支撑和归宿，同时也包含着丰富的内涵，涵盖了自然、社会、人生以及意识、精神等在内的各个方面。当然，黑格尔的理念或者绝对理念还不同于马一浮“六艺”广博的意蕴。马一浮认为“六艺”涉猎东西方众多学问和思想，似乎也内含了黑格尔的“理念”或“绝对理念”。

黑格尔在具体分析自然美和艺术美之前，对理念做出了概括，“一般来说，理念不是别的，就是概念，概念所代表的实在，以及这二者的统一”。[①] 他认为我们在把美称为美的理念的时候，必须要把美作为一种有确定形式的理念，或称理想。概念、概念所代表的实在以及这二者的统一，同时又采用了黑格尔坚持的辩证法思想，并不仅仅停留在某个片面而不完整的部分。在这种统一中，他明确指出概念仍然占据主导地位，与它所代表的实在及其统一并非“中和”和“消除”，而是能够触及各个方向和层面的因素的占有。同时，黑格尔也明确了之所以概念居于重要位置，是因为它本身就是概念与其所代表实在的统一体，“因此，概念在它的客观存在里其实就是和它本身处于统一体”。[②]朱光潜指出，这就是所谓理性与感性的统一。

马一浮的“六艺”可以对应于黑格尔的“理念”。马一浮将“六艺”定义为“一切固有学术”，[③] 这里的“学术”也包括艺能与道术，包括学问与心性；“六艺”又自有其代表的实在，“六艺统诸子”“六艺统四部”[④]即是这个意味，但其所含有的具体内容又远不止“诸子”“四部”，更涉及人心相关的方方面面，所以最后受到“心”的统摄。就“概念”而言，它本身也符合黑格尔的认知是自己概念、所代表的实在的统一，只有三者再结合而非“中和”起来，方才能够囊括宇宙人生的“六艺”。此处，“六艺”与黑格尔的“绝对理念”不谋而合。“六艺”与“理念”不同之处，不仅在于概念这个层面上的丰富性，更加在于“六艺”本身具备了“理念”所不能够自己达成的“显现”。马一浮认为，“复次当知讲明六艺不是

①② ［德］黑格尔著，朱光潜译：《美学》（第一卷），商务印书馆1996年版，第135页。

③ 马一浮：《泰和宜山会语》，吴光主编《马一浮全集》（第一册上），浙江古籍出版社2013年版，第9页。

④ 同上，第10页。

空言，须求实践”，[①]“六艺”除了其固有“理念”之外，具备实践的要求和能力，依黑格尔之后来者马克思主义哲学来看，正是理论与实践相结合，回归到黑格尔的辩证法思想，理论、实践及其二者结合三方面的统一才构成了完整的理念。就这点来看，马一浮的“六艺”比之黑格尔的“理念”更加强调了主体实践性，这里的主体性已经超越了“理念”所处的观念、精神的领域，而直接与实践和现实领域相连。更进一步，马一浮指出“六艺”是“性”中本来存在的道理。马氏没有直接提出“美本体”这个概念，但他的“六艺”中实在包含了他所认为的“美”本身所在。这就好像有人质疑马一浮的“六艺”，认为他说的太广，圣人和传统中并未有如此说法，这正是他所继承的传统文化中的“引而不发”“道固如是”“得一事毕”。孔子“夫子不言，言必有中”。正如马一浮在《泰和宜山会语》中所言：“六艺之道是前进的，绝不是倒退的，切勿误为开倒车；是日新的，绝不是腐旧的，切勿误为重保守；是普遍的，是平民的，绝不是独裁的，不是贵族的，切勿误为封建思想。”[②]

循着黑格尔的理论逻辑，马一浮的“美本体”思想尚需厘清美的最终实现，否则就无法由“美本体”的基础搭建其一整套美学理论。然而，在马一浮以“六艺”为核心的“美本体”思想的实现过程中，与黑格尔产生了明确的分野。黑格尔认为，美的理念绝不只是思维的活动，不仅在理念内部达到了统一，更通过理念的“感性显现”而达到了理念与这外在形式的显现之间的统一。马一浮认为“六艺”则包含理论与实践、精神与现实的统一，且自身就可以解释为内容与形式的统一，因为“六艺”不仅是一切思想、学术、心性，更是这些内容通过实践而达到的品行、学问等。故而，“六艺”可以直接完成“感性显现”。那么，“美本体”在马一浮的体系中究竟是用什么方式得到完全实现的呢？马一浮认为，“六艺”是一个总纲，是学术的总纲、知识的总纲、心性的总纲、美的总纲，但归根结底，“六艺之道即是此性德中自然流出的，性外无道也”。[③]马一浮的“美本体”思想在“六艺”中虽然已经达到了概念及其概念的外现实在及其结

---

① 马一浮：《泰和宜山会语》，吴光主编《马一浮全集》（第一册上），浙江古籍出版社2013年版，第14页。

② 同上，第19页。

③ 同上，第15页。

合，但仍有着更为根源处的“性德”统领着“六艺”，否则“六艺”就不成其为“六艺”。他认为，这种“性德”如果用一点来概括，即“仁”，两点则为“仁知”“仁义”，直至六点则是“知、仁、圣、义、中、和”六德，这所有的德性都是人自己内心所具有和萌生的。马一浮的“六艺”“六德”，并不停留在对个体的要求上，认为是所有人本来都具有和应该具有的东西，但他又不排斥个体，因为所有的一切都要从“人”的内心出发。从这个角度出发，实际上马一浮又实现了儒学传统同黑格尔特殊与普遍的统一，而不停留于抽象的观念和思想。“心统性情，性是理之存，情是理之发。存谓无乎不在，发则见之流行。理行乎气中，有是气则有是理。”① 在“心”的统辖下，情性、六艺均得以存在、触发。“见诸行事，则为王道。六艺者，则此天德王道之所表显。故一切道术皆统摄于六艺，而六艺实统摄于一心，即是一心之全体大用也。”②这无疑丰富了柳宗元曾提出的“美不自美，因人而彰”的认知。马一浮把“心统六艺”与道德紧密结合在一起，把“心统六艺”作为人类精神活动和成果的源泉，“美本体”在这样一个大的回环结构中得到认定，即可以将“美”理解为“心统六艺”。虽然马一浮也与黑格尔一样强调人的主体性，将之直接提出为“心”，但在马一浮思想里的居于“美”核心地位的仍然是“六艺”，因为“六艺”实际上隐藏了“心”的推导过程，还更加联系到现实、实际扩展到实践的领域。

黑格尔“理念的感性显现”所指的“美”主要是“艺术美”，那么艺术终结也意味着“美”的终结，但“美本体”既然是“理念的感性显现”，是三方面的统一体，并不会单纯因为“绝对理念”的发展而消亡。这一缺陷在马一浮的“心统六艺”的“美本体”观中得到了弥合，他既没有过分强调个体的理念的发展及其高级阶段“绝对理念”，也没有片面地判定“美”本身的走向，马一浮明确了“六艺”内在的实践要求，更加符合社会和历史发展的规律。这也就是马一浮认为“心统六艺”并不因时代的发展和中西学术的差异而成为陈腐东西的原因，他的“心统六艺”的“美本体”思想并不停留在黑格尔“理念的感性显现”的层次，而是经由

①② 马一浮：《泰和宜山会语》，吴光主编《马一浮全集》（第一册上），浙江古籍出版社2013年版，第16页。

黑格尔的“美”本身观念更加向前发展，在理论与实践的结合中不断适应理论和现实的新变化，“六艺”也如他所说发自于“心”而紧跟着时代。顺着这一路径，马一浮从另一种途径实现了黑格尔的“美本体”论证，最终奠定了自己美学体系的根基。

二、“识仁”“体仁”和“行仁”的美学传达论

马一浮一生学术思想经历了三次变化，首先是由早期的儒学积淀转到对佛学的钻研，然后是从对佛学思想的挖掘到对西方知识的领悟，最后又回归对儒学经典及其内涵的探究。同时，在他的思想体系中，道家思想等其他因素也始终保留着一定的位置。尽管如此，纵观马一浮一生治学重点的变化和后期对“六艺”思想的阐发，儒家思想一直是他学术思想的土壤和根基。他“心统六艺”的儒学美学本体观本身既包含了人与自我、人与人、人与外界的关系，在实践层面的表达上更多地通过仁与美这一组关系来传达。

马一浮在复性书院讲诗教时曾说“《论语》有三大问目：一问仁，一问政，一问孝。凡答问仁者，皆《诗》教义也”。[①]《论语》言“里仁为美”。实际上，在马一浮的哲学和美学体系中，仁、美和孝都是相通的，《诗》与《书》《礼》《乐》等其他经典也是相通的，最终构成他“六艺”的美学范畴。“六艺”作为根基，汇通于“一心”，互为彼此的表现和统摄。同时，“心统六艺”自有其内化与外现，和合成为“心统六艺”的美本体，“今人日常生活，只是汩没在习气中，不知自己性分内本自具足一切义理”。[②]

马一浮以《避寇集》为代表的诗歌创作，表现出“心统六艺”统摄下“仁”的内化与外现。他引用狄德罗的“美在关系”，实际上也是对自然与理性、艺术与自然、真实与虚构之间关系的调和，最终实现真、善、美三位统一。

（一）“美在关系”与“心统六艺”

在中国传统的美学思想中，对狄德罗“美在关系”的审美观有类似之

---

① 马一浮：《复性书院讲录》，吴光主编《马一浮全集》（第一册上），浙江古籍出版社2013年版，第134页。

② 同上，第14页。

说，但更注重美善相济，“关系”也非“美”的自循环。《尚书·舜典》：“夔，命汝典乐，教胄子。直而温，宽而栗，刚而无虐，简而无傲，诗言志，歌咏言，声依咏，律和声；八音克谐，无相夺伦：神人以和。”① 其中的“诗教”传统里就有突破。马一浮继承了孔子的美学观，又融合了佛学、道家和西方的美学思想，提出了以“心统六艺”为核心的美学关系论。他说：“近世哲学，始有本体论、认识论、经验论、方法论之分。中土圣人之学，内外本末，只是一贯。”② 马一浮的“中土圣人之学”就是“六艺”。“六艺者，即是《诗》《书》《礼》《乐》《易》《春秋》也。此是孔子之教，吾国二千余年来普遍承认一切学术之原皆出于此，其余都是六艺之支流。”③ 在这一系统中，“六艺”彼此之间都是相互摄取的，不仅作为六种科目、经典和具体学问，而是进而与“心”相联成为“六艺之道”。马一浮认为，“《乐》为阳，《礼》为阴，《诗》为阳，《书》为阴，《乐》以配圣，《诗》以配仁，《礼》以配义，《书》以配智”，④“六艺”之间可以通过两两相配、互为理气、各作体用。仁是属于“心”的全部德行和本性的体现，是人与人、人与物、人与自我、人与世界等一切关系的总和。

马一浮的“六艺”关系论与狄德罗相似。狄德罗在《关于美的根源及其本质的哲学探讨》中，认为“美是我们对无数物体所应用的字眼”⑤，明确指出了“美”不是只可以对某一个或一些物体的判断，而是一种被称为“美”或具有“美的性质”的物体的共有品质，“它存在，一切物体就美”。⑥进而，狄德罗明确地提出“是这样一个品质，美因它而产生，而增长，而千变万化，而衰退，而消失。然而，只有关系这个概念才能产生这样的效果”。⑦在此处，关系就成了美之所以为美所必须具有的性质，具有客观性。根据这一“关系”的概念，也就区分出了所谓“外在于我的美”（“真实的美”）和“关系到我的美”（“见到的美”）。马一浮认为，当外在世界或事物与人发生了关系，能够唤起“美”这个概念，往往我们都称作

① 《尚书》，阮元校刻《十三经注疏》（上），上海古籍出版社 1997 版，第 131—132 页。

② 马一浮：《尔雅台答问续编》，吴光主编《马一浮全集》（第一册下），浙江古籍出版社 2013 年版，第 469 页。

③ 马一浮：《泰和宜山会语》，吴光主编《马一浮全集》（第一册上），浙江古籍出版社 2013 年版，第 8 页。

④ 同上，第 135 页。

⑤⑥⑦ ［法］狄德罗著，张冠尧译：《狄德罗美学论文选》，人民文学出版社 2008 版，第 22 页。

"美"，就是所谓的"关系到我的美"。"六艺"之中，美的关系主要是由"诗"来反映和涵养的。

在辑入马一浮《避寇集》的有关抗日战争的诗歌中，能够找到诸多体现身处"关系"、因"关系"而引发的与"美"本身有关的美学体验。《避寇集》的序就写道："君子安身于不易之处，而后出言皆得其中，充实于内者，则光辉于外也。"[①] 这正是马一浮"出言"而"关系到我"之后带给人的极大美感。

马一浮在《过大庾岭》[②] 中写道："衲僧迁客此经行，今我南游独避兵。境是无常心是一，殊方草木总关情。"又在《柳江道中》[③] 如是说："山如鹰隼云中攫，船似蟛蜞地上行。沤鸟自闲人自闹，黔江水浊柳江清。"寥寥几笔，马一浮就将自己身处战乱中的窘境写得淋漓尽致。这两首中都有许多情景描写，前一首更多是写诗人境况的"实"，后一首则是通过外在景物来写诗人处境的"实"。这莫不体现了狄德罗所谓"美在关系"中的"关系"，但都远远超越了他定义"关系"所限定的"视觉"这一感官体验，从视觉辗转到了听觉和心理活动，写出了更广阔和普遍的人生体验。在马一浮的内心体验中，这样的"关系"才是"美"。它溢出了对具体风景、境遇美丑的感官判断，直指人内心。所有人的"心"都是能够彼此感受的，是普遍且能感染人的，作为"六艺"之中最重体验的"诗"，自然能够通过"关系"而达到和"心与物"的统一。具体来说，在马一浮诗中的关系，就是仁——不仅是作为儒家思想中的仁，而且是人心本具之理。所以，在这两首诗中境遇的无常和心性的恒一、山河的变换和草木的关情、自然的闲适如常和人世的烦扰这一组组的关系，正契合了"心统六艺"之美的思想。

（二）真实的美、相对的美与"仁"

马一浮"心统六艺"的美学观之所以与狄德罗提出"美在关系"说联系起来，是因为二者都注重人与物、人与世界的直接关系。在马一浮以"仁"为旨归的美学表现论中，狄德罗"美在关系"，主要体现在"识仁"

---

① 马一浮：《避寇集》，吴光主编《马一浮全集》（第三册上），浙江古籍出版社2013年版，第46页。

② 同上，第52页。

③ 同上，第53页。

"体仁"和"行仁"的方面。

狄德罗否认绝对的美的存在，转而针对"外在于我的美"而提出了"关系到我的美"，强调引起人们"美"的性质的关系。提出了"真实的美"（又译作"实在的美"）和"相对的美"的概念。"关系"不仅包括事物与外界的联系，还包括事物内部的各种联系，这是"打破了观察事物时孤立的、静止的观点"。①"关系"还表明了关于美的判断和感受都必然受到一定条件的限制，而不是只凭事物本身就能够决定这种"关系"是否算是"美"的。因此"相对的美"就成为狄德罗美学观的重要一环。狄德罗认为，孤立地观察某种事物，因其本身秩序、安排、对称、关系等内在因素而具有的美，是真实的美；事物与其他事物联系、比较而得到的美，是相对的美。也就是说，"把那些本身含有某种因素能够唤起'关系'这个概念的一切，叫做真实的美，而把凡能唤起与应作比较的东西之间的恰当关系的一切叫做相对的美"。② 进一步，狄德罗把关系当作一种悟性活动，但这种活动的基础存在于客观事物之中。马一浮关于"仁"的美学表现论来说，需要"识仁""体仁"和"行仁"，这几者是统一于"六艺"和"心"的。狄德罗所说三种关系都具备：真实的关系、见到的关系和智力的或虚构的关系，但一个事物之所以美是因为人们借助各种感官察觉到了事物真实的引起人们美的性质关系。所以马一浮认为人们通过"识仁""体仁"和"行仁"接续了"关系"，最终认识并且实现了"美"。

诗与仁在儒学美学甚至整个传统美学中都是一组对应的概念，"诗教主仁"是马一浮诗学"心统六艺"美学思想的表现。"识仁""体仁"和"行仁"既是对美的关系的体认，又是对美的关系的实践，这既是马一浮与狄德罗"美在关系"的相似之处，又是马一浮对狄德罗"美在关系"所包含的两个方面的超越。"体仁"的"体"，一方面是体认的意思，另一方面是与"用"相对的本体论意义上的"体"。"'六艺之学'皆以'求仁'为最终目的，书、礼、乐、易、春秋等亦各有其文本，它们也是学者们藉以交流'体仁'经验的媒介。"③ 马一浮"体仁"说反映出被言说和听闻的人同时接受，将仁从识、体推到了行和验的程度。诗和仁分别是"六

① ［法］狄德罗著，张冠尧译：《狄德罗美学论文选》，人民文学出版社2008版，第7页。
② 同上，第26页。
③ 高迎刚：《马一浮诗学思想研究》，山东大学2005年博士学位论文，第77页。

艺”的出发点和归宿，是达到美的关系的重要途径。

抗日战争爆发后，马一浮从杭州迁往桐庐，临走之前他写下《将避兵桐庐留别杭州诸友》[①] 一诗：

礼闻处灾变，大者亡邑国。奈何去坟墓，在土亦可式。
妖寇今见侵，天地为改色。遂令陶唐人，坐饱虎狼食。
伊谁生厉阶，讵独异含识。竭彼衣养资，殉此机械力。
铿翟竟何裨，蒙羿递相贼。生存岂无道，奚乃矜战克？
嗟哉一切智，不救天下惑！飞鸳蔽空下，遇者亡其魄。
金城为之摧，万物就磔轹。海陆尚有际，不仁于此极。
余生恋松楸，未敢怨逼迫。烝黎信何辜，胡为罹锋镝！
吉凶同民患，安得殊欣戚。衡门不复完，书史随荡析。
落落平生交，遁处各岩穴。我行自兹迈，回首增怆恻。
临江多悲风，水石相激荡。逝从大泽钓，忍数犬戎厄。
登高望九州，几地犹禹域？儒冠甘世弃，左衽伤髦及。
甲兵其终偃，腥膻如可涤。遗诗谢故人，尚想三代直。

众多马一浮的研究者认为，如果没有爆发抗日战争，马一浮很可能不会改变“平生杜门”的状况，不会公开讲学和刻书。他的《避寇集》最初就是由他所在的复性书院刊刻的。同理，如果没有爆发抗日战争，马一浮“心统六艺”的美学思想也不会系统阐发，其“体仁”和“行仁”的美学传达论也不会在其诗歌创作中得到大量抒写。在这首诗中，充斥着狄德罗思想体系中“真实的美”，如“去坟墓”的悲凉，“妖寇见侵”“天地改色”的仓皇，“生存无道”的阴暗，“金城遭摧”的恐怖等，这都实实在在地属于美的范畴。同时，诗中也写出了“儒冠甘世弃，左衽伤髦及”“遗诗谢故人，尚想三代直”等诗行，正是把诗人与世间其他人、直与不直进行对比，方才体现出“仁”与“美”。

马一浮认为诗歌若能够流传后世，须体现出“识仁”“体仁”和“行

① 马一浮：《避寇集》，吴光主编《马一浮全集》（第三册上），浙江古籍出版社 2013 年版，第 47 页。

仁”的美。无论是抗日战争前更关乎个人内心表达的诗，还是因战争风云突变、山河破碎、人民流离失所等环境因素改变而对现实深切关注的诗。马一浮的弟子乌以风曾评论马一浮：“先生诗学最精，用力最勤，造诣最深。”[①] 马氏自己也说：“后世有欲知某之为人者，求之吾诗足矣。”[②] 这亦是一种“关系”，马一浮本人和他的诗、仁之间的关系同样是其美学传达论的组成部分。

（三）真、善、美的统一

马一浮认为：“事物古今有变易，理则尽未来无变易，于事中见理，则是索之杳冥。”[③] 如果离开理去谈事物，则很容易产生误解，以至于认识不到事物背后的真与美。他主张“‘六艺之道’是至真、至善、至美之道，是真正的自由、平等之道”。[④] 马一浮吸收狄德罗的“美在关系”，注重真、善、美的统一中的关系。狄德罗在《画论》中说“在真或善之上加上某种罕见的、令人注目的情景，真就变成美了，善也就变成美了”。[⑤] 这也就意味着真、善、美在狄德罗的关系中实际上成为一个整体，真和善是美的内容，美是真和善的形式，二者是和谐统一的。作为和谐体的真善美，一旦人产生了美的关系，那么这种关系也就是真和善的。但是狄德罗只从认识论角度谈了美的问题，而没有强调到真正能够践履“美的关系”和“真、善、美的统一”的实践。

马一浮提倡的儒家知行合一思想，在“六艺”中强调的是体用不二、理气合一。

马一浮的《卧佛》[⑥] 诗中这样写道：

尚寐无吪信汝贤，相逢莫许问生缘。醍醐杂毒俱名字，弥勒威音孰后先。

---

① 丁敬涵：《马一浮诗话》，学林出版社1999年版，第156页。

② 同上，第61页。

③ 马一浮：《泰和宜山会语》，吴光主编《马一浮全集》（第一册上），浙江古籍出版社2013年版，第21页。

④ 同上，第572页。

⑤ ［法］狄德罗著，张冠尧译：《狄德罗美学论文选》，人民文学出版社2008版，第15页。

⑥ 马一浮：《避寇集》，吴光主编《马一浮全集》（第三册上），浙江古籍出版社2013年版，第71页。

> 三昧何须论抖擞，涅槃今始息随眠。津梁已倦诸尘在，却见迁流是不迁。

从题目到内容，都很容易让人联想到马一浮本人的佛学因缘，但结合抗日战争的特殊历史背景，马一浮此时是在与卧佛的关系之中抒发感时伤怀之情。最后一句“津梁已倦诸尘在，却见迁流是不迁”，既是写马一浮本人与世事的纠葛与时间的流逝，又用“诸尘在”和“迁流迁”的对比，写尽了时空的空阔疏落之美。卧佛在“寐”，那么人们和中华大地的“抖擞”究竟什么时候才能到来呢？醒与寐的对比，也是一种参差的美。马一浮“面对卧佛”的发问、写诗，本来就是一种“行仁”，是一种真善美相统一的实践。

在《寓言》（三首）[①] 中，马一浮写道：

> 相逢何必问疏亲，歌哭邻家迹易陈。世事纷纭谁料得，异乡偏有助哀人。
>
> 呼蛇容易遣蛇难，谁解将心与汝安。寒暑到来无处避，出门长是草漫漫。
>
> 上国冠裳弃九夷，方音累译不通辞。山翁稍解钩輈语，收拾禽言入小诗。

“寓言”是一种很特殊的体裁，一般都在故事中寄寓了道理。马一浮这三首诗通用“寓言”作为标题，本身就是一种内容与形式的统一。《寓言》其一中“相逢”与“疏亲”的对比，写实又极具张力，体现出了美和仁的关系，这种“美”和“仁”在诗行和实践中，就是“异乡偏有助哀人”。《寓言》其二更是把国家和人生际遇写得活灵活现，蛇与人的关系、他心与已心的关系，让人联想到“农夫与蛇”和“呼易送难”的典故、俚语，偏都又与当时的马一浮和国家民族命运息息相关，之间的关系带给人一种真实的“美”，这种美是让人与之同呼吸、共命运，而不是引

---

① 马一浮：《避寇集》，吴光主编《马一浮全集》（第三册上），浙江古籍出版社 2013 年版，第 67 页。

起审美愉悦，是真、善、美的结合。《寓言》其三写马一浮本人流离的境遇，写他与山里人的沟通，看似平常琐碎，但写活了人与世界、人与人的关系。三首诗歌共同体现的是人与现实、人与人的关系，共同表现的是真、善、美的合一和张力，共同追求的是“体仁”和“行仁”的大美。

纵观马一浮在抗日战争时期的诗歌，不管是写实写景，还是写事写情，因其紧扣战争现实，写出了沉郁顿挫之美。继承和发扬了圣人“体仁”和“行仁”的美学传达论，丰富了“心统六艺”的美学体系。

马一浮“心统六艺”美学观，包含“识仁”“体仁”和“行仁”的美学传达和实践论，可以看作狄德罗“美在关系”说与中国美学思想的交融，更是对其“美在关系”说的丰富。马一浮在抗日战争时期的诗歌创作，在战争年代的硝烟中展现了美的力量。

第四节　马一浮抗战时期“复性”的美育观

马一浮一生仅有两次投身社会的学术活动，且均以“抗日战争”为背景。其中最重要的就是1939年3月开始在四川嘉定乌尤寺筹设“复性书院”。发表在战时的《复性书院学规》中，曾阐明了他的教育观，可凝练为“复性”的美育观。马一浮重视心与物的统一，“心统六艺”的正反合结构生发出与“仁”相关的传达论。“仁”与其他五种“德性”相通并归属于心性，要实现“仁”则必然走向“复性”之路。

马一浮借用禅宗“自性”概念“混同儒佛”,[①] 抗日战争时期希望通过言传身教所构筑的也正是“复性”的美育基石。如果没有“复性”之基石，那么“心统六艺”与“识仁”“体仁”“行仁”不过是无法到达的“巴别塔”甚至“乌有之乡”罢了。故而，马一浮“复性”的美育观是其“心统六艺”美本体为核心之美学思想不可忽视的组成部分。马一浮与丰子恺有过长时间的交往，其美学思想中“复性”的美育观恰好可以与丰子恺之“护心”理想相互引申、彼此阐发。

---

① 李国红：《马一浮思想研究——以性命与六艺为中心》，中国社会科学出版社2012年版，第78页。

丰子恺是民国时期重要的美学家和画家。他师从李叔同和夏丏尊，不仅在艺术、文学等领域得到他们点拨他们，更使得“心性”渐成。李叔同出家前，丰子恺同马一浮有了第一次接触，而后，长时间保持联系并受其影响。在为丰子恺《护生画集》作的序言中，马一浮说“愿读是画者善护其心”，这不仅赞扬丰子恺“人生同情论”思想体系中的“护心”思想，也在一定程度上将丰子恺的“心”与马一浮的“性”相联系，使“心”超越“同情心”而达到了更深广的地步。

一、主敬

复性书院创办后，马一浮在《开讲日示诸生》中写道：“事殊曰变，理一曰常。处变之时，不失其常道。”① 中国处于战火当中，马一浮之所以打破了他往常的处世原则，不再静守草庐、闭门治学，而开讲劝学，也是与时代的“变”紧密相连的。他创办复性书院，原则是要“以复性为纲领，以返求为功夫”。② 自然，马一浮所谓“常道”，乃是“书院所讲求者在经术义理”；③他所谓的“变”，则是立足于复性书院与当时学制之不同、与流行的西学之区别。在他看来，“常”是恒久不变的，是古来大道与真理，是中华学术之源；而“变”作为一个道理，其存在本身实际上也是具有一定合理性的“常”。因为“物之变虽无穷，吾心之感恒一”，④ 所以马一浮对于当时一些学者的观点和流行的西学并不完全赞同，认为其对于“心术”有害，并非“常道”。“学而至于圣人，方为尽己之性”，⑤ 这在他看来是极为重要的。从丰子恺的“护心”美学入手，结合他的“人生同情论”的美学体系，无论把“心”理解为“心性”还是单纯的“同情心”，都与“复性”之“性”同样具有“常”的特性，只有真正做到了“护心”与“复性”，才能够接下来返求功夫、整理身心乃至通达外物。在这个层次上，所谓“性”与“心”是统一的，丰子恺的“护心”和马一浮的

①③ 马一浮：《复性书院讲录》，吴光主编《马一浮全集》（第一册上），浙江古籍出版社2013年版，第84页。

② 陈锐：《马一浮思想中的“复性”及其现代意义》，《杭州师范学院学报》（社会科学版）2003年第1期，第9页。

④ 马一浮：《复性书院讲录》，吴光主编《马一浮全集》（第一册上），浙江古籍出版社2013年版，第85页。

⑤ 同上，第86页。

"复性"从出发点上而言就是统一的。在这方面，马一浮的"复性"美育观实际上影响了丰子恺等同时和后世美学家的美育思想。

《复性书院学规》是马一浮提出的学习规范，以儒学教育为根基，贯穿佛道等思想，辅以群学。这也是马一浮不同于其他新儒学学者的地方。虽然他与梁漱溟、熊十力同倡儒学，但他不重事功，以"六艺"囊括天下学问，吸纳其他学问的有益之处。在《复性书院学规》中，他开章明义地说明了自己并不偏废门户，这也就使得马一浮的"复性"为核心的心性论有别于他人。马一浮创办复性书院的目的是为了"复性"，那么作为学规，其规定的学习的范式也是为了达到"复性"。马一浮"复性"思想贯穿学规的始终。马一浮在学规中指明："必适于道，只有四端：一曰主敬，二曰穷理，三曰博文，四曰笃行。"① 这四部分共同构成了马一浮为学生提出的学习之"道"，组成了他"复性"的理论系统。

"主敬"是马一浮提出的第一个要点，他认为这是涵养生机所必须要做到的。《复性书院学规》里引用孟子的话，说明万事万物必须有所润泽，方能得到成长。涵养生机，但不能为物欲所遮蔽，必须秉持一种虔敬的心祛除心灵上的杂质，敛气聚精，产生"智照"。马一浮所说的"气"，构成生命转圜，很可能夺去人的"志"，必须培养元气、收摄充养，才能让"志"成为"气"的宗旨与统帅，让"气"与"理"相调顺。丰子恺的"护生"即"护心"，涵盖于其全部美学体系则是以"绝缘"为途径、以"同情"为中心、以"苦闷"为对象，最终目的都是为了实现对"心志""心性"的回护与涵养。在"主敬"中，马一浮所谓的"志"，实际上是其"复性"之"性"的一个方面，也就恰似丰子恺"心"的组成部分。

"敬"的反面，是放肆、轻怠、疏慢。"忠信"就是"敬"。马一浮引《说文》："忠、敬互训，信者，真实无妄之谓。"② 他认为礼仪是"敬"的根本，人只有持守礼仪才会处于安全、安定的状态，否则就会遭受危险。以丰子恺的"护心"观之，"心"显然是敬，即忠信的旨归，而敬、忠信是为了达到护心即护生的目的，如果没有做到敬、忠信，这里的"心"则是不完整的。故而，马一浮的"复性"美育乃是包含多方面意蕴的，他之

---

① 马一浮：《复性书院讲录》，吴光主编《马一浮全集》（第一册上），浙江古籍出版社 2013 年版，第 87—88 页。

② 同上，第 89 页。

所以把“敬”作为第一个要点和涵养之根本提出来，是因为“敬”是“复性”中最基础的成分。如果不能做到敬、忠信的稳固，人不可能守住本性、回复本心，便会遭到灾祸。在马一浮看来，“性”并不只包括王阳明所言的“天理”，而包括“理”与“气”。“理”是人的“性”，“气”是人的“情”。必须首先做到“敬”，居敬而守住本心，方才能够使得人的理气通畅。正因如此，有学者直言“在马一浮看来，‘敬’乃是我们进入生命之本根的命脉”。[①] 这也就是马一浮自己说的，“须知敬之一字，实为入德之门”，“圣贤血脉所系”。[②] 马一浮以“六艺”统领群学，在他看来，“德”与“仁”不仅是儒学的基础，也是人之本性的基础，所以把“敬”称为“入德之门”，可见其重要性。所以，想要贯穿始终，想要有始有终，想要巩固学问根基，必得首先“主敬”。在这一点上，“敬”实在是成就生命、确立本真、端正德行的重要路径，这一重要性不仅体现在学习上，更加是其“复性”之路的重要起点。

二、穷理

在构筑了“主敬”这一“复性”的基石之后，马一浮提出了“致知”的关键——“穷理”。他引《易·系辞传》言，“穷理尽性以至于命”。[③]此处，“穷理”与“尽性”相连；他还引《大学》以明确格物致知。“穷理”不仅是为了“致知”，更重要的是通向“复性”这样一个更为远大的目标。同样，丰子恺作画结集为《护生画集》，将事态万象归拢于笔下，画画是手段，而画中的故事和道理共同构成“护生”，即“护心”。对应起来，马一浮在抗战时期的讲学、作诗、刻书和书法莫不如此。在这一点上，二人所选取的手段虽然不同，但思维方式和旨归都是极其相似的。究其原因，不能简单地说丰子恺受到了马一浮的影响，而应从他们思想的根源来看，确均有融合儒、佛思想的痕迹，都有对内在生命的尊重与回归。

马一浮在乌尤寺创办复性书院时，曾写楹联“要使鱼龙知性命，不妨平地起波涛”，实际上除了强调“性命”与创办书院的“平地起波涛”之

---

① 何仁富、王剑：《马一浮〈复性书院学规〉看儒学的生命教育导向》，《晋阳学刊》2012年第6期，第80页。

②③ 马一浮：《复性书院讲录》，吴光主编《马一浮全集》（第一册上），浙江古籍出版社2013年版，第90页。

外，也内含着“穷理”之意。在解释“穷理”的时候，马一浮分别阐述了朱子和王阳明对格物、致知二者的不同看法，前者强调“渐教”，后者认可“顿教”。他认为，这二者明白“知”在于“心”，“理”也不在“心”外，所以他们并没有强行拆分“我”与“物”，而是认为心外无物、心外无理。于是，格物、致知作为求知于自己的大过程的不同环节，都是格外重要的，都反向证明了必须从“心”来“穷理”。而后，他说格物就是穷理，那么穷理在于致知，则必须从本心出发。“一心贯万事，即一心具众理”，“心外无理，意即心外无事”。[1] 这就是要把学养、功夫、知识直接落脚在自己的“心”上，而不是通过对外界的认知或对外物的求索而获得。为什么呢？马一浮认为西学的问题在于连自身都未能认清，那么如何可能识得外界？这也就是他格外强调“心”重要性的原因。他以为“知”是自觉自证的境界。所谓“如人饮水，冷暖自知”，所谓“子非鱼焉知鱼之乐”，都可以印证这个道理。要想“穷理”，还必须做到圆融贯通，马一浮也格外看重这一点。通过“穷理”，达到了“尽心”的境界，而后还必须“知性”“尽性”和“赞天地之化育”。也就是说，仅仅有“致知”还不够，必须把“知”与“理”相联系，返还事物的本原，追究于内心、天地。“理是同具之理，无可独得。知是本分之知，不假他求。”[2] 马一浮强调“穷理”必须要用思维，否则会把自己置于危险的境地，“读书既须简择，字字要反之身心”。[3] 要真正做到这些，才可能“致知”，才可能“穷理”。而这一切方法与奥妙都必须建立在第一阶段“主敬”的基础上。从丰子恺的思想来看，他的“绝缘说”实际上也就是剪断外界不必要的联系，而求诸内心、洞察世事，在守住“苦闷”的时候以对一切之绝大“同情”体味百态，从生命回归心性，以回护心性至于回护生命。这与马一浮“穷理”的求问内心、各自体认结合起来，不仅在当时的社会、即使在当下也富有现实意义。可见，马一浮的美育思想具有绝强的生命力。

三、博文

马一浮所强调的“文”不是单纯指向“文辞”，也不局限于经典，而

---

① 马一浮：《复性书院讲录》，吴光主编《马一浮全集》（第一册上），浙江古籍出版社 2013 年版，第 91 页。

②③ 同上，第 93 页。

是包括天下的一切事相。这里的“事相”，即家国天下、山川世事。“道外无事，亦即道外无文。”[①] 马一浮并不拘泥于门户之见，而是融合了儒、佛等各家思想，虽以“六艺”为其学问的统摄，实则并不偏废一家。马一浮说“文”乃是家国天下、乃是世间事象，那么，这个“博”字则正好印证了他对学问的看法，体现了他的胸怀之大、眼界之广。而正因有如此胸怀与眼界，才可能认清本真，回归真性。所以“博文”也是构成“复性”的重要部件。丰子恺便是受到李叔同、马一浮等人影响，他的同情、清净，都是从佛学中汲取了养分的。

马一浮不仅仅关心“文”的表面形态，他曾在学规中提到，在心里称为“理”，显现于事才称为“文”；事具固有的正当法则，即“理”；践行这个固有且正当的法则，即“文”。结合“穷理”所说的“心外无事”，那么在穷理的同时才有博文。“穷理”主要体现在“思”的层面，那么“博文”则主要体现在“学”的层面。马一浮提出“天下之事，莫非六艺之文”，[②] 那是因为“六艺”所包含的内容已经超越了文本的厚度，“《诗》以道志而主言”，“《书》以道事”，“《礼》以道行”，“《乐》以道和”，“《易》以道阴阳”，“《春秋》以道名分”。[③]如此看来，难怪他要强调“六艺”可以囊括天下学问甚至天下之“文”。学“六艺”，也就是学天下的大道，才可能“博”而非偏废。“博文”并非目的，在知类通达之后，强立不反，才能实现“立事”。既然“文”包括世间万象，那么“事”也绝不是点点滴滴、大大小小的实在事件，而是更为深广的具有宇宙观的概念。儒家所谓“三才”，包括天文、地文和人文，那么“事”实际上也包纳了全部的生命和宇宙。到此处，更可看出马一浮“复性”精神的根本。那是因为，他的“博文”与“立事”所代表的全部的生命和宇宙，正对应着“性”所指代的人的本心、本性，这里的本性既是内在宇宙的运动，也是内在生命的周转。从“博文”到“立事”，实际上也就是到“复性”，这是必然要经历的过程，所以，马一浮强调通过“六艺”学习而达到“博文”，是有着深刻内涵的。有趣的是，在这里丰子恺的“心”与马一浮的“性”实现了对接。

---

① 马一浮：《复性书院讲录》，吴光主编《马一浮全集》（第一册上），浙江古籍出版社 2013 年版，第 94 页。

②③ 同上，第 95 页。

四、笃行

马一浮提出“笃行为进德之要者”。[①] 他认为，德、行实际上是一回事，在心则是“德”，践行于身则是“行”。在“主敬”条中，笔者引用马一浮的言说，他一针见血地点明了“敬”是“入德之门”。那么“笃行”则是进德的关键。经过了前三个阶段的准备，有了心灵的烛照清明，达到了穷理致知和博文立事之后，还不能称得上完全的“复性”或是获得完整的生命，完整的生命还应在于“德”的完全建构和显现。这就必须依靠“笃行”，必须经历没有欠缺、间断的长时间的修行才能达到。马一浮说：“无有欠阙，无有间断，乃可言笃。无有限量，无有穷尽，所以言进。行之积也愈厚，则德之进也愈弘。”[②]这也是马一浮“复性”美育观念对个体的最终要求。

行与德是同一事物的两面，而言则是其表现。言与行都是人心中的触发，可说言行并举。分开来说，虽然言行必须统一，但言又统摄于行。只有一个人真正做到“言诚”“笃行”，才可能达到“德”的要求。既然儒家所谓万德都统摄于“仁”，那么德行仁厚则至为重要了。“德”分为“性德”与“修德”，在“性德”与“修德”之间，马一浮更强调“修德”的重要性。那是因为前者虽然天生具有，但随着自然的推移、时间的辗转，会发生变化，且并不能证实或显现；而后者乃是在后天的过程中“修”成的，是在“笃行”的过程中逐渐显现的，是会长久保留并且构成“性”的重要组成部分的。在这个程度上，马一浮所提出的前三者“主敬”“穷理”和“博文”虽然是至于“笃行”的重要步骤，但“笃行”又实际统摄着前三点，因为只有“笃行”才能达到“进德”，才能实现“复性”。联想到马一浮的活动，可以理解为何先生之前一直拒绝与世合流、闭门不出，而后却因山河破碎等外在环境的变化而影响心境，出山创办复性书院。无论是他的闭门治学，还是创办书院，实则并无矛盾，都可作为他为“进德”、为“复性”而“笃行”的具体表现。

“子以四教，文、行、忠、信。”“文即六艺之文，行即六艺之事。忠、

①② 马一浮：《复性书院讲录》，吴光主编《马一浮全集》（第一册上），浙江古籍出版社2013年版，第98页。

信则六艺之本。"① 马一浮认为，他的四条学规与孔子四教是相通的。这在他而言，既是继承儒学、发扬传统，又是根据他自己的独到理解而提出的治学的方法和规条。当然，这四条学规里的内在逻辑严密，不仅是前后相承，更具有复杂的联系。最终，通过"笃行"而实现他对于"学"的目标，实现他对于"德"的目标，成就他"复性"的根本。"笃行"实在是实现"护心"或"复性"的关键，且在内心的大宇宙、自我的心胸的养成中，必须有"笃行"的依护，才可能锻造真正的心性、性情，否则便是缺乏依据的。丰子恺曾在《缘缘堂随笔》中写道："艺术家要在自然中看出生命，要在一草一木中发现自己，故必推广其同情心，普及于一切自然，有情化一切自然。"② 这样的"笃行"，与马一浮本人的"笃行"，可算异曲同工，俱是导人向"美"、导心向"美"的康庄大道。

马一浮以"六艺"统群学，吸收佛学中的顿悟与修行等思想，重视通过诸种途径锻造心性之"真"与"仁"，强调心统性情，心兼理气。马一浮为丰子恺《护生画集》作序，丰子恺自谓"去除残忍心，长养慈悲心，然后拿此心来待人处世"。二者具有相似之处。贯穿于"主敬""穷理""博文"与"笃行"之中的正是马一浮回复本性、求问本心的"复性"美学实践，而无论是"护生"还是"复性"，在学规所提到的四者中，指向的都是"心性"，这正是马一浮富有创见的美育观。

第五节 "为天地立心"：马一浮抗战时期的审美实践活动

一、从泰和、宜山到复性书院

马一浮抗战期间重要的讲学分为前后两个阶段：泰和、宜山阶段和到复性书院阶段。除了时间、地点、言说特点之外，最主要的区别是在泰和宜山"特约讲座"和复性书院两个阶段所讲内容的内涵、深度不同，对美的理解渐次深入。他在泰和宜山总讲"六艺"。随后，"在复性书院的讲学

---

① 马一浮：《复性书院讲录》，吴光主编《马一浮全集》（第一册上），浙江古籍出版社 2013 年版，第 101 页。

② 丰子恺：《缘缘堂随笔》，岳麓书社 2010 年版，第 19 页。

以及《复性书院讲录》中，又进一步予以完善和深入，对群经大义分别讲述，将儒家的六艺之学作为人类一切文化的根本和希望所在”。[①]

马一浮在泰和、宜山讲学时期，回答了“六艺同古今中外一切学术的关系问题”，[②] 是要解决美学本体论的问题。也有学者认为，“六艺既是马一浮的学术观，也是他的文化观。当他1938年在浙大讲坛上正式将六艺之学作为中国文化的源泉时，则标志着完成了由佛道向儒学的转变”。[③] 马一浮游走于儒学、佛学和其他各家思想之间，虽然以儒家学养为根本，但是治学重点却在不同时期有不同变化。

泰和、宜山两次讲学中，马一浮首先讲述了自己“入世”讲学的因缘。他认为这次讲学主要目的在于让浙江大学的学生对中国的固有学术得到明确的认识。只有明白了这个“本”和“根”，才能发扬天性、因势利导、完成人格、承担责任，成为对国家和社会有用的人。马一浮的发言是为了“感动”学生，这种感动必然会产生影响。在讲明发端的过程中，马一浮言语之中满是对中国固有学术的信心，并称为“国学”。随后，阐发以“心统六艺”为核心的美学思想是从辨明国学开端的。马一浮认为国学一般指区别于外国学术的本国固有学术，是以外国学术来作为前提和标准的，这种定义充满了相对主义的色彩，实际上还是没有给“国学”一个清楚明白的概念。马一浮用“楷定”来界定国学，用相对开放的态度接受其他人的意见，他认为，国学就是六艺之学。六艺之学的内容，主要包括《诗》《书》《礼》《乐》《易》和《春秋》。马一浮的“心统六艺”作为其美学思想的核心内容，根源于他把“六艺”当作古今中外一切学术的统摄，是人类一切学术和内心的归引和源泉。马一浮从传统典籍中找出了“六艺”存在最早的根据，他认为至少在西周时期就已经有了六艺。因此，世间一切其他学问都是从六艺发端，如果没有六艺，就没有一切其他学术。“六艺”在某种程度上说，就是“心”，也是“理”，“六艺”调和了程朱理学与王阳明心学，涵盖了中西各家学说，就是从其作为根本的普遍真理而言。“马一浮认为总别不异正表现了中国学术不同于西方之处，六

① 陈锐：《马一浮儒学思想研究》，上海古籍出版社2010年版，第58页。
② 邓新文：《马一浮六艺一心论研究》，上海古籍出版社2010年版，第67页。
③ 陈锐：《马一浮儒学思想研究》，上海古籍出版社2010年版，第56页。

艺之间是互通的，而不是像西方的分科一样将之割裂开来。"[①] 这种"总别不异"是融汇于马一浮"心统六艺"美学观中的重要内容，是其美学思想的具体表现，也是马一浮美学思想同其他新儒家、美学家相区别之处。于是，马一浮在说明了六艺统摄一切学术之后，重点分析了六艺统摄于一心。心是性情的统摄，而性是理的寄托，情是气的发挥。马一浮虽然提出"六艺统摄于一心"，但是他的"心"是包孕了性、理、情和气的存在，远非心学所倡的"心"可比。

"马一浮把道德寄希望于六艺"，[②] 甚至提出西来学术亦统于六艺，他是从作为普遍真理和人心本具之理来谈的，从这个角度来说，马一浮并没有"夸大"六艺、"神化"六艺的倾向，相反，在那个时代，马一浮的"六艺论"提升了一代学人民族自信心和荣誉感。

对"六艺论"的细致论述，主要有谈到君子小人之辨、理气、知能、忠信笃敬、学问等。马一浮在确定了六艺之学为普遍心性与真理之后，认为"古今中外一切学术皆是六艺之学之流失，是六艺之学的不完整的体现"。[③] 在美学范畴上，马一浮始终以儒家知行合一、体用不二、理气合一为根本。他坚持以"六艺"调和二元分化，最终归于"六艺"与"心"。有学者将马一浮的"六艺一心论"分为六艺论和统摄论两部分，马一浮在泰和、宜山的言说辑成的《泰和宜山会语》中所论述的，主要就是统摄论。

而在复性书院，就美学思想上说是对泰和、宜山讲学的细化和深化：从"统摄"具体到了"六艺"本身。其中路径是探索"心统六艺"的美本体论，通过诗歌创作丰富美学传达论，系统阐述"复性"的美育观。他总的希望，是将"六艺"统摄于心，建立起一个符合"常道"的美学观，他为之一步一步的努力，知行合一，将思想与实践圆融。

马一浮及其复性书院，曾受到各种不同的评价。但我们立足于抗日战争这一特殊的历史时期，可以看到马一浮创办的复性书院既是弘扬传统文化的阵地，又传承了儒家救国的志向，并非与时代相对立的逆流，也不能因其受国民政府资助而进行苛责。马一浮深知书院与学校的不同，他并没有想拾起"尊孔复古"的套路。种种心迹，在开讲日当天，马一浮就告诉

① 陈锐：《马一浮儒学思想研究》，上海古籍出版社2010年版，第60页。
② 同上，第79页。
③ 同上，第69页。

复性书院的学生了。复性书院就是要教人常道，让人反诸本心、穷理尽性，既不是文化“复古”，更不是闭门造车。不管是从哲学还是美学上来看，马一浮的认识都非常透彻。他没有讲深奥难解的道理，而是从“心性”和“常理”上来使人受到感化、通晓经文。马一浮开办复性书院，曾与熊十力等友人发生过争执，原因之一就在于他反对务实，而熊十力等人建议他要考虑学生日后的生计。马一浮的美学观也不同于梁漱溟的偏重事功。无论是言说还是行动，马一浮始终坚持着自己的路径。

在复性书院的演说，后辑为《复性书院讲录》。值得一提的是，在复性书院马一浮还刊刻了一大批书籍，包括他自己的诗集。马一浮到复性书院结束前一直坚持刻书、写作，虽然大多数时候是为了生计。这一系列实践都丰富了他的美学探索，完善了他的美学思想。在《复性书院讲录》中，除了总的《开讲日示诸生》《复性书院学规》《读书法》和《通治群经必读诸书举要》等篇目外，就是具体阐释群经大义。前文在谈到马一浮抗日战争时期的美学思想时，已详细阐述了马一浮《复性书院学规》中的“复性”美学观，而“复性”及其美学体系通过这一阶段的群经大义亦得到了进一步生发。

马一浮在复性书院的审美教育与实践，主要是通过讲解“六艺”及“六艺大义”的相关问题完成的。关于诗教，马一浮认为诗教是声教的大用。承袭孔子的传统，马一浮也极为重视六艺中的诗教，认为诗教与仁有最为直接的联系。马一浮对诗的看法，可以和他抗日战争时期诗歌创作的美学实践相联系，他对自己的诗歌评价、期许极高，他的诗歌也直接彰显了以“心统六艺”为核心的美学思想；关于书教，马一浮直言“为政以德”。“六艺”实为一体，“仁”在政治上就表现为“德”。马一浮论述书教大义，尤其拈出《洪范》一篇。马一浮指出，要明白《洪范》的意图，必须首先摸清“皇极”的内涵，“知皇极之表性德，然后知庶政皆为天工，非私智所能造作也”。[①] 皇是君主、君王的称谓；极是至德之号。马一浮认为，皇极是“标心德之总名，示尽性之极则”，这与马一浮总的美学思想一脉相承。马一浮始终没有将美本体剥离人的心性，心与理又是一体的，

① 马一浮：《复性书院讲录》，吴光主编《马一浮全集》（第一册上），浙江古籍出版社2013年版，第270页。

所以始终强调的是反诸本心的修养。他的美学观更多的是指向人内心，而非外部世界。但是，不能认为马一浮不注重外部环境的作用，他在书教当中也论述了政，这恰是处理人与外部关系的重要一环。书教与德政不可分。关于礼乐教，马一浮也给予了它们相当的位置，尤其是礼，马一浮认为“六艺之教莫先于《诗》，莫急于《礼》”,[①] 礼是诗之仁与书之德的践履，是由内而外的实现，“君子以仁存心，以义制事。诗主于仁，感而后兴；礼主于义，以敬为本”。[②]乐是与礼相连的，如果行其义，行而乐，中其节，就是乐。马一浮强调《诗》与礼乐之原的关系，礼乐一体，共同规约了言行，即节、义。礼乐之原可以推至忠恕，忠恕又根本于孝悌，孝悌又源出于爱敬。无论是忠恕、孝悌还是爱敬，都是中国传统文化尤其是儒家文化的精髓，作为一种美学表现与美学追求，在马一浮看来一样具有现实意义。忠恕、孝悌和爱敬是作为用和外在的表现，本于心和理，受“心统六艺”的统摄。孔子认为“兴于诗，立于礼，成与乐”，马一浮引用《乐记》言“乐至则无怨，礼至则不争”，礼乐的大用就在于此；关于《易》教，马一浮指出：“《易》之为教，在随时变易以从道，故‘惧以始终，其要无咎’，‘因贰以济民行，以明失得之报’。”[③] 易有三义，变易、简易和不易，马一浮虽然没有在此处细致区分这三层含义，但是通过运用佛学《楞伽》中的思想，实际上给予了《易》教另一种解释。在国破家亡的危难时刻，变易、简易和不易通过马一浮本人的言说和实践都有直接的体现。关于《春秋》教，马一浮和其他春秋学家一样对春秋三传分别有自己的看法，将《春秋》与三易结合起来，《春秋》大义就在于“托变易之事，显不易之理，成简易之用”。[④] 对于《春秋》中种种二元关系，马一浮始终不落一边，坚持了他一贯的美学趣味。马一浮将《春秋》大义同当时的时局结合起来，在乱世中不退缩，选择立言。马一浮分别解说了“六艺”之后，还对“六艺”之“约”的《孝经》进行了阐发。“在马一浮看来，如果用一字概括性德之全的话，那就是‘仁’；如果用一字概括行仁之道的话，那就是‘孝’。圣门一切行持皆从孝起，六艺大用无尽，会其

---

①② 邓新文：《马一浮六艺一心论研究》，上海古籍出版社2010年版，第76页。

③ 马一浮：《复性书院讲录》，吴光主编《马一浮全集》（第一册上），浙江古籍出版社2013年版，第157页。

④ 邓新文：《马一浮六艺一心论研究》，上海古籍出版社2010年版，第83页。

宗趣，无不摄归于孝。”[①] 从马一浮的“六艺”美学思想来观之，仁和孝实际上是一体的，六艺和《孝经》亦是心、理的映照，并没有轻重、强弱之分。所以，强调孝，也就是强调六艺。有学者认为马一浮的哲学与美学思想始终脱离不开道德色彩，在这方面也得到了体现。

总的来说，抗日战争时期的马一浮，无论是前期在浙江大学的“特约讲座”，还是后期复性书院的专门教授，一直没有停止探索他“心统六艺”的美学思想。如果没有前期的积累和构建，就没有后期的发挥；如果没有后期的“接着说”，前期的构建也就得不到丰满。虽然马一浮的许多论述没有直接表现战争，但是，他在哲学和美学研究上，重在普遍的道理和心性的养成。他认为六艺之中包含着普遍的真理，这种真理与人的心性都是普遍和永恒存在的：“六艺的目的不是教人属辞比事，获得各种知识，而是要使人到达道德上的提升和完善。”马一浮很强调美的普遍性，所以他的美学不同于同时代的许多学者，在道德形而上的包孕中获得了更普遍的意蕴。马一浮的美学落脚点在“六艺”，不可否认地具有民族性。但是，马一浮的民族性，绝不是民族主义。

二、抗战时期马一浮的诗歌创作

诗歌创作上，马一浮贯穿了他基本的美学趣味：圆融佛释，善于用典。哲学家贺麟称马一浮为“我国当今第一流的诗人”。[②] 马一浮并不自夸其他方面的才学，但对自己的诗歌很有信心。贺麟认为马一浮作为一代儒宗和学者之外的成就里，“最重要的可能就是他的诗了”。[③] 作为一个言行一致、体用不二的美学家，马一浮的诗就是他这个人的写照，不仅包含了他对生活、学问的态度，不仅有他所经历的事与人，更多的是充盈了他的美学思想。

同为新儒家，梁漱溟和熊十力几乎不写诗，但是马一浮从《菊花诗》开始，一生中写下了数百首诗篇。马一浮在抗日战争时期创作的诗歌，主要收录于《避寇集》等集子里，抗日战争之前创作的诗歌也主要出版于这一时期。由于时代和现实的缘故，马一浮在抗日战争时期集中阐释了自己

---

① 邓新文：《马一浮六艺一心论研究》，上海古籍出版社2010年版，第90页。

② 贺麟：《五十年来的中国哲学》，商务印书馆2002年版，第15页。

③ 陈锐：《马一浮儒学思想研究》，上海古籍出版社2010年版，第97页。

的美学思想，而诗歌创作就是其美学思想的最佳实践。他的诗歌创作因此而更加厚重。

马一浮在诗歌创作方面的天赋很高，体现在他下笔神速和典故密集方面。他写诗绝不是无病呻吟、卖弄诗才，更不是追求闲情逸致，他的诗歌无不是“六艺”追求的体现，无不是心与理的结合，体现出一种人格、才华和美学趣味的契合。马一浮认为，在江西泰和作的诗比言说更完善，“真是活泼泼也”。国破家亡的危机激发了马一浮的热情，他的诗歌创作也脱离了过往的趣味，转向了一种更能引起读者共鸣的类似杜甫的情致。当然，马一浮作为一代儒宗的同时也包孕了佛学等多家思想，他的爱国情、民族情与愤激之情并不表现直率，在普遍的情感上浓郁深沉，形成了独有的张力。“但使中国文字不灭，吾诗必传。此时虽于人无益，后世闻风兴起，亦可以厚风俗，正人心，固非汲汲流传以取虚誉也。”[①] 马一浮相信自己的诗歌必然能在“心”上起到作用，这也符合他以“心统六艺”。马一浮有此自信，确实是对自己的诗歌有正确的认识。但是，现今的读者是很难领悟他的诗的，即使他的诗歌当中充盈着美学趣味，可那高密度的用典和众家交融的兴味，非大学者或有悟性的读者不能懂得。值得玩味的是，与马一浮同时代的人也未必能够完全懂得他的诗歌。熊十力曾言，马一浮“其特别之表现在诗，后人能读者几等于零也”。[②] 马一浮的初衷是通过诗歌表达自己的情致，上承“诗言志”和“诗缘情”的传统，下传中国“六艺”的精髓，符合他自己在美学上的一贯追求。所以，马一浮的诗中到处是奥远的哲理和高深的境界，到处是丰富的学识和生动的典故。这既是马一浮诗歌的长处，又是他诗歌不容易被读者接受、领会的障碍。马一浮倡导“六艺”，他的美学思想和实践都是围绕着“心统六艺”这一核心而展开的。诗教在“六艺”中处于中心位置，与其他几门学问、道理互为统摄。马一浮在诗歌创作中，把自己融化在无限的宇宙和自然当中，其中一切恒常不变的存在，如言语、音韵、诗和概念、六艺之学，儒佛的差别，东方和西方文化的差别与冲突都消失不见了。马一浮的这种状态，正是他把儒佛、中外文化广采博收，在儒学的根基上建立起一座圆融汇通的

---

① 丁敬涵：《马一浮诗话》，学林出版社1999年版，第75页。

② 陈星：《隐士儒宗》，山东画报出版社1996年版，第169页。

具有他自己特色的“六艺”为核心的美学大厦。实际上，中国历史上许多哲学、美学和思想家都有这种类似的体验和境界，这就是一种诗的哲学与美学，只不过在马一浮的诗歌中体现得更为明显。马一浮重视诗教的作用，他的以“心统六艺”为核心的美学思想更是在抗日战争时期的诗歌中体现得淋漓尽致。

马一浮抗日战争时期作诗，是当作诗史来作的，与残酷的战争现实联系特别紧密。战争的残酷使国家形势与个人命运联系在了一起。从前的宁静不复存在，诗歌创作的内容有了很大的改变。马一浮没有选择自我麻醉或躲避，而是勇于批判日本侵略的罪行。诗歌创作是他重要的抒发胸臆的手段。“在《革言》一诗中，他愤怒地揭露了侵略者：‘灭国五十二，大恶书春秋，……狐狸上高楼。’”[①] 马一浮认为，自己如《革言》这样的诗歌可以作为诗史，一方面写中国之难看现实，另一方面写现实中之人心人性。马一浮认为自己的诗歌一定会流传下去。他将诗歌与“识仁”“体仁”和“行仁”的美学表现论相互摄取，诗中的真实是艺术的真实，也是历史的真实。

马一浮的诗表现了普遍的情感和人类的真理，极富穿透性和张力。抗日战争时期，马一浮诗歌的题材、内容很广泛，没有沉溺于个人的情感和忧患当中不能自拔，“他在避难之中，战争与国际政治的变化也不时地被纳入其诗的内容，诸如‘英法苏谈判为洽’，‘国际联盟’等皆被入诗”。[②] 马一浮的诗歌创作不拘一格，当个人经历了社会时代的重大事件之后，身心备受震撼，他将这种体验也融入了儒佛圆通的美学思想中。因此，他的以“识仁”“体仁”和“行仁”为代表的美学表现论得到了最大限度的充实。这一时期，马一浮的诗歌与过去诗歌中所呈现出的佛、道等各家思想元素不同，更多的是个人与民族危亡之间的互动关系，使得他的诗富有时代和民族意义，堪称“诗史”。有学者统计，在《避寇集》中，马一浮用了许多诸如“寇”“胡”“蛮”“夷”“夜袭”“豺”等字眼，这些语汇在中国传统文化中就是负面、反面的代表，其中的意蕴伴随着时间的推移更涂抹上了历史的记忆。马一浮诗歌中运用这些语汇极为真切和有意味。抗日战争时期，与马一浮在泰和、宜山和复性书院的言说相对应，他的诗歌

①② 陈锐：《马一浮儒学思想研究》，上海古籍出版社2010年版，第109页。

中表达了“六艺”、儒学与对和平的渴望。

马一浮的诗歌创作实践活动表现了他言、行与思的高度一致。马一浮绝不说一套做一套，除了写战争题材的诗歌，还有写自我心境的诗，此类诗歌也因时代的原因而变得更深沉。“在1941年出版了《避寇集》后，马一浮进入了诗歌创作的鼎盛期，并在1943年到达了高峰。”[①] 通过诗歌创作，马一浮践行“识仁”“体仁”“行仁”的美学观，与“复性”的美育思想相互生发，共同充实了以“心统六艺”为核心的美学理论。

马一浮擅长诗歌，他的书法亦为一绝，丰子恺曾称他为“中国书法界之泰斗”。抗日战争时期，马一浮为了维持复性书院的正常运转，为了有经费刻书，还多次鬻字。除了书法之外，马一浮兼有创作序、跋、铭、传、书、记、赞等类型的文章，他为熊十力、丰子恺等人的作品作过序，为浙江大学写过校歌，这些文章和诗歌一道组成了马一浮的作品群，成为其美学体系的直接实践和正面反映。马一浮的言、行、思高度契合，“六艺”美学思想因他而焕发出新的生机。

第六节　马一浮抗战时期与其他思想家的交往

马一浮一生交往广阔，据丁敬涵撰写的《交往录》：仅有名的学者、方外大家就不下百十人。这与马一浮的性格和人品有关。经由抗日战争的洗礼，更加珍惜学者们之间的交往。他们之间的友谊、共同的爱好，甚至是不同意见的纷争，与友人唱和、应和，激发了他的创作活力。

一、马一浮与谢无量的交流

马一浮与谢无量相识于少年时期，从1901年前后直到1964年谢无量去世，二人都保持着深厚的友谊，令人心折。谢无量去世后，马一浮作挽联：“在世许交深，哀乐情忘，久悟死生同昼夜；乘风何太速，语言道断，空余涕泪洒山丘。”[②] “语言道断”在马一浮看来是二人今后再无可能沟通，

---

① 陈锐：《马一浮儒学思想研究》，上海古籍出版社2010年版，第111页。

② 丁敬涵：《马一浮先生年谱简编》，吴光主编《马一浮全集》（第六册上），浙江古籍出版社2013年版，第239页。

再没法重复昨日的“哀乐情忘”。纵使马一浮“久悟死生同昼夜”，但当这一天真正降临到自己与友人身上的时候，只能叹一句“何太速”！马一浮写出这样句子的那一刻，他已经抛下了自己作为一代儒宗的身份，也抛下了书法家、诗人的虚名，甚至忘记了自己早已钻研透彻的无边佛法，他回归了一个普通人失去至亲至爱友人时候的悲恸，故而“涕泪洒山丘”。马一浮深知那是“空”，一个“空”字使得两人天人永隔，这是何等悲凉！马一浮人、言、行契合无间，马一浮对谢无量离世的态度可见一斑。无论马一浮懂得多少知识，多么知晓世事无常的道理，他在面对真情的时候还是回返了自心，寻到了普遍、永恒的本性、真理。这是以“心统六艺”为核心的美学观的终极关怀，也是马一浮自身遭际的真实写照。

抗日战争时期，战乱使得两人失去了联系。马一浮在战争爆发后，曾写诗作表达友人之间的离别：《将避兵桐庐留别杭州诸友》。后便由杭州到江西泰和、广西宜山避难，再到四川嘉定乌尤寺。谢无量则经辗转颠簸，受困在了香港。马一浮到乌尤寺后，便开始打听谢无量的消息，曾一度与谢无量恢复了联系。有一段时间他听闻谢去世，伤心至极，作诗哀悼。但仿佛有着冥冥中的感应，他对此消息产生了怀疑。同年 11 月，马一浮方得知谢无量健在，且知道他有来四川的想法。马一浮立即修书请谢无量来复性书院讲学，二人终于能够在四川相见。

此后，二人之间的书信和诗歌往来不曾间断。马一浮的诗歌创作在 1943 年数量上达到了顶峰，不少就是他与谢无量之间的唱和。可见，谢无量对马一浮抗日战争时期的生活、思想发展和诗歌创作都产生了重要影响。马一浮年轻时曾与谢无量一同创办翻译刊物，一同游学日本，这位友人对马一浮的影响从彼时起便开始了。抗日战争时期，虽然山河破碎，然二人的友谊跨越了山川，穿过了时间，他们之间的交流是马一浮美学探索的一个内容，作为“言志”“缘情”“体仁”“行仁”的诗歌，在“六艺”当中本来就占有重要位置。

二、与熊十力的友情与纷争

熊十力与马一浮同为我国现代新儒家的代表，熊十力以其熊熊激情构建了他的哲学和思想流派并对当代中国儒学发展产生了深远的影响。马一浮和熊十力、梁漱溟都发生过交集，后两人曾率学生赴杭州与马一浮探讨问题。马一浮和熊十力在学术见解上既有相似之处，又有冲突，与二人的性格、追求有关，也与二人的学养、态度有关。关于马一浮和熊十力的相识，众说纷纭，但学界普遍认可马一浮对熊十力的《新唯识论》提出过修改意见，为他的《新唯识论》作序，并对其《新唯识论》做出了很高的评价。

抗日战争时期，马一浮与熊十力的交集主要在创办复性书院之后。复性书院创办之后，马一浮延请熊十力到复性书院授课。马一浮对复性书院的构想，是把它当作独立于现行的学校体制之外的学术机构，不受政府控制和干涉。熊十力与马一浮在复性书院上的冲突，主要在于前者认为书院教授内容应不拘一格，古今中外、哲学科学都应涉及，但后者认为书院主要教授他指定的国学，即理学、玄学、义学和禅学等；前者认为书院应给学生文凭和学位，采用当时的学校制度，考虑学生完成学业后的出路；后者认为书院所教授的是普遍恒常的道理，而非谋生的技能，应采用类似“佛教丛林制”。[①] 综合马一浮的哲学、美学思想来看，不难理解他与熊十力的分歧。马一浮始终强调的是“复性”，要求反诸本心，在主敬、穷理、博文、笃行中找到恒常和真理之心性，而非仅仅满足生理和生活的需求。马一浮以“心统六艺”的美学本体观为统摄，六艺与心互为照应，希图用这样一条与道德、心性相联的路径召回众生的仁，仁是所有美德的贯通；熊十力则持有一种斗志昂扬的激情，用西方的学问补充儒学，他也提倡体用不二，但后又区分了体用，比之马一浮的圆融始终有所不同。立足时代和现实，熊十力的建议固然有可取之处，但马一浮教育蓝图中的复性书院毕竟不是学校或大学的研究所，马一浮的复性书院可能因此无法坚持，但其创办复性书院的理想与他一生的学术旨归仍是无差的。去复性书院之前，熊十力就诸多借口；到书院之后，他在开讲词中影射、批评马一浮，用“新制度”“逻辑思维”间接批评抗马一浮的“书院制度”“体认”方法。后来，在日军的轰炸中熊十力意外受伤，马一浮虽真诚地抱歉、挽留，熊十力仍然坚决辞去。有学者借此认为，熊十力“在书院宗旨上的一整套看法，都是对马一浮的一个‘反动’”。[②]

---

① 刘炜：《从孔子到马一浮》，中国社会科学出版社 2014 年版，第 164 页。

② 同上，第 169 页。

熊十力和马一浮在抗日战争时期的交往虽然以“不和”为特点，但正是这种纷争使得马一浮的美学追求更加明晰地呈现在了世人面前，也正是因为这种纷争而锤炼、升华了二人的情谊。杜维明总结列文森描述中国现代新儒家的状貌，在熊十力身上体现得最为明显：“他们在情感上执着于自家的历史，在理智上却又献身于外来的价值。换言之，他们在情感上认同儒家的人文价值，是对过去一种徒劳的乡愁的祈向而已；他们在理智上认同西方的科学价值，只是了解到其为当今的必然之势。他们对过去的认同，缺乏知性理据，而他们对当今的认同，则缺乏情感的强度。”① 比之熊十力，马一浮则明显走出了这一窘境，他不断向世人宣告他对中国传统思想文化的信心，他试图解决的正是中西方文化交融、古今思想交锋之间的矛盾。

三、马一浮与丰子恺

丰子恺与马一浮的交往最初缘于丰子恺的老师李叔同的介绍。丰子恺作于1933年的《陋巷》中，曾对三次见马一浮的状况进行回忆，其中提到他表示会画《无常画集》，马一浮闻言后对他说道：“无常就是常。无常容易画，常不容易画。”② “无常”和“常”无论在儒学、佛学还是西学中，都是一个值得推敲的范畴，马一浮看似信手拈来的词汇，无不富有美学意蕴。正因为有佛学、道家的超脱、慈悲，有儒学的面对现实，马一浮方才有了自己的美学思考。

抗日战争爆发后，丰子恺收到了马一浮的《将避兵桐庐留别杭州诸友》一诗，随后便带着全家投奔马一浮。在桐庐期间，丰子恺受到了马一浮的照顾，安顿后时常向马一浮请教问题。后来，丰子恺离开桐庐，辗转到了桂林。在颠沛流离的路途上，他眼见了人民的苦难，也见到了战争的残酷，这一切他都写信告诉了马一浮。马一浮往往会及时回信，鼓励丰子恺继续创作，并回答丰子恺的问题。如马一浮1938年5月2日的回信，评论了丰子恺的歌曲：“《高射炮打敌机》一首，篇法甚佳，音节亦似古乐府，似较《东邻有小国》一首为胜。声音之道，入人最深，此类歌曲能多

① 邓新文：《马一浮六艺一心论研究》，上海古籍出版社2010年版，第197页。

② 丰子恺：《陋巷》，吴光主编《马一浮全集》（第六册上），浙江古籍出版社2013年版，第351页。

作，甚善。遣词虽取易晓，不欲过文，但亦不可过俚；用韵及音节尤不可忽。若能如古乐府歌词，斐然可诵，则尤善矣”①。后来，马一浮到嘉定乌尤寺开办复性书院，丰子恺得知马一浮入川时有书籍未及带走，便托人把书运到嘉定，为复性书院护持了知识的星火。丰子恺与马一浮亦师亦友，前者一直关心着后者，后者对前者也丝毫不吝指教。马一浮很感激丰子恺，1938 年曾说：“每感国土危脆，人命无常，吾辈区区填于沟壑，在天地间真是细事。尚有关心如贤者在，吾已为稀有之幸运，可以无憾矣。”②

丰子恺从小便在家中收获温情与爱，撒下了“护心”和“同情”的种子。而后师从李叔同和夏丏尊，不仅在艺术、文学等领域得到他们点拨，更是使得他之“心性”渐成。李叔同出家前，丰子恺同马一浮有了第一次接触，而后，长时间保持联系并受其影响。在为丰子恺《护生画集》作的序言中，马一浮说“愿读是画者善护其心”，这不仅标志着丰子恺“人生同情论”思想体系中的“护心”思想的成熟，也在一定程度上将丰子恺的“心”与马一浮的“性”相联系，使“心”超越“同情心”而达到了更深广的地步。在与丰子恺的交往中，马一浮对“诗”与“声”非常看重，与他对“六艺”的判定和国学的楷定有着紧密联系，他所提出的“声音之道，入人最深”更是深具内涵，体现出了他的“行仁”之道。另外，虽然马一浮认为在这一时期的诗歌（歌曲）创作可以“易晓”，不用“过文”，但他也反对“过俚”，这与他的圆融和儒家的中庸恰成比照。在儒家传统文化里，也重视声，《礼记·乐记》中言：“凡音者，生人心者也。情动于中，故形于声，声成文谓之音。是故治世之音安以乐，其正和；乱世之音怨以怒，其正乖；亡国之音哀以思，其民困。声音之道，与正通矣。”

四、马一浮与叶左文的美学论争

叶左文是浙江开化人，与马一浮相识、相交数十年，在学术上每有不同观点，便会展开争论，但这并没有影响他们之间的友谊和交往。叶左文和马一浮是因马夷初的介绍而相识，“马称其行履笃实、博涉，但惜其老

① 丁敬涵：《马一浮先生年谱简编》，吴光主编《马一浮全集》（第六册上），浙江古籍出版社 2013 年版，第 259 页。

② 同上，第 262 页。

于校勘”。[①] 聚在一处时，他们之间相互关心生活和学术，叶左文父亲去世后马一浮专门从杭州到开化进行吊唁，还亲自教授叶左文的儿子。不在一处时，马一浮和叶左文也保持着书信往来，马一浮还为叶左文的父亲撰写《墓碣铭》。1937 年，抗日战争爆发之后，马一浮避难开化，得到了叶左文的悉心照料，马一浮在给友人的信中也表达了对叶左文的感念。1941 年，叶左文专门研究宋史的资料因遭到日军飞机轰炸而损毁，其学术研究遭到严峻考验。马一浮在得知此事后，专门写信和诗歌给叶左文，对其进行安慰和劝勉。叶左文受到鼓舞，又继续重新开始写作，虽然一生未能完成宏愿写完《宋史注》，但他们之间的友谊和对彼此的帮助可见一斑，他们二人对学术的追求和执着不分彼此。实际上，在研究资料因战争而损毁这一经历上，叶左文和马一浮是难得的相似的，马一浮的《六艺论》也因此未能成书。马一浮主持复性书院后，“还以叶左事父孝，父逝后，家业悉让与其继母、弟妹以及他自己无意功名仕宦的德行及研究史学考证务实，敢于以事实纠正古人之失的精神，来教育学生”。[②]

叶左文和马一浮之间的关系和二人的交往，最为后世学者关注的就是在抗日战争时期二人之间的争论。这次争论发生于 1938 年，时年，马一浮在江西泰和为浙江大学学生开办“特约讲座”。所讲的内容涉及“心统六艺”儒学、哲学和美学体系的最初框架。作为在特殊时代的一种特殊建构，具有强烈的民族自信心和感染力。他倡导的“心”与“六艺”统一，最终指向普遍永恒的真理和人所共有的心性。这是马一浮美学的最高追求和根本目标。马一浮在泰和讲授的过程中，不断把自己的讲义寄给叶左文，叶左文立即提出尖锐的批评意见。叶左文和后世许多学者一样，认为马一浮盛赞、吹嘘六艺之教，说六艺可以统摄世间的一切，“言近于‘夸’，是‘妄言’，是‘变乱旧章’”。[③] 马一浮在讲学之初，就明确了“六艺”并非守旧、迂腐，而在根本上与人心、世事相联，具有哲学和美学意义。叶左文还认为，马一浮为了追求通俗易懂，最终可能会流于戏谈，这种现象在叶左文看来是禅师讲经的作为，而不是一个儒者应该做的。

① 丁敬涵：《马一浮先生年谱简编》，吴光主编《马一浮全集》（第六册上），浙江古籍出版社 2013 年版，第 240 页。

② 同上，第 241 页。

③ 同上，第 242 页。

叶左文引经据典进行推论，指责马一浮有以上诸种错漏，是因为马一浮“有邪心”。马一浮后来在《复性书院开讲日示诸生》中，不断强调老子所言“不知常，妄作，凶”的道理，便表现出他一以贯之的美学追求都是“常”和“仁”，而非叶左文认为的“夸”和“有邪心”。马一浮的言并非“妄”，而是建立在他对传统“六艺”有深刻理解并进行加工的基础上的。面对叶左文的指责，马一浮始终坚持“六艺”的正理。这次争论，虽然他们二人都没能说服对方，但对彼此的哲学、美学思考都产生了推动作用，尤其是马一浮在友人的责难中，能够坚持自己的探索，并不断加深自己的研究。

五、抗战中的马一浮与竺可桢

竺可桢是浙江绍兴人，一生著述颇丰，和当时许多学者一样有过留学经历，1936 年 4 月开始任浙江大学校长。竺可桢抗战期间担任浙江大学校长。他四处找人了解杭州的学者情况，为浙江大学招揽贤才。当时就有人向竺可桢介绍了马一浮，因为听说马一浮不轻易见来访者，所以竺可桢并没有直接寻上门去。辗转通过马一浮的友人、学生等关系进行说项，对马一浮也有了进一步了解。对于竺可桢的邀请，马一浮与他在“国学讲习会”的相关问题并未达成共识。这与他们二人的性格有关，也与马一浮和竺可桢身处的位置有关。现在来看，他们二人的想法均无不妥，只是此一时彼一时，当时社会暗潮汹涌，中西文化冲突尖锐，马一浮和竺可桢都不可能从自己的角度进行调和。

抗日战争开始之后，竺可桢带领浙江大学的师生数次内迁，先到浙江建德，再到江西泰和，然后广西宜山，最后到贵州遵义。浙江大学在江西泰和的时候，马一浮恰经桐庐到了开化，在无计可施、无处可去的情况下便修书给竺可桢，“舍入赣，别无他途……倘遵道载驰，瞻乌爰止，可否借重鼎言，代谋椽寄”。[①] 竺可桢在收到马一浮的来信后，当下便聘马一浮为浙江大学的“国学讲座”教授，请他到泰和进行讲学，内容和时间都由马一浮自己定。马一浮深受感动，便接受了竺可桢的聘请。联系到战争之前两人的未达共识，在特殊的时代环境中，他们能够各退一步，可见二人

① 丁敬涵：《马一浮先生年谱简编》，吴光主编《马一浮全集》（第六册上），浙江古籍出版社 2013 年版，第 250 页。

的心胸与以大局为重的气度。

马一浮在泰和讲学期间，从抗日歌曲当中加深了对诗、歌的理解。“声音之道，入人最深”，既与传统的诗教暗合，更与其美学追求契合。他寻人把“横渠四句教”谱曲，后来还为浙江大学作校歌。马一浮在浙江大学聚讲了两次，后因去四川而结束。在浙江大学期间，竺可桢对其倍加礼遇，多次看望马一浮，还旁听马一浮讲授的课程，浙江大学的典礼等活动都请马一浮致辞、讲话。

竺可桢、马一浮二人的交往在这一时期最为密切，在战争的背景下，竺可桢这段时间对马一浮学术探索有帮助。重要历史人物对历史和事件的影响是潜移默化的。很快马一浮要去四川，竺可桢百般不舍。出于多方面的考虑，竺可桢也不能挽留。其一，当初延请马一浮的时候就以礼相待，并且讲座的内容、时间都由马一浮自己决定；其二，马一浮对国学的热情虽然值得肯定和坚持，但毕竟战火纷飞，学生毕竟要考虑今后的生存。竺可桢的笔记上显示出他对马一浮的追求虽然表示尊重，但并不是全部无条件赞同；其三，马一浮对入蜀有过志向，“浮虽浙人，生长于蜀，蜀中尚有丘墓，亲故不乏。故入蜀之志，怀之已久”；[①] 其四，浙江大学在战乱中不断内迁，马一浮随之辗转并非幸事。竺可桢与马一浮的亲密交往，因此而不得不中止。

回顾马一浮抗战期间的学术活动与审美活动，可以清晰地看到马一浮的学术体系和观照视野。他学贯中西，但颇有孔子“述而不作”的风范。如果说马一浮前半生在传统与现代、中与西、虚与实的冲突中找到了自己向内视的支点；随着抗日战争的爆发，我们看到马一浮不停地向外转而“为天地立心”。他的讲学、办学和诗歌创作，他的“六艺论”“刻写”于近代中国学术与思想史上。抗战时期是马一浮的学术思想的成熟期，展现了与其他现代新儒家乃至同时代学者不同的美学面貌。抗战爆发使马一浮从学术思想到做人追求上都发生改变，他所提出的“心统六艺”的美学思想，成为中国美学发展史上有独特价值的一部分，为后人留下了继承中国传统美学的创新空间。

---

① 丁敬涵：《马一浮先生年谱简编》，吴光主编《马一浮全集》（第六册上），浙江古籍出版社 2013 年版，第 252 页。

第五章　抗战中的王朝闻

——“朝闻道，夕不甘死”的寻美者

王朝闻，四川合江人。我国现当代著名的艺术家、美学家，主张从艺术实践出发探讨美学，形成了独树一帜、不落窠臼的创作美学体系。抗战中，他以“朝闻道，夕不甘死”的精神对美进行探索。抗战时期的艺术实践为他美学思想的成熟打下了坚实的基础。因此，我们得以看到王朝闻其后问世的一系列美学专著：《新艺术创作论》《一以当十》《喜闻乐见》《面向生活》《开心钥匙》《论凤姐》《不到顶点》《了然于心》《再再探索》《审美谈》等。艺术实践上，抗战时期，他的代表作为《毛泽东像》《刘胡兰像》《民兵》等雕塑作品。

抗战时期是王朝闻先生从文艺实践转向文艺美学理论研究的重要时期。如果不是抗战的爆发，王朝闻不会中途辍学，或许这样中国便多了一名雕塑家，但却缺少了一位文艺理论家、美学家。正如王朝闻自己所说：“我的文艺思想基础是在延安文艺座谈会后奠定的，其中最重要的就是《讲话》阐明的文艺应该为最广大的人民群众服务和如何为他们服务的问题。我看，包括向群众学习与教育群众，文艺与群众之间就是一种‘你中有我、我中有你’的辩证关系。”①

第一节　“热血润河山，铁肩担道义”：从成都到延安

抗日战争的硝烟摧毁了故土家园，也使王朝闻人生发生转折，正是这场突如其来的战争使王朝闻走上了美学研究的道路。

---

①　王朝闻：《从延安文艺座谈会上走来的文艺家》，《中华读书报》2002 年 5 月。

王朝闻出生于四川合江一个家道中落的大地主家庭，家中以及乡间有些许美术作品，幼时的王朝闻着迷于《高祖入关》《溪山行旅》和《清明上河图》等画作，这些有限的艺术作品在王朝闻心中播下了美的种子。他在《小传》中曾回忆道："我从小喜欢画画，只爱画人物。母亲放在衣柜里的川连纸，本来是让我描红用的，却常常被我偷出来画画。我家死了人，按照旧风俗，要做几天道场。堂屋里挂上许多水陆画，是我能看得到的宗教美术流动展览，我喜欢画里一些好看的人物，回到书房就默写起来……堂屋空无一人的特殊时机，带了纸笔，按描红的方式，把白纸压在画幅的局部上摹画起来。这种摹写当然远不如有色彩的原作美丽，但那些比摹写准确得多的线描，欣赏起来也颇觉得意。我在青年时期，不顾贫困，两次放弃了所谓铁饭碗的职业——钱庄学徒和银行练习生，先后几次在成都的学校上美术系，当然与儿时的爱好有关。"①

醉心于画画和雕塑的王朝闻，放弃了衣食无忧的职业，从泸州合江来到成都学习没有谋生把握的美术。王朝闻的求学之路颇为坎坷，可是他一直未曾放弃学习美术和雕塑的梦想，如果不是抗日战争的爆发令他的学业中断，他可能会成为美术大家、雕塑大家。1926 年，他考取了私立成都艺术专科学校，他母亲贷来学费送他到成都艺专学习，后因学费告罄不得已中止学业。辍学后，他在锦江公学谋得一个教图画课的职位，他重新考入岷江大学绘画系的学习，1928 年由于锦江中学的职位被人替代，半工半读无法维持他不得已再次辍学。几个月后，他在报纸上看到四川省立第一师范学校招收全公费师范生，他顺利考入艺体组学习美术。在省师期间，他结交了很多省专和四川美专的进步同学，他还和洪毅然、张漾兮、谢立贵等组织了"时代画会"。

1930 年，王朝闻由于不愿屈从国民党换掉校长柴油恒的决定，被学校除名。辗转两年后，王朝闻考取了杭州艺专的雕塑系（杭州艺专就是今天的中国美术学院）。在艺专学习期间他与洪毅然、陈昭文同住，度过了半年愉快的求学时光。由于家中无力负担他的学费，他不得不放弃学业回合江教书，据洪毅然回忆，王朝闻在回乡前还去图书馆临摹了一批外国名画，并且抄录了《罗丹美术论》以供回乡后继续学习。1934 年秋，攒够约

① 王朝闻：《小传》，《王朝闻自选集》，山东教育出版社 1998 年版，第 10 页。

100 元钱的王朝闻回到杭州艺专复学，至此他开始了一段稳定的求学时光，直至 1937 年“七七事变”爆发。

抗日战争爆发前，王朝闻辗转求学，执着地追求自己的艺术梦想，直到日军的炮火将他从艺术的象牙塔中带到了被战争蹂躏的现实。他积极投身到抗日救亡的洪流中。他和同学梁洽民每周日都去湖墅一带画抗日宣传画，暑假期间他也和李寿清等同学到萧山去画抗日壁画。1937 年秋，日军登陆杭州湾金山卫，杭州艺专西撤，王朝闻在萧山火车站偶遇艾青，正是这场偶遇改变了他的人生道路，也为他后来走向理论研究埋下了伏笔。返回杭州后他决定辍学，改投浙江流动剧团从事抗日活动。他在流动剧团期间到各处画壁画、写标语、偶尔还参加剧团演出，在此期间他创作了很多抗日题材的连环画，主办面向儿童宣传抗日的《小刀画报》。这些丰富的艺术实践令他可以从直接经验来思考美学问题。抗战期间的抗战艺术实践为他后来的理论提供了重要依据，正是经过实践考验的理论才是历久弥坚的，不会因为时间的流逝而褪色。

在浙江流动剧团期间，他每到一地，即提起颜料桶到处画抗日壁画、写抗日标语。凡有墙壁可画之处，他就挥动画笔，画几幅。群众看见墙壁上画的日本兵，手指用力一抠，挖掉“日本兵”的眼睛。王朝闻在那时所画的“日本兵抄，差不多都遭受如此的命运。开始他还有些不理解，一是怀疑有汉奸在破坏，二是埋怨毁画者太不尊重自己的劳动了”。[①] 后来，当他明白这是由于抗日宣传画激起了群众的愤怒之情才会做此举动，他深深感作为一个抗日文艺战士的重任与自豪。这期间的经历为他后来关于欣赏者的审美活动观点奠定了基础。他回忆起这些经历的时候，就曾说：“这一切对我都很有启发，帮助我进一步了解如何掌握欣赏者的思想、感情和兴趣。”[②]抗日战争期间，王朝闻的美学探索已经初现端倪。王朝闻回忆在抗战期间出演田汉的话剧：“我在龙泉扮演话剧《中秋》里的老长工。当地主强迫他给日本军官下跪时，我故意让我所扮演的长工犹豫不决，这就引起观众大声的呐喊：‘不要跪！’这样反复了三次，在台下看戏的葛琴同志都感动得流泪了。这一事实不只使我确信形象自身的矛盾性是丰富形象真实性的根据，也使我确信艺术接受者要求艺术品把他们的精神面貌相应

①② 王朝闻：《再再探索》，知识出版社 1983 年版，第 51 页。

地表现出来。"[①] 在表演中他感悟到了人物形象的矛盾性对人物塑造的意义，他从艺术实践活动中逐渐形成的艺术见解，后来在《雕塑谈》《美术与戏剧》等文章中得到进一步的阐述。

在浙江流动剧团期间，王朝闻还创作了长达 31 幅的连环套画《姆妈》，这套漫画讲述了一个农村妇女与日寇和汉奸斗争，投身抗日战争的故事。还在叶浅予主编的《抗战漫画》1938 年第 9—11 期上发表了讲述憎恶汉奸的《刘兰亭上吊》和表现农民参军的《李有富当兵》；在葛琴主编的抗日刊物《大家看》上发表了版画《管他娘的》，讽刺不顾民族危亡的人和歌颂劳动人民的《木排》。

1938 年 8 月，王朝闻被党组织派往长沙，随后加入了战地服务队。战地服务队的任务是进行抗日宣传，王朝闻创作了大量的写生画，画中记录了日军的残暴和对中国人民的残害。1939 年，王朝闻回到成都在刘开渠的雕塑室做助手，并在陈昭文的介绍下到私立南虹艺专教授素描和木刻，不久后又应赵完璧之邀去私立复兴美专（位于成都文家场）教授素描。在成都期间他加入了中华文艺界抗敌协会成都分会和一个抗日的木刻团体，并在胡风主编的杂志《七月》上发表了连环画《囚徒——民族的战士》和反映战地服务队生活的随笔《二十五个中间的一个》。其中，影响的最大作品是《汪精卫与陈璧君跪像》。该作品在少城公园展出之后获得了巨大的反响，群众纷纷对着泥塑唾骂、掷果皮等。成都人民甚至抬着这幅泥塑的跪像游街示众。在成都期间，王朝闻多在学校教书，与刘开渠、周文、萧军、张漾兮等人往来进行艺术讨论。在成都期间的艺术实践、教育经历以及和各艺术领域人物的来往交流对他美学理论的形成有积极影响。

1940 年秋，王朝闻来到重庆，在沙汀的引荐之下见了周恩来，时隔不久几经周折到达延安鲁艺，在周扬的安排下进入鲁迅艺术文学院美术加工厂从事创作，同时担任美术系教员，讲授雕塑等课程。在鲁艺期间，他创作的雕塑作品有《梁振宇像》《史灵像》《毛之江像》等以及速写作品《老羊倌》《政工干部像》《郭生源像》《张波漫画像》等。他曾回忆道："在延安，我仍然在为雕刻打基础而着重于素描的基本练习，几乎每天都

① 王朝闻：《没有完成的学业：再再探索》，知识出版社 1983 年版。

王朝闻作《汪精卫与陈璧君跪像》（1940 年成都）

到处画速写。有时，眼睛累得把一根树干看成两根树干。”[①] 1941 年，王朝闻创作的鲁迅的浮雕像，此雕像生动形象，令受众可以清晰地感受到鲁迅先生的风貌和气质。1941 年到 1942 年期间，他创作出毛泽东半圆雕像，为大家所推崇。此外为了庆祝十月革命纪念日需赶制斯大林的塑像，王朝闻赶了三天三夜，并在极端困难的环境下创作出了高达两米的斯大林像。斯大林像得到了解放区官兵的喝彩，诗人肖三还为此特意作诗。王朝闻此间的艺术实践正如罗丹的观点：“在美好的雕刻中，人们常常猜得出是有一种强烈的内在冲动。这就是古代艺术的秘密。”

值得一提的是，在鲁艺期间，王朝闻开始发表一些美学短文，《再艺术些》是其第一篇美学文章。他在《从心上来》中提到：“丁玲同志主编的《解放日报》文艺副刊上，发表过我一篇反对绘画公式化的短文，记得题目是《再艺术些》。当时我在延安鲁艺，几乎是天天画速写，做雕塑，想不到会像现在这么不务正业，改了行。当时我也爱读文艺理论，但我只为了提高自己那美术创作的水平。包括前人对嚼《水浒》，《金瓶梅》写的

① 王朝闻：《一片冰心在玉壶》，山东教育出版社 1998 年版，第 90 页。

所谓读法，我从来不放弃阅读它们的机会。”[①]《再艺术些》的基本论点是反对艺术形象的浮夸，号召所有艺术创作者在创作中再艺术些，他自己在《审美谈》中说到写这篇短文的背景是：“从作品可以看出，好些作者只热衷于‘画什么’（抗战主题），却忽视着‘怎么画’和‘在什么时期，什么地区，给谁看’诸问题，因此，大大折扣了作品可能有的力量。”王朝闻此时的理论观点可能还不够完善和成熟，更多是基于艺术实践的有感而发，但这是他以后对艺术自身规律和对受众审美情趣探索的第一步，是王朝闻日后转向理论研究的起点。

1945 年，王朝闻和江丰等人下乡调查民间年画，撰写了《年画的内容与形式》。王朝闻通过对民间艺人的采访，对艺术形式和生活内容的关系有了更深刻的了解。他说：“我曾访问过一位民间艺人，他谈的艺诀对我的影响颇深……它使我更注意中国佛教艺术与古希腊艺术对基本形象的种种应用，也促使我在教学工作和研究工作方面，更加强调某种基本形象与具体内容的特殊关系所形成的形式美的特性（有特性的形式美）。对于艺术形式与生活内容的关系、特殊内容与特殊形式的关系的理解。”[②] 在延安期间，王朝闻还曾捏泥娃娃到街上售卖，其中《回娘家》这一作品深受群众喜欢，这段经历让他探讨过对群众审美趣味的继承问题、民间艺术的装饰性和真实性的辩证问题。

王朝闻抗战期间从学校走向延安、因爱国走向抗日、从艺术家走到美学家。在此期间，他所涉猎的艺术领域有雕塑、绘画、文学、曲艺等多项。这些领域的实践经验也为他后来的美学体系奠定了基础。作为一个从文艺创造走出来的美学家，他更加了解文艺创作的规律，他始终坚持从艺术实际出发的美学研究方法，在美的探索中坚持问题意识。正是这种艺术家的激情与理论家的深刻碰撞出的火花，让他以朴实而有洞察力的语言，通过对艺术的审美静观产生出独特感悟，写出极富见解的美学理论。从王朝闻的诸多著作中可以看出，他的理论体系与西方的美学家或是同时代的美学家相比，并不是那样的系统，但言之有物。比如《论凤姐》，即从具体的人物中研究生活与生命的美。

---

① 王朝闻：《从心上来》，《王朝闻自选集》，山东教育出版社 1998 年版，第 14 页。

② 王朝闻：《一片冰心在玉壶》，山东教育出版社 1998 年版，第 91 页。

延安时期，王朝闻在没有足够光线的窑洞中坚持雕塑创作，在没有墨水的条件下，用将煤烟和蓝颜料浇水泡成的自制墨水练习绘画。这些实践经验不仅来自他自己的创造，还来自对身边的同事、战友的成败得失的总结学习。例如，在与王良佥探讨木刻时，赞扬其线条细致而不烦琐，柔和而清新；在与邵荃麟谈美术创作时，总结出细节刻画在一部作品的表现力和感染力极为重要。刘刚纪说："正因为王朝闻的美学研究是以他在长时期积累起来的审美与艺术的实际经验为基础的，所以他的研究是言之有物的，包含着他自己独到的观察与体验，因而能够给广大的文艺家及读者以亲切、平易而又深刻的启发。"① 王朝闻的文艺生涯虽然从实践走向了理论，但是从来没有脱离过实践。也因此，实践的观点成了王朝闻美学思想的核心内容之一。

王朝闻认为："不论从哪一时期、哪一地区现实性强烈的作品（如达·芬奇、米开朗基罗的作品）加以考察，其成功都离不开现实生活。"②他对生活经验非常重视，认为纸上得来的终觉浅，艺术创作必须从实践出发，从生活的经验出发。那些拒绝深究、轻视生活经验的创作很容易成为辞藻华丽却毫无内涵的作品。而对于经历过抗战年代的王朝闻来说，艺术实践功能的重要性是不言而喻的。在一定程度上，与实际生活的联系关系到艺术作品的审美接受，也关系到对文艺的评价标准问题。在王朝闻看来，艺术作品须是源自生活的。在这样的前提下，创作艺术，即使没有直接经验，也要重视间接经验。"间接经验"也可以创作出感染人心的作品。比如一些没有"参加前线的战斗"的美术作者，也"能相当生动地描绘战斗，总有适当的间接生活经验作根据"，这"是同一时代与同一环境的战友们所经历的并供给他们的"。③天才并不是脱离群众、脱离生活的凭空创作，也是在有丰富的间接经验基础上才能创作出高于生活的艺术作品。灵感和想象如果缺乏了生活实践就会成为无源之水无本之木，"灵光一现"并不是不假思索的结果，而是平时经验的积累到了一定程度就自然可以厚积薄发。王朝闻的理论关注文艺实践中的具体问题，并通过实践寻找创造性的解决方法。有一些理论在一段时间引起很大的反响和讨论，但过后就

---

① 刘纲纪：《中国马克思主义美学的建设者与开拓者——王朝闻美学研究的当代意义》，《文艺研究》2005 年第 3 期。

②③ 王朝闻：《新艺术创作论·自序》，人民文学出版社 1953 年版。

销声匿迹。王朝闻认为这样的理论只是一种概念，并不是从生活实践中抽象出来的生动的理论。时间是理论最好的试金石，真正有价值的理论不会因为时间的流逝而失去意义，反而会历久弥坚，彰显出其独特的理论价值。

朱光潜曾评价王朝闻："王朝闻真懂艺术，对各种艺术门类的美学剖析几乎无人能比。"从此评价也可以洞幽烛微，正是他在诸多领域纵横驰骋，坚持一切从艺术实践出发的研究方法，才有了 22 卷、近千万言的《王朝闻集》。抗战时期对多个艺术门类的广泛猎，可以说是他美学体系的肇始。王朝闻的理论并不是从概念出发，进行理论和理论的恶性繁殖，而是坚持一切从实际出发，在实践中寻找解决艺术问题的途径。他始终认为生活、艺术的感悟积累到一定程度便可厚积薄发，让这些感悟不仅得之于心而且能应之于手。所以，凡不追求人格的塑造，而是一味追求形式上的风格，都不过是追逐幻影，娱人耳目而已，艺术家唯有藏锦于心，才能最终藏绣于口。

第二节 "以美善真为炉足，以反映生活为炉膛"构成的美学场

抗战期间王朝闻对马克思主义美学进行了较系统的学习。他以政治为核心对马克思主义美学进行解读，他是马克思主义美学坚定的拥护者和建设者。1962 年，王朝闻在《喜闻乐见》一书中说到，他对马克思主义美学的深刻理解和得体运用，正是和延安那段岁月分不开的。马克思主义美学十分注重美的社会功能，注重文学艺术的反映论，主张从审美活动和艺术创造实践中来考察美的本质。这对王朝闻的创作和理论研究都产生了重大影响。1941 年他在《解放日报》上发表了第一篇短文《再艺术些》，批评了一些抗战作品的模式化和概念化的问题。马克思在《致斐·拉萨尔》中提到的莎士比亚化和席勒式的概念，提出不应该把个人或者是作品简单地变成时代精神的传声筒，而应该重视现实和艺术性相结合。王朝闻对此观点有深刻认识，更加注重接触马克思主义文艺观。更重要的是，1942 年学习了毛泽东《在延安文艺座谈会上的讲话》，对其产生重要影响，激发了他对理论研究的热情。此后他还反复研读了毛泽东的《矛盾论》《实践论》

等著作，以更透彻地理解马克思主义认识论和方法论。这些理论学习让他更深耕于实践，一个艺术家的实践是自由生动的，不因循守旧，不人云亦云，这种真正从艺术实践中酿出的美学体系正如他的学生翟墨所说：是“一个以发展了的马克思主义实践观和矛盾观为基座，以美善真为炉足，以反映对象（生活）——创造主体（艺术家）——服务对象（观众）的有机系统为炉体，以其构成的审美心理场为炉膛，以审美分寸为火候，以美的本质为丹砂的一座太极炉”。[①]

一、“操千曲而后晓声，观千剑而后识器”

王朝闻的美学并非哲学美学，而属于艺术家美学。抗战期间他坚持创作贴近人民的作品，系统学习马克思主义美学。王朝闻的美学思想，堪称马克思主义美学中国化的典型代表之一。在他后来的理论研究中从来不对审美经验、艺术风格等艺术现象做纯概念的规定，而是尽量将深邃的美学原理做出深入浅出的理解。艺术的丰富性和规律性须从实际中来，对他来说理论研究没有捷径，唯有“操千曲而后晓声，观千剑而后识器”。文艺理论是他的利器，用来记载他每一步艺术实践的脚印，所以说：“无论何人要认识什么事物，除了同那个事物接触，即生活于（实践于）那个事物的环境中，是没有法子解决的。”[②] 王朝闻作为一个实践型的艺术家，从没有将自己局限在理论自我繁殖中。这一方面是因为他主要从事创作实践，另一方面也是因为中西方美学思想根本上的差异。就实践层面来说，抗日时期，王朝闻一直致力于用艺术的形式宣传抗日救亡的理念。这段时间的美学思考明显关注艺术对受众的教化作用。他笔下的雕塑、发表的文章都在提醒人处在艰苦状态仍应有理想，激发人最本真的力量。与古典的西方美学思想相较，王朝闻的美学思想是从实际可触的现实生活出发，来展示人的存在，激发人们探索未来的努力。他美学思想的源头既来自现实生活，也指向现实生活。

王朝闻这种艺术家的美学源于中国古典美学。他从中国美学中吸取了形神关系说，并加以发挥。他反复论证过形神关系问题。艺术家能把眼前

① 翟墨：《艺术家的美学》，人民文学出版社1989年版，第6页。

② 王朝闻：《喜闻乐见——纪念〈在延安文艺座谈会上的讲话〉发表二十周年》，《人民日报》1962年5月23日。

光景、胸中情趣创作出来，这都是源于生活实践的积累和不断进行的自身修养，艺术家要形成相对稳定的艺术风格，必须美于内、诚于中，才能最终形于外。正所谓，“随人作计终后人，自成一家始逼真”。与哲学美学家相比较，王朝闻的美学在其终极目的方面呈现出独特内涵，是从个体到整体，从现象到本质的艺术观。这是来自战争经历的本土美学观。

二、“发现美的眼睛”

抗战之前，王朝闻就读私立成都艺术专科学校、岷江大学和四川省立第一师范学校学习美术。在此期间，他读了大量美学著作，其中的一部几乎影响了他一生，这就是《罗丹美术论》，他还热情地推荐给同学。可以说该书贯穿王朝闻的整个艺术生涯，在抗战艰苦环境下，他多次研读这部作品，将它运用到雕塑、绘画创作中。学生时代的王朝闻立志成为一名有独立创造性的雕塑家，那时候就经常临摹罗丹的作品。据简平的记载，1941 年，王朝闻在成都南弘艺专的学生蓝琳随身携带了一些罗丹雕塑的图片到延安，他专程借来这些图片，并在每幅图片上都配上简明扼要的说明，为鲁艺学员办一个观摩会。在 1950 年出版的《新艺术创造论》插图收录了罗丹的雕塑像并做了详尽的分析，1993 年在《瞭望》杂志中发表《没有丑化——闲品罗丹》；1998 年出版的《神与物游》《吐纳英华》也多次详细地论及罗丹的美学思想；甚至王朝闻去世前都还在阅读《罗丹笔记》。可见，罗丹的美学观对王朝闻美学体系的建立有重要影响。

《罗丹美术论》是罗丹关于雕塑技巧以及创作的认识。其中包括许多关于艺术与自然、传统与创新等艺术创造的规律，比如罗丹认为：“崇拜自然，从没有说过谎。”“尊重传统，尊重永远富有生命力的东西。”王朝闻最初研读罗丹可能是为了在雕塑专业上寻求理论支撑，但对他的美学理论的形成逐步产生了影响，从雕塑理论出发，覆盖到其他领域，一种以点概面的理论体系在此基础上得以建立。

《罗丹美术论》是罗丹从大量的雕塑实践和雕塑作品中总结并升华为理论之作。王朝闻作为重视艺术实践的美学家，最显著的研究特点就是从具体的现象、作品出发，从具体到抽象的研究方法。从雕塑创作出发，浸润于马克思主义美学，令他可以从多视角去观照美，研究美的本质。1939 年，王朝闻到延安后，他系统集中地精读了马列主义著作，潜心于理论研究。在紧张的战地艺术创作中将中国古典美学、罗丹等西方艺术家的美学精髓与马克思主义美学相结合，将之系统化、理论化，并逐渐形成自己不落窠臼的美学体系。

罗丹主张自然、生活是美的源泉，“美是到处都有的，对于我们的眼睛，不是缺少美，而是缺少发现”。虚假的热情、肤浅的内涵并不能真正表现出美，美是从残破的东西中还能挖掘出真善，世界上的事物都可以挖掘出美来，只要拥有智慧的眼睛。美在体验、感悟，而不是空洞抽象的道理。这对处在战争时期的王朝闻影响深远。生活在和平时期的人很难体会这种从苦难中挖掘出的美的力量。1938 年，王朝闻不断锤炼“发现美的眼睛”。在战地服务队的时候亲眼看见日寇扫荡老乡的家园，房屋被烧毁、所有的粮食、家畜都被抢光杀光，带不走的锅碗瓢盆就统统砸坏，砸不坏的还要在里面拉屎，这些触目惊心的疮痍都被他记录在了写生画里。这正是他从罗丹的艺术论中所体悟到的从生活的苦难中挖掘出美，正如他为《美术观察》的题词：“美之所在，虽侮辱世不能贱；恶之所在，虽高隆世不能贵。”这段话出自《淮南鸿烈·说山训》，提出的是美丑的客观性命题，美的东西即使被辱没、谤贬也不会变得低贱、丑的事物即使自抬身价、粉饰太平也不会遮盖它丑恶的本质。美丑是客观存在的，不因外在的条件而改变，正如战争，抗日战争使得山河破碎、无数人家破人亡、无家可归，但仍掩盖不了人性的美和光辉。

从王朝闻的论著中可以看出其对罗丹思想的改造吸收。罗丹的核心思想，如宗白华所阐述的“艺术的最后的目的，不外乎将这种瞬息变化、起灭无常的‘自然美的印象’，借着图画、雕刻的作用，扣留下来，使它普遍化、永久化……使人人可以普遍地、时时地享受”。这样的观点加深了青年时期王朝闻对艺术的理解。抗战期间，基于宣传的需要，很多文艺作品都沦为政治的传声筒，为了宣传而创作，完全忽略了作品的艺术性问题。1941 年王朝闻结合自己在流动剧团、战地服务队和四川期间的以艺术抗战的经历，指出一些艺术者“非常吃力地直译着歌词、讲演、纲领、口号，不但没有生动的形象，只是概念，没有艺术应有的魅惑力，只是说明，甚至说明也做不到”。这种“简单粗暴”的作品忽略了艺术的特殊规律，导致作品沦为口号，没有了艺术作品本身的美，因此并不能真正的感染人。在战争时期，毋庸置疑艺术作品要保持自身的独立性很难，不得不在一定程度上受到意识形态的控制，所以他提出“艺术就是宣传”，艺术是文艺工作者的武器，而艺术性可以让武器变得更锋利。为了宣传更有力量，就应该让作品再艺术些！这些对罗丹理论的吸收在后来的《艺术札记》《新艺术创造论》中得到了进一步阐释。

三、《讲话》文艺思想对王朝闻美学的影响

如果说抗战期间罗丹的美学对王朝闻审美艺术实践产生了影响，毛泽东《在延安文艺座谈会上的讲话》（以下简称《讲话》），则对王朝闻美学理论的创建产生了决定性的影响。

王朝闻曾说是毛泽东促使他从艺术实践转向美学理论研究，而这个转变的开端就是接受《讲话》的核心思想。抗战期间王朝闻发表了一系列文章谈学习《讲话》的文艺思想。王朝闻美学的一个显著特点就是理论创造和文艺实践融为一体，审美创造和审美欣赏紧密联系，反对经验主义和本本主义，并对马克思主义美学做出了本土化的吸收。《讲话》的核心内容是关于文艺怎样更好地为工农兵服务，怎样创造人民群众喜闻乐见的艺术形式，并强调“无产阶级的文学艺术是无产阶级整个革命事业的一部分”。《讲话》中还提到“缺艺术性的作品，无论政治上怎样进步，也是没有力量的”。王朝闻 1941 年发表的《再艺术些》，其中提到的文艺作品需要重视艺术性的观点，正是从《讲话》中得到的启发。从《讲话》精神中他得出，艺术家创作的作品如果只是因循守旧，没有创作出人民群众所喜闻乐见的形象，一味地持一种说教的姿态，与群众的感情不合拍，不能引起欣赏者心灵上的反映，这样的作品必然是缺乏美，并且脱离群众，在抗战时期不能引起共鸣的作品。

（一）以人民群众喜闻乐见为审美标准

文艺作品不可能脱离意识形态的影响，处于抗战时期的作品更是如此。但既然是文艺创作，就不同于宣传工作，还必须具有审美属性。这就更加考验创作主体在创作过程中的真情实感的表达。只有创作主体将自己的革命热情通过鲜明的形象生动地传递出来，审美客体才能透过形象体会到创作者所要表达的思想感情，并最终认识世界，以达到改造世界的目的。

王朝闻吸收《讲话》的人民性观点，提出以人民群众喜闻乐见为审美

标准。他认为文艺作品必须被群众所接受和喜闻乐见，才能最终将审美欣赏和审美教育统一起来。革命文艺的目的当然的是帮助群众正确地认识革命、认识世界。而要到达该目的，文艺的教育作用是一种美育作用，是将教育融于审美当中，通过一种潜移默化的方式影响人民，而不是“填鸭式”的教育，这样不仅没有说服力也不会被人民群众所喜爱。创作主体创作一部优秀的作品不仅会回答审美客体在生活中所遭遇的问题，同时会巩固理想、丰富感情、改造思想，将欣赏和教育统一起来。

王朝闻还认为，创作过程中创作主体不应将自己的愿望强加给读者，应该相信欣赏者的再创造能力、想象力和感受力。许多作者在作品中表现出教条式的绝对自信和强横的权威，审美客体不需要与作品互动，而只是接受思想的容器。作品从思考到认识都在作者那里完成了，表现出一种美学的暴力。这种与审美客体不对等的关系，根本不会形成主体和客体在作品中良性的互动，也难将创作主体的观点准确地传达给欣赏者。一个高明的文艺创作者应该擅长挖掘群众的审美需求，创作所需的并不仅是一腔热情，还要从审美客体的角度来思考才能创作出平易近人、打动人心的作品，“作家艺术家不仅应当是善于认识生活和再现生活的能手，而且应当是善于欣赏艺术的欣赏者。只有不单凭为人民服务的热情，而是从客观实际的需要与可能着眼，他和群众之间，才能建立俞伯牙和钟子期之间的知音的关系和知己的关系”。其实，经典艺术品的意义并不可能是从诞生之日就注定了。作家对时代精神的感悟，应该给受众以启迪和教育。同时，留下足够的再创造的空间。

打动人心的作品，须得与读者交心，让欣赏者为作品中塑造的形象所感动，为人物的喜而喜，因人物的悲而悲……从心底与作品沟通，在这些情绪中蕴含许多人生的哲理，引人深思的地方，以艺术形象的魅力让欣赏者获得审美感受。因此创作主体在创作作品时不能只追求“阳春白雪”，不顾审美客体的欣赏水平和鉴赏能力，这样只能导致曲高和寡，不能密切地联系群众。反之，也不能一味追求“下里巴人”，低估群众的欣赏能力和审美诉求，这样也会脱离群众。总而言之：“文艺不是使人以为应当接近它，而是它有一种特别的力量，既对你有益，也使你非接近它不可。在这样的时候，文艺的教育作用就达到了水到渠成的地步，它与群众的关系也就更密切和巩固了。”①

要为人民群众所喜爱，就得表现群众的生活，表现他们的理想、愿望、兴趣等，为群众提供可以获得审美享受的文艺作品。艺术创造唯有这样才可以不断创作人民喜爱的作品，使群众意识到文艺作品中的思想与他们始终是一致的却又高于他们自己的水平，就会不断地引导他们进入文艺作品的世界中来。革命文艺才能最终作为一种推动力，启发诱导群众正确地认识世界。不能为群众带来生动活泼的艺术形象、脱离群众的审美需要，这样的作品也不会有长久的艺术生命力，如毛泽东所说的“射箭要看靶子，弹琴要看听众，写文章做演说倒可以不看读者不看听众么？我们无论和什么人做朋友，如果不懂得彼此的心，不知道彼此心里面想些什么东西，能够做成知心朋友么”？创作也是一场“战争”，唯有知己知彼，方能征服欣赏者，最终百战百胜。

艺术家通过作品直指人心，欣赏者通过作品开始认识世界，认识作品中所提供的生活。一部作品中所描述的生活，虽然是具体的生活，但却是通过创造者选择过后呈现的高度概括、集中的生活，较之现实的实际生活更加便于认识。《讲话》中提出了人民群众才是文艺作品的“接受者”，即欣赏者，欣赏者要自然而然地接受作品的主题，只有充分理解了作品，才能将其中创作主体的认识转化为自己的认识，而在这个审美接受的过程中就需要充分发挥审美客体的审美能动性。

（二）“寓实于虚，寓直于曲，寓繁于简，寓大于小”的艺术境界论

王朝闻看重想象和感受在文艺创作和文艺接受中所起的作用，认为没有感受和想象，所创作出来的作品就是内容空泛的玩弄技巧的形式主义作品，而欣赏者不充分发挥感受和想象，艺术形象只是干瘪的对象，并不会变得立体和丰满，也无法获得真正的审美感受。“文艺欣赏是一种愉快的精神活动。使人感到愉快的原因之一，是在审美活动中，欣赏者有所发现和有所补充。形象既是感受的对象，又是唤起想象和体验的诱导，因而文艺欣赏在一定意义说来，是一种形象的再创造。”②正如海德格尔的观点“理解才是真理发生的方式”，没有群众的参与，再好的作品也不能成其为

①② 王朝闻：《喜闻乐见——纪念〈在延安文艺座谈会上的讲话〉发表二十周年》，《人民日报》1962 年 5 月 23 日。

作品，最多是一个文本而已。想象让感受更深刻，与创作者在作品中获得共鸣，这些想象弥补了作品审美传达的有限性，让欣赏者可以进入“寓实于虚，寓直于曲，寓繁于简，寓大于小的艺术境界”。深刻的体验具有高度艺术性的生活本质。

王朝闻把想象看作是一种富于创造性的精神力量，欣赏者在想象中获得感受，在感受的基础上又衍生更多的想象，如此循环往复，使得作品可以常读常新，在不同的条件和环境下获得不一样的审美感受。欣赏者的能动性并不是简单机械的，它因人、因时、因地而异，同一部作品每个人的感受都有所不同。通过想象欣赏者进入艺术形象的内心世界，深刻地体验了形象的爱憎，在此基础上肯定美，否定丑，最终将这些认识带到现实生活中，不断刷新自己对世界的认识，在审美接受的过程中得到教育，进入一个新的艺术境界。

（三）典型环境中的典型形象

王朝闻的美学思想除强调想象之外，还十分重视从现实之中汲取素材来创作典型人物。在抗战时期特殊的历史背景下，他十分重视典型环境中典型人物的塑造。他接受恩格斯在《致玛·哈克奈斯》中对典型人物的描述：“据我看来，现实主义的意思是，除细节的真实外，还要真实地再现典型环境中的典型人物。”① 恩格斯将典型人物置于现实主义文学艺术的背景之下，更显出文学艺术在特殊年代的重要作用。典型人物的塑造，当然是离不开典型的环境。因为外部环境的特殊和矛盾的集中，特殊人物更加集中凸显社会关系，也更具有时代的代表性。毛泽东《在延安文艺座谈会的讲话》，也强调了文学艺术的典型性创造问题，强调文学艺术在特殊年代的实际作用。王朝闻在他的《美学概论》中说：“艺术家总是生活在一定时代的社会形态中，而不能超越自己所处时代的特点：他的审美理想归根到底也只能是这个时代的审美理想。”② 这是他一贯有之的观点。在王朝闻这里，艺术家是社会分工的结果，更应该是时代精神的集中代表。典型环境为社会关系提供了集中体现的土壤，当关系的交织集中于一个人身上时，这个人物便成为一种代表或者说符号。不过，这样的符号的创作不仅

① 《马克思主义经典著作选读》，人民出版社1999年版，第295页。

② 王朝闻：《美学概论》，人民出版社1981年版，第125页。

仅需要客观的条件来形成，更需要艺术家的主观创作和集中才能很好地塑造出来。王朝闻在抗战时期的艺术创作，可以很明显地感受到他对典型理论的吸纳。

艺术家必然带有时代的烙印，正如典型人物应该置于典型的环境之中。王朝闻在抗战时期的创作大多紧扣抗战主题。紧贴抗战救亡的大背景，从中取材是战时特有的审美范式。当时的中国，社会民族矛盾尖锐对立，王朝闻的艺术创作多为"觉醒""救亡"的主题。作为一位实践型的美学家，王朝闻的典型说更注重实践性。对于抗战救亡图存的目标的实现，从实践中产生的典型创作更能产生直接的作用。

以1940年作于成都的雕塑作品为例，雕像《汪精卫与陈璧君跪像》问世，正是中国抗日战争与世界反法西斯战争异常艰难的时期。在欧洲，纳粹德国入侵丹麦和挪威，而后绕过马其诺防线占领了比利时和法国。在中国，抗日战争到了最艰苦的时期，亲日派不断投降，国土大片沦丧。对于抗战的前途，有人怀着必胜的信念，有人怀着必亡的思想，社会矛盾尖锐。在这样的大环境下，汪精卫降日，以"曲线救国"为借口，组织政权。某种意义上正是"典型环境"中的"典型人物"。坚持抗战和"曲线救国"的矛盾，在他的身上得到了集中的体现。王朝闻敏锐地感受到了艺术创作所需要的大的时代素材。因而，他以荆轲跪像为蓝本，而创造性地创作了汪精卫跪像。显而易见，《汪精卫与陈璧君跪像》是典型的觉醒救亡主题。王朝闻选择跪像为雕塑的形态，是对投降主义的明显斥责。另外，也是坚定地在表达抗战到底的决心。全国上下万众一心，积极响应守土安邦的号召，这样典型环境下的汪精卫像，也明显的有以反面典型来教育启蒙的意味。

此时的王朝闻身为一位雕塑家，"以所学专业——雕塑的创作参加了战斗"。当时文艺界对王朝闻的《汪精卫与陈璧君跪像》给予了很中肯的评价，肯定其艺术作用和价值。值得一提的是，受限于战时环境的限制，王朝闻创作的这一雕像是泥塑的，不比铜塑的雕像坚硬，在几个月的展出后便损毁了，但是却更具有象征的意义。显示出中国人民不为物质条件所限而勇于争取抗战胜利的决心。

艺术的评价以时代的典型环境为依据。中国有"知人论世"的成语。要认识一位艺术家并评价他的作品，离不开时代环境的背景。艺术作品的意义并非是唯一的。作品自艺术家创作出来之后，则更待受众们的参与和创造。艺术作品的意义便是在这样交流过程中不断得以丰富和发展的。王朝闻在《美学概论》里也说："审美理想归根到底也只是这个时代的审美理想。"① 换句话说，艺术作品的好坏，很大程度上依赖于所处时代的环境。根据简平的《王朝闻传》记载，当王朝闻的《汪精卫与陈璧君跪像》在成都少城公园的成都民教馆内展出后，受到了强烈的反响。老百姓的表现是吐唾沫、扔果皮。看得出，作为雕塑，王朝闻的作品激起了群众的极大愤慨，获得了极大的成功。从艺术的技法来说，王朝闻的这一雕像是圆雕。由于是泥塑的，无须焊、敲，所以相对于金属材质来说，制作较为容易。由于鲜明的主题与细腻的刻画，引起了巨大的反响。倘若将这一雕塑置于截然相反的环境，势必不可能引起群众心中对这个雕塑如此巨大的情绪，也可能不会获得如此大的成功。所以，对典型的艺术作品的评价，必须要置于相适应的典型环境背景之下来解读。王朝闻的美学思想从未脱离时代精神的影响，他的美学精神便是时代精神，是审美趣味和时代审美需要融合的产物。

（四）阶级论：《老羊倌》与《政工干部像》

艺术家所处特殊年代下，社会、民族、阶级的矛盾是有主次之别的。艺术家要创造典型环境中的典型人物，不一定会完全依照自己所属阶级的所求，而创造出来的典型也不一定就没有表达其他阶级的诉求。艺术家当然地要从属于一定的阶级并为一定的阶级服务。艺术家的作用是表达本阶级的诉求，并将这样的诉求扩展出去。这样做的原因，一是艺术家的本质使然，二是因为艺术家承载着的为本阶级诉求提供合理性辩护的责任使然。艺术家创造的典型环境中的典型人物，正是要反映本阶级的立场。所以，王朝闻自己说："艺术家往往比一般人更为敏锐地反映和表达阶级的思想、情感和愿望。"② 对于处于特殊环境下的艺术家来说，典型人物的塑造，具有十分重要的意义。因为，总的来说，典型人物的塑造，是所有矛盾和关系的集中的体现。也是本阶级最核心的诉求所在。

1904 年，王朝闻到延安，1942 年即创作了两幅十分重要的素描作品：

---

① 王朝闻：《美学概论》，人民出版社 1981 年版，第 125 页。

② 同上，第 126 页。

《老羊倌》《政工干部像》。众所周知，王朝闻把自己划为无产阶级的艺术家，自然要为本阶级进行艺术创造。《老羊倌》描写一位忠厚寡言的牧羊老人。牧羊是牧民的本职工作，十分辛苦。劳动人民的酸甜苦辣成为王朝闻关注的焦点。老人的皱纹和略显病态的双眼是《老羊倌》最具震撼力的点，既象征着战乱年代贫苦人民生活的不易，也象征着贫苦人民天然的坚韧品行。而忠厚的表情，则既是王朝闻对牧羊老人的忠实再现，也表现了王朝闻对人民群众的亲切态度。其实，老羊倌是人民群众的一种典型形象，它表现了王朝闻特殊年代下对人民既爱又怜的心情。而《政工干部像》更具有代表性。政工干部是我党在发展壮大时期的一种创造性运用。以党领导军队，也是无产阶级革命的手段之一。王朝闻作为无产阶级的艺术家，受马克思主义美学影响的美学家，表现这类主题也是王朝闻美学所呈现的时代特征所在。

（五）欣赏与再创造

学习《讲话》使王朝闻认识到，文艺创作中客体的审美欣赏与主体关联度很高，甚至决定作品的成败。他在《欣赏，“再创造”》一文中反复提到欣赏的再创造功能及欣赏的特征和规律，并从欣赏的角度来观照创作。他认为能够号召欣赏者进入作品的前提是作品本身不是“一览无遗”，而须得“言有尽而意无穷”。无论作品的主题或是语言都应该讲究含蓄，无味的语言就如毛泽东所形容的“像个瘪三”，不仅不能引起美感，也没有丝毫艺术魅力。他在《艺术札记》提到从古至今经典的作品都有一个共同的特征即“耐看”，即经得起反复推敲和欣赏。“耐看”所指便是一部作品的永恒魅力，是王朝闻对艺术欣赏活动规律的把握。

作品要“耐看”，创作主体就切忌将自己的想法直截了当地呈现，而应该留有想象的余地，让欣赏者自己去体会、评价。不讲究含蓄，一览无余的作品，没有艺术魅力，不为群众所喜闻乐见，说它寡，说它干瘪，主要在于它不能唤起更广的联想，更多的想象，也在于它不能唤起更深的体验以至思索。[①]“含蓄”是中国传统美学的一个重要特征，老子讲“道可道，非常道”，庄子认为“言不尽意，得意忘言”，钟嵘“味之者无极，闻

① 王朝闻：《喜闻乐见——纪念〈在延安文艺座谈会上的讲话〉发表二十周年》，《人民日报》1962年5月23日。

之者动心”等，含蓄已经成为中国美学审美范畴一个至高境界，王朝闻继承并发展了这一美学观点，认为优秀的文艺作品应在有限的语言中，让欣赏者通过感受、想象引申出无限的内涵。

抗战时期，为了最大限度地发挥文艺作品的宣传鼓动作用，很多人强调在创作过程中应当尽量简单直接、明白易懂。因此导致很多作品缺乏艺术性，有严重的标准口语化倾向。《含蓄与含糊》一文中王朝闻指出，明白晓畅的语言也可以有“含蓄”的美，正所谓“言近而旨远，辞浅而意深”，只有重视“含蓄”，文艺作品才成其为文艺，才能打动人心，感染群众。因此创作主体在创作过程中要“收万于一”，这样欣赏者在欣赏的时候才可以感受到作品“以一当十”的魅力。但是，含蓄、“收万于一”并不是说创作者要将生活的琐碎杂乱无章地拼凑在一起。“一”表示丰富的概括性，集中展示生活的复杂性、深刻性，要有重点突出和一笔带过。正因为创作者用提炼取舍后的素材构建了一个无限丰富的艺术世界，所以欣赏者可以基于自己对生活的体验和对生活的幻觉，对其留下的空白进行填充和投射，从而获得审美的乐趣。抗战时期很多作品流于太露，没有余韵，完全没有那种言有尽而意无穷的想象空间。这样的作品不是不道，而是道尽了，反而失了味道！王朝闻认为这种现象应予以改进。

含蓄会给欣赏者带来一种“隔”的快感，仿佛雾里看花、水中赏月，与美保持了一定的欣赏距离，留给欣赏者足够的联想空间，可以反复体味，品之又品，读之又读，丰富体会作者的言外之意。作品只有“耐看”，才能使艺术作品真正集娱乐性和教育性于一体，与其他意识形态作品区别开来，既能劝喻读者，又能让读者喜爱。

（六）内容与形式

在处理好创作主体和审美主体的关系之后，需要重视的就是作品本身的内容与形式问题。《讲话》中提到“要研究社会上的各个阶级，研究它们的相互关系和各自状况，研究它们的面貌和它们的心理。只有把这些弄清楚了，我们的文艺才能有丰富的内容和正确的方向”。[①] 王朝闻对艺术作品的内容与形式的看法充分吸收借鉴了毛泽东的观点，他认为艺术作品是满足欣赏者精神需求的特殊审美对象，因此内容具有具体性，但又必须具

① 毛泽东：《在延安文艺座谈会上的讲话》，《毛泽东选集》（第三卷），人民出版社1977年版。

有高度概括性，反映生活中的普遍现象，是特殊性与普遍性的统一。艺术作品并不仅仅是艺术家思想的注释，同时应该反映人在社会中的丰富多彩的实践。在生活中很多有害的东西通过艺术家的处理也可以成为审美的对象，引发欣赏者的美感，比如王朝闻自己创作的《汪精卫与陈璧君跪像》，素材是令人生恶的汉奸形象，但通过他的塑造，可以唤起欣赏者的爱国情绪和对卖国求荣者的厌恶。正如毛泽东所说，要使文艺作品具有丰富的内容就必须研究各个阶层的关系和心理，真正从现实生活中，通过自身的感受去体会和把握生活的本质，而不是依靠思维逻辑简单地去图解生活的现象。

抗日战争期间，艺术不可避免地和严酷的政治斗争、军事斗争及意识形态上的斗争有紧密联系，但艺术作品的内容却不能等同于宣传口号，而有其自身内容的独特性。抗战时期艺术作品虽然反映的是战争生活，但却不等于直接复制现实生活，艺术家在反映战争的时候不是依葫芦画瓢的还原战争场面，而具有自身的能动性。要创作出群众需要并喜爱的文艺内容与形式，创作主体必须对所要表现的主题有自身独创性的理解，再对素材进行拣选、提炼、概括，最终通过艺术集中生活的本质特征。创作主体具有自身的个性，在对现实生活素材的提炼和概括的过程就体现了作者自己对生活的看法、评价和认识，并透过作品传递给欣赏者，唤起他们对生活各个方面的直观感受。而作品内容要使欣赏者感同身受，就必须要有充沛的情感，只有思想深度的作品，就是把各种正确的概念贴在作品上，并不能引起审美感受。感情是思想的“结晶”，也是在现实生活中累积起来的，它与创作主体对生活的评价、认识结合在一起，自觉或不自觉地流露在作品中。总之，创作主体的思想、感情、理想都渗透和蕴含在文艺作品中，而作品内容又反映其所在的时代、一定阶层的思想、感情、理想。

艺术作品内容的构成：“任何一部艺术作品的内容，都是一个生动的、具体的、自身完整的艺术形象，它由艺术家所选择、加工过的一定生活方面、生活现象所组成，并为艺术家对这些生活的认识和情感所统摄。”① 这里可以看出，王朝闻深受毛泽东文艺思想的影响。他认为抗战时期，文艺作品服务的主体是工农兵和群众，是一种无产阶级文学，欣赏者的多样性

① 王朝闻：《美学概论》，人民出版社 1981 年版，第 211 页。

扩大了审美对象的多样性，因此，无产阶级文学作品内容也有了多样性的可能。

独特的内容主题，决定独特的艺术形式。艺术家通过对生活本质的正确认识，把握住生活现象之间的内在联系，因此能赋予题材极具创造性的结构。内容只有通过一定的结构组织起来，才能成为具体可感的物化的形象。艺术外部形式首要要求就是作为思想外衣的艺术语言，陆机在《文赋》里指出："恒患意不称物，文不逮意。"这里就指出了创作主体在创作中常遇到的形式和内容的矛盾，而要解决这个矛盾，创作主体需要熟练地掌握艺术语言，如雕塑家对铜、泥、石头特性的了解；画家对布匹、绢帛、宣纸特性的熟悉；作家对语言能指和所指的驾驭。对任何艺术规律的探索，都应当是由丰富的特殊对象着手，寻觅他们所体现的普遍意义。对形式的探索也不例外，但并不能抛开作品的内容，片面追求形式美。王朝闻认为一定的色彩、线条、语言通过特定的规律组合起来会发生奇妙的化学反应，给人独特的审美感受，这就是形式美。王朝闻十分重视形式美，他指出："革命的艺术家既要熟练地掌握形式美的某些共同规律，又要深入研究和懂得群众的审美习惯、经验和发展着的趣味，从而推陈出新，创造出适合自己的时代要求，为群众喜闻乐见的新的形式美。"①

艺术作品的内容和形式是辩证统一的，没有脱离形式的内容，也没有纯粹的形式。王朝闻一生的美学追求中，十分关注艺术内容与形式的辩证关系。他认为艺术内容和形式要相称，取决于艺术家对生活的实践、感受和体验。创作主体在创作过程中要"因情立体，即体成势"，内容和形式就能和谐表现，艺术内容随着时代的进步、社会生活的发展，可供选择的题材也愈加增多，这就要求有创新性的艺术形式相匹配，因此艺术形式也需要不断地与时俱进，不断创新。但艺术形式的创新并不是凭空创造，而是需要对传统的艺术形式取其精华，去其糟粕，有所继承和扬弃。正如毛泽东的观点："我们必须继承一切优秀的文学艺术遗产，批判地吸收其中一切有益的东西，作为我们从此时此地的人民生活中的文学艺术原料创造作品时候的借鉴。有这个借鉴和没有这个借鉴是不同的，这里有文野之

---

① 王朝闻：《美学概论》，人民出版社1981年版，第230页。

分，粗细之分，高低之分，快慢之分。”①

第三节　艺术风格论的形成路径

尽管在抗战期间，王朝闻主要是以雕塑、绘画、木刻等艺术实践活动投入抗日救亡的热潮，但同时他仍然不断深化美学理论研究。他曾说为了使自己的雕塑创作不拘泥于匠气，因此十分关心美术理论。他坚持研究了《文心雕龙》《人间词话》《诗品》等有关文论、诗论及美学理论著作，这对他后期艺术风格论的形成产生了很大的影响。他沿着传统艺术风格研究指导自身的创作实践，并在实践中深刻地分析了创作主体与艺术风格的关系，辩证地研究了艺术风格的多样性和一致性，最终形成了富有个性的艺术风格论。

艺术风格是艺术创作中的一个特有现象，是艺术家趋于成熟的标志。历史上，中西文艺理论对艺术风格的论述都颇多。有不少理论家都将艺术风格定义为艺术家直接或间接在宇宙中观照的超形象的美。这将艺术风格蒙上了一层神秘的面纱。王朝闻通过对传统文艺理论中艺术风格论的吸收和阐发，再结合大量的艺术实践，使他对艺术风格有了更加完整和系统的把握，最终形成了自成一家的艺术风格论。

王朝闻的艺术风格论的形成是与他在战争期间的美学实践一脉相承的。其理论的独特之处在于他不仅对理论有深刻的认识，而且以行家里手的姿态将美学理论进行实践，最终将实践的经验又反馈于理论并丰富理论。艺术风格在王朝闻的整个美学体系中占据着重要的作用，他在后期的《雕塑雕塑》《审美谈》中用专章谈论艺术风格与人的主体性特征问题。此外也用不少著述专门探讨艺术风格与审美主体的关系，如《风格的共性与个性》《风格的改变》等。在王朝闻看来，艺术风格具有一个由生活本真引领的、发展性的路径。

① 毛泽东：《在延安文艺座谈会上的讲话》，《毛泽东选集》（第三卷），人民出版社 1977 年版，第 817 页。

一、王朝闻艺术风格论的理论渊源

中国古典艺术理论是王朝闻美学思想体系的一个重要源头，即使在炮火硝烟、朝不保夕的战争中他仍然求知若渴地阅读我国古典美学作品，因此在其后期对艺术风格的阐释中也毫不例外地汲取了古典美学理论的精华。他在对相关传统艺术理论的认识和把握基础上，吸收提炼出有关艺术风格的观点，并最终形成自己独特的艺术风格论。他曾说："中国传统的美学思想里，存在着许多关于艺术风格的精辟论述。"① 他将古典画论、诗论、文论与自己的审美辩证法相统一来对艺术风格进行阐释。

艺术风格与作家性情的关系一直是古典文艺理论关注的焦点。《周易·系辞》言："将叛者，其辞惭。中心疑者，其辞枝。吉人之辞寡，躁人之辞多。诬善之人，其辞游。失其守者，其辞屈。"② 就首次谈到了创作主体与个体性情的关系。不同的性情导致不同的言辞，不同的言辞可以透露出不同的艺术风格。之后，孟子继承了这个观点，他曾言："诐辞知其所蔽，淫辞知其所陷，邪辞知其所离，遁辞知其所穷。"③ 讲的是观其言，知其人。意思是创作主体的个体性情与艺术风格是相辅相成的，可以由此及彼，透过作品知其性情。这些观点在杨雄那里得到了进一步的发展，他在《法言·问神》中云："言，心声也；书，心画也；声画开，君子小人见矣。声画者，君子小人之所以动情乎。"④ 言为心声，直接触及了创作个性与个体气质的关系。

上述观点都直接或间接地影响了王朝闻艺术风格论的形成，但真正在论及艺术家的个性所形成的作品的独特美时，影响最大的还是刘勰的《文心雕龙》。王朝闻曾指出要正确把握住作品不可替代的美，要对作品有独特的感悟和适当的评价，就不仅需要着眼于作品本身，也要研究不同人的气质个性，作家的风度往往就是作品的风度。正如刘勰的论断："贾生俊发，故文洁而体清；长卿傲诞，故理侈而辞溢；子云沈寂，故志隐而味

---

① 简平王：《王朝闻集》(15)，河北教育出版社1998年版，第563页。

② 郭绍虞：《中国历代文论选》(1)，上海古籍出版社2001年版，第32页。

③ 同上，第97页。

④ 同上，第243页。

深……”[①] 寥寥几句就将几人的为人和艺术风格评价得入木三分。贾生俊发，因此为文也是高洁、清雅；而司马相如桀骜不驯，因此文章也言辞华丽、长于夸大。据此，王朝闻亦认可，正是鲜明的艺术个性才有可能升华出独特的艺术风格。

既然艺术家个性的独特性才能使艺术风格不至于趋同，那艺术个性又是怎样形成的呢？在这一点上，王朝闻的观点也得益于刘勰。《文心雕龙》里说：“然才有庸俊，气有刚柔，学有浅深，习有雅郑，并情性所铄，陶染所凝，是以笔区云谲，文苑波诡者矣。”[②] 刘勰以为艺术个性的形成有赖于才、气、学、习。才、气是每个个体独一无二的先天禀赋，于是才有天资；学、习是后天的积累，正是源于生活中的艺术实践积累。前者和后者都是举足轻重的，不可偏废其一，才有天资才能情性所铄，后天素养成就陶染所凝。王朝闻认为这四者是艺术个性形成的必要因素，忽略学习就会导致“天才论”，而完全不讨论先天条件，也不能全面地了解艺术个性的形成。艺术风格的形成非一日之功，在有得天独厚的天资基础上，广泛涉猎是必不可少的。所以，少陵诗、摩诘画、南华经、左传文，古今绝艺都在心中，才能到用时信手拈来。

二、“风格即人”，风格即生活的本真

王朝闻将艺术风格阐释为：“独特的内容与形式相统一、艺术家的主观方面的特点和题材的客观特征相统一所造成的一种难以说明却不难感觉的独特面貌。”[③]从这个定义可以看出，艺术之所以可能形成风格，其前提就在于，艺术是没有绝对标准的。中国古典文学理论认为，作家个体性情会造就文风的差异，换言之，文风正是创作主体此时心情的直接体现，而非西方所认为的是绝对之物的外显。所以，首先，艺术风格必是多元的。王朝闻曾言：“艺术所反映的客观世界本身的多样性，艺术家思想感情、生活经验、审美理想、创作才能的多样性，群众对艺术的需要和爱好的多样性，规定了艺术风格的多样性。”[④] 纵观艺术风格的漫长发展史，不同时

---

① 郭绍虞：《中国历代文论选》(1)，上海古籍出版社2001年版，第244页。

②③ 同上，第256页。

④ 王朝闻：《美学概论》，人民出版社2011年版，第285页。

期、不同地域及不同艺术创作主体的相互作用，形成了艺术之间的差异。而差异是艺术作品之所以能相互区别开来的原因所在。创作主体的时代性、阶级性和民族性也影响着艺术风格的多样。

王朝闻从历史实践出发，认为一定时期物质生产的水平在根本上决定着艺术的风格。如齐梁时期，“彩丽竞繁，兴寄都绝”，及至盛唐则“骨气端翔，音情搓顿”。他在《风格的个性和共性》一文中说：“艺术，因为与作者的思想感情密切联系的题材、主体的特殊性特别是表现方式的习惯性而形成各种不同的艺术风格。任何个人既然是阶级的一成员，他的风格有个性，也不可避免地有其阶级性的一般性。”① 所以，无产阶级文学不可避免地要将工人、农民作为文学故事的主角加以书写和歌颂。

王朝闻认为，生活对艺术风格进行着修正。艺术风格是创作主体提炼出的生活本真。他曾说：“艺术家的创作个性不等于风格的个性，他却是在风格的独特性中处于支配地位和起决定性的东西。”② 他在探讨艺术风格时，首先谈到的是艺术风格的创造者，认为创作主体在艺术风格中居于主导地位。真正的风格是创作主体的主观特性与作品对客观现实真实反映的协调一致。所以，创作主体在创作时，不论自觉与否，都会无意识地表现出个体对生活的独特感悟和情绪。因此，艺术作品是创作主体的运动，正如别林斯基所说：“一切诗人的一切作品无论在内容和形式上怎样分歧，还是有着共同的面貌，标志着仅仅为这些作品所共有的特色，因为他们都发自一个个性，发自一个统一而不可分割的我。”

生活的本真通过创作主体的实践不断自我实现。所谓文如其人，即创作主体的人格高低直接影响其创作的作品的审美性。其实，更加准确地来讲，对于艺术的感悟不断地引领着创作主体的生活与美趋近。王朝闻认为人格的修养与作品审美性的增强是相互作用着的。但是，一些研究者将这个观点与布封的“风格即人”比附，尽管两个观点确有异曲同工之处，但实质上却是形同而质异的。文如其人的内涵，首先强调创作主体德性与风格的关系，是指艺术家能把眼前光景，心中情趣一笔写出。这都是源于生活实践的积累和不断进行的自身修养。其次，作品风格与创作主体性格、

① 王朝闻：《美学概论》，人民出版社2011年版，第289页。

② ［古希腊］亚里士多德著，罗念生译：《修辞学》，上海译文出版社1979年版，第90页。

气质、才情、情感存在着相互作用的关系。而布封“风格即人”的观点是指作品是刻画人思想的，只有作品有了思想的深度，恰当的谋篇布局方能看出作者，因此，布封笔下的风格是人的思想、才能、智力的表现。

二者相互比较，可以看出他们都看到了艺术风格与主体气质、情感的关系，只是布封并不认为风格与道德品质有关，二者的内涵本质上是相左的。正如钱锺书指出的：“吾国论者言及‘文如其人’，辄引 Buffon 语（Le style，c'est l'homme）为比附，亦不免耳食途说。Buffon（布封）初无是意，其 Discours 仅谓学问乃身外物（ hors de l'homme ），遣词成章，炉锤各具，则本诸其人（［de］l'hommo même）。‘文如其人’，乃读者由文以知人；‘文本诸人’，乃作者取诸己以成文。”① 浩然之气的修养和与众不同的艺术生活实践是艺术独创风格形成的关键，只有先修身才可能开创一代文风，自成一家。王朝闻总结艺术风格与人格关系：“艺术风格的美是美的人格的创造物；为了创造美的艺术风格，首先要创造比较完美的雕塑家的人格和人品。”② 因此，艺术家要形成相对稳定的艺术风格，必须美于内、诚于中才能最终形于外。

艺术风格在艺术实践中会不断被修正并得到发展。王朝闻发现以前对于艺术风格的研究都主要关注了创作个性对艺术风格的影响，而忽略了欣赏者的审美趣味和审美需求也对艺术风格的形成有一定的影响。他认为艺术风格唯有与审美主体的审美趋向相一致才能真正得以流传。根据在艺术实践中总结出来的经验，王朝闻指出了群众的需要会反作用于艺术风格的形成。艺术家只有坚持走群众路线，发挥符合群众思想路线的艺术风格和创作技巧，才能创造群众喜闻乐见的艺术形式。因此，艺术风格与生活的关系，其实是相互作用的关系。而创作主体和接受客体的相互交流，正是艺术风格不断发展变化的实现途径。

战争时期的王朝闻的理论攻坚和创作实践使其艺术风格的内涵和外延都有独到的见解。战争中独特的创作体验和战后集中的理论研究令他从创作主体、审美主体与艺术风格的关系，风格的多样性和一致性诸方面把握艺术风格。他的艺术风格研究根植于艺术实践，从丰富的艺术批评经验出

① 钱锺书：《谈艺录》，中华书局 1984 年版，第 165 页。

② 简平：《王朝闻集》（4），河北教育出版社 1998 年版，第 564 页。

发来探讨产生艺术风格的规律性问题。王朝闻独特的艺术风格论一方面是对我国美学研究的一个补充，对抗战期间及以后一段时间艺术创作只重创作层面，忽略理论的现象也有一定的纠偏。他将审美主体引入艺术风格的研究，使艺术风格的研究更加全面。

王朝闻的“艺术风格论”源于中国古代文论传统与延安讲话精神的结合。他一方面坚持借鉴和吸收外来的文化和美学，努力“把外来艺术化为本民族的东西”，一方面也确信“无古不成今”。他认为传统素朴的辩证美学是今之美学的基石，王朝闻抗战时期逐步开始形成自成一家的艺术风格论，拓展了美学研究领域，形成了自己具有独创性的美学观和富有个性的研究方法。

第四节　君子之交　获益匪浅

如果要推出谁促使王朝闻从艺术创作走向理论研究的第一人，这个人必然是毛泽东。王朝闻的妻子简平就曾著有一文《毛泽东使王朝闻由雕塑走向美学》。阐述从战时到和平时期毛泽东对王朝闻美学研究的影响。王朝闻自己也著有一文《我印象中的毛泽东》。文中详尽地讲述了他与毛泽东的几次见面，以及毛泽东对他从事美学理论研究的鼓励和影响。他在《人民日报》的采访中就曾坦然道：他的文艺思想基础是在毛泽东《在延安文艺座谈会上的讲话》后确立的，他后来的整个美学体系都建立在此基础之上。

在王朝闻的理论生涯中除了毛泽东，还有一个人对他影响颇大，这个人就是鲁迅。王朝闻曾说：“鲁迅的小说自然是爱读的，我曾把《伤逝》改编为连环木刻。同学庄雷帮我一块把画稿刻出来，我们两人三天三夜刻了四十多块木板。累得我闹出把油墨当果酱蘸馒头的笑话。我读的遍数最多的书，是鲁迅译的《近代美术史潮论》。”① 王朝闻曾于上海内山书店见过鲁迅，并和鲁迅展开了一段幽默的对话。鲁迅问王朝闻是不是四川人，他回答是。然后鲁迅反问道：你们四川还有人吗？王朝闻很奇怪，鲁迅就

① 王朝闻：《再再探索》，知识出版社1983年版，第27页。

解释说，报纸报道的剿匪数量之和已经超过了四川的总人口之和，鲁迅对黑暗现实的幽默讽刺给王朝闻留下了深刻的印象。在此之前他就曾反复研读鲁迅编译的《近代美术史潮论》《出了象牙之塔》和《苦闷的象征》等著作。在抗战期间他阅读了鲁迅的《一个人的受难》《文学与革命》《珂勒惠支版画选》，并且向自己的美术学员介绍这些美学思想。他在延安期间所发表的《再艺术些》中提到："为了宣传得有力，再艺术些！"鲁迅在《文学与革命》中所提到的观点："一切文艺固是宣传，而一切宣传并非全是文艺……要用文艺者，就因为它是文艺。"二者有异曲同工之妙。此外，鲁迅写作风格中谑中寓辣、针砭时弊的艺术风格也影响了王朝闻的审美欣赏论，他在《寓教育于娱乐》中指出："根据我自己有限的审美经验，我认为欣赏的愉快，既包括因喜悦而发笑或陶醉，也包括激愤以至于悲哀，痛苦。"王朝闻的审美关系论中十分强调创作主体自身的艺术修养和人格修养，他对鲁迅的崇拜亦是如此，1942 年在延安时，他就怀着对鲁迅先生的无限敬仰之情，创作了鲁迅先生的浮雕像。他不仅欣赏鲁迅的文章，同时也折服于鲁迅的人格魅力，他在《只言朱墨作春山》《鲁迅回忆录》二集说道："现在需要的是战斗的文学，如果作者是一个战斗者，那么，无论他写什么，写出来的东西一定是战斗的。"

在浙江流动剧团期间结识的邵荃麟也对王朝闻对美的探索有很大的影响。邵荃麟不仅从事领导工作，同时也一直致力于文艺创作活动，他的文艺分析方法对王朝闻有很大的影响。王朝闻"以一当十"的理论研究方法可以说得益于邵荃麟。他在《从心上来》中曾说："他喜欢美术，又懂外文。他对外国画报上那幅破皮鞋的画面作分析，分析出这双皮鞋的主人公的遭遇，就像福尔摩斯分析案情一样。这些以小见大的分析方法，对于我以后的理论研究大有影响。"①

抗战中，王朝闻在萧山车站偶遇艾青，在艾青的建议鼓动之下，他改投浙江省抗敌后援会流动剧团。在重庆期间，在沙汀的推荐下和周恩来会面，得以奔赴长安；在成都期间，和傅抱石、沙汀等人借居在刘开渠家，此间他与音乐家马思聪夫妇、木偶专家余所亚、国画家关山月夫妇、黎雄才、吴作人等人一起在刘开渠家搭伙达两月之久。这些人这些经历对王朝

① 王朝闻：《从心上来》，《王朝闻自选集》，山东教育出版社 1998 年版，第 551 页。

闻的理论生涯都有一定程度的影响，从王朝闻的寻美踪迹中，我们可以清晰地看到毛泽东、鲁迅的文艺思想对他的重要影响。

结　语

王朝闻在抗战中不断地坚持艺术实践，并在马克思主义美学的影响下逐步走向理论研究，形成自成一家的艺术美学理论，拓展了美学研究领域，形成了自己具有独创性的美学体系和富有个性的研究方法，成为我国当代独树一帜的美学大家。而这一切都离不开养育他的故乡。当他成为著名美学家以后，他时常回忆童年在四川的成长经历："例如常给我讲故事的三位姐姐，容许我看她的小说的母亲，到有丧事的人家扎纸人纸马的画匠，担当下乡表演《凑钱打老虎》的木偶剧演出者，念经做法事之外讲圣喻的和尚道士，专业是农民而在节日作杂技表演者，跟着成年人赶场看到的川剧艺人……不只在当时使我热衷于画画、做泥人和表演傀儡戏之类的游戏，而且对我一生的职业与兴趣，都起着最有效的培养作用。"① 这一切为王朝闻播下了美的种子。

四川对他美学理论的影响，除了成长时期的兴趣培养外，还有四川的风土人情对他美感的培养，"我想，祖国的名山都各有个性，'青城天下幽'的说法，就说出了青城山的个性。我在青少年时期，有幸游过离成都不远的青城山，美的记忆常常使我心动。在那座似乎只宜居、宜卧、宜游而不便于画的青城山里，日光透过密叶而间接照着的一片翠绿的草地，如果画出来，也会是很有魅力的。"② "在峨眉，我不止一次地用长啸把附近的云雾集中在我身边，慢慢变成毛毛雨。这是我两次上黄山都没有碰见过的……"③ 除了这些地点，他还去过灌县(今都江堰市) 感受两千年前李冰治水的伟业："记得我在青少年时期初去灌县，夜宿灌口'离堆'的古庙，一夜江声盈耳，我常觉置身于动荡的舟中，既感到惊讶也感到愉快。这种

① 王朝闻：《老师与我》，《王朝闻自选集》，山东教育出版社 1998 年版，第 254 页。

② 王朝闻：《从心上来》，《王朝闻自选集》，山东教育出版社 1998 年版，第 20 页。

③ 王朝闻：《开心钥匙》，四川人民出版社 1981 年版。

错觉有助于认识艺术的创造性，它不是藏在家里的人所能直接感知的知识。”① 这些经历让他领悟到了“自得其乐”“不改其乐”才是审美的最高境界，美便是纳天地于胸际，化万物为情思。

王朝闻对故乡的情思融入了美学见解中，在《听蛙》一文中用四川私塾的旧称“蛤蟆馆”来打比喻讲美学道理；在《美化与丑化》中用四川话“安逸”一词来表现语言的不确定性，以及构成特殊形态的语言美；在《巧妙与自然》一文中用四川俗语“好吃不过茶泡饭，好看不过素打扮”来表达美之为美在其本身，不要做过度人为装饰；《有形无相——读八大山人〈鱼乐图〉》中用四川话“话丑理端”来说明画家所认定的丑恶事物也可以通过美的方式表现出来。这种例子还有很多，足以看出故乡四川对他美学观形成过程产生的影响。抗日战争使家乡惨遭破坏，使王朝闻走上了革命现实主义美学家的道路。

王朝闻更是一位从延安出来的美学家。抗战时期延安的锤炼是王朝闻艺术生涯的一个重要转折点。战争中的际遇使他从一个艺术实践者转变成一位创作与理论兼攻的美学家。

在抗日救亡大背景下，艺术创作不仅需要满足受众的审美需求，同时还要担负起救亡图存的功能。王朝闻意识到理论研究不只是高深莫测的概念游戏，而是从实践中来，不断用创作的灵感哺而形成。正如罗曼罗兰的观点：“最美的理论只有在作品中表现出来时才有价值。”他主张创作为群众所喜闻乐见的作品，从生活中挖掘出为受众所喜爱的创作素材，又从创作中提炼理论，从而探讨了风格论、境界论等一系列美学范晴的研究范式。他以政治为核心对马克思主义美学进行解读，是马克思主义美学坚定的拥护者和建设者。1962 年，他在《喜闻乐见》一书中说到，他对马克思主义美学的深刻理解和得体运用，正是和延安那段岁月分不开的。延安鲁艺期间，他接受了毛泽东的文艺思想，他创作了毛泽东雕像，他抓紧一切的机会观摩毛泽东的神态，同时还向许多前辈请教毛泽东的生活习惯和爱好，通过对毛泽东的全面了解，使得毛泽东的形象在他脑海中变得立体起来，最终创作出了经典作品《毛泽东像》。

正如王朝闻对自己的评价，抗战时期的王朝闻，称得上是一位“朝闻

① 王朝闻：《开心钥匙》，四川人民出版社 1981 年版。

道，夕不甘死”的寻美者。

年畫的內容與形式

王朝聞

魯藝美術系年畫研究組，根據年畫在群衆中的反映，對於內容與形式作了初步的討論，現摘括其意見於此，希各方面的同志多給意見，好作進一步的研究。

一

農民為了紅火和吉利而張貼年畫，所以年畫的題材，應和一般宣傳招貼畫區別。年畫宜於描繪能夠引起愉快感情的生活、可紀念的英雄、勝利、鬥爭故事等。忌諱的是可怕醜的事物、悲劇的場面……。比如宣傳講究衛生，應畫由於講究衛生而得到的幸福。不宜於畫不講究衛生得到的災難。農民要求於年畫的是好事物的歡頌，而不是惡事物的[illegible]究。

年畫不限於描繪新人物與新事件。要是取有革命意義的歷史故事作題材，可以肯定的說，會受群衆歡迎的。——當然首先主要的是現代的題材。

年畫供農家長期欣賞，必求耐看，能夠耐看的條件之一是情節豐富。群衆不僅要求「有名堂」，而且要「名堂多」。去年的年畫「大破平型關」之所以能較其他年畫吸引觀衆，收到「越看越想看」的好評的原因就在這裡。

二

為着歌頌某些美好的事物，應有適當於歌頌的形象和色調。馬蘭農婦向作年畫的同志提議：「在這娃娃的臉上，染上些紅顏色才好看！」又如「識一千字」等年畫中愉快壯健的婦女與兒童，「豐衣足食」等年畫的鮮豔的色彩，都受到歡迎，即其明證。群衆不滿足於質樸的「畫得像」，更要求「俊一些」。

農民對待舊年畫的紅臉大頭，不追究其是否合理的原因，由於沒有實物可比較，相信傳統的看法：「古時人大約是這樣子的。」但對反映現實生活的新年畫，就嚴格得多——鍘刀的樣式，牛羊的身體比例，牲口的裝備……都要求確像實物。新年畫要緊的是寫實，而不應過分[illegible]圖案化。

年画的形式与内容

第六章　战争危机与美学的“笔部队”

——李安宅抗战时期的美学建树

李安宅（字仁斋，笔名任责）祖籍河北省迁西县，抗战时期曾在四川任教华西大学，主要学术活动在北京、四川、甘肃等地。

李安宅为著名社会学、人类学、民族学家。曾任四川省政协委员，中国社会学研究会顾问、中国民族学会顾问、中国民俗学研究会顾问等。1923年考入山东济南齐鲁大学，后转入北平燕京大学社会学系研究班。1926年获该系文学学士，毕业后留任该校社会学系助教、讲师和国学研究所编译员，被张家口苏联领事馆聘为英文翻译，并加入了中国共产党。1934年，接受罗氏基金会奖学金，赴美国加利福尼亚大学、耶鲁大学人类学系留学。在此期间到美国新墨西哥州和墨西哥等他从事印第安民族社会教育的考察和研究，并翻译了英国人类学家马林诺夫斯基的《巫术·科学——宗教与神话》《两性社会学》等。1934年，撰写了《美学》一书。次年他又撰写了与美学有密切联系的《意义学》一书，作为对美学的进一步思考。

第一节　大时代的美学：美学史与战争现实的双重向度

民国时期是一个特殊时期，在这样一个特殊时代涌现出一大批文学家、思想家、科学家。虽然历经战乱、灾祸、外敌入侵，为人类文明和中国文化做出贡献的科学巨匠与文化大家却灿若星河。他们是在东西文化碰撞与时代碰撞中成长起来的。他们熔铸东西，贯穿古今，注意东西方美学的比照，在20世纪30年代即已形成美学研究的立足点，即便战争也没有停止思考，某些方面甚至得到升华。李安宅就是这当中的一员。

一、战争改变了李安宅的学术选择

1937 年，抗战烽火全面爆发，李安宅在此期间回国，担任燕京大学社会学系讲师、副教授。1938 年，北平沦陷。“到前方去”，是每个热血男儿的迫切愿望。“伟大的时代需要的是有血有肉的文章。在伟大的时代里，每个国民都该有所贡献。”[①] 著名作家老舍先生在欢送“文协战地访问团”出发时这段振聋发聩的话道出了那个时代爱国学者的心声。他还说：“诸位就是活的报告书。报告而外，假若时间来得及，我希望诸位于写战地通询等必要的文字而外，也能写出本目前文艺问题或与此类似的小册子，供大家研究。说也惭愧，抗战已有二年，文艺的理论与批评，似乎还多半是讲空话。毛病的所在，据我看，是在实地工作者与理论者或批评者之间没有谋面的机会，你干你的，我说我的，各自为政，各是其是。希望诸位能给这两方面架桥梁，使理论家晓得些实际的需要与问题，从而使实地工作者得到更妥切的主张与批判。”[②] 郭沫若号召建立一支“笔部队”。战争环境下坚持用“笔”做部队，继续文学创作和研究，正是文艺工作者国家意识和民族情感的自觉表现。

不仅是作家，很多学者都希望到火热的生活中去体验国人实际需要，以为救亡图存出力。作为当时学有所成的社会学学者，李安宅也是如此。10 多年后，李安宅在他的自述中曾写道，在抗战的大环境下，已经不能安坐书斋了。为了摆脱在敌占区（北平）的处境，李安宅深入西部进行考察。

1938 年李安宅以教育部边疆视察员的身份，同夫人于式玉一起赴甘肃兰州及甘南藏族地区做艰苦的调研，“前赴甘肃兰州，再进至藏族地区拉卜楞……实践了人类学，研究藏族宗教，并至各处参观。这种生活度了三年，于 1941 年到了四川成都华西大学任教，又于 1944 年到西康南北两路调查半年，随处所见，即撰文发表，主要根据亲眼观察，其次才是检阅典

① 廖全京、文天行、王大明编：《作家战地访问团史料选编》，四川省社会科学院出版社 1984 年版，第 181—182 页。

② 同上，第 4 页。

籍”。[①] 他撰写了大量有关藏族宗教、文化和民俗等方面的论文。既是学术研究所需，也是从另一个角度从事“抗战建国”“文章下乡”。“安宅由人类学走入边疆研究，确有面对外敌不怕艰苦、迎头赶上的心态。这种心态产生在那个边患丛生的时代，亦为当时一些学者所共有。”这种心态在一定程度上反映了中国西部地区战争期间学术的艰难崛起。它也直接影响到李安宅的学术选择。李安宅夫人于式玉在40年代曾写过这样一段话：“我的爱人李安宅是学人类学（民族学）的，他常对我讲：中国幅员极广，经济文化发展的区域只限于黄河、长江、珠江流域地带，而大片地区如新疆、内蒙古、西藏等地却各方面都落后，现在政府视若无睹，学校的知识分子都愿意集中在大城市里，不愿意去艰苦的地方，可是处心积虑想侵略中国的帝国主义者，却不怕艰苦。日本人大批大批的去往内蒙古，英国人不断进入西藏去进行挑拨离间。我们自己的国土，我们为什么不进去工作呢？他有这种想法，但常被人笑话，那是‘想去当土皇帝’！‘九一八’以后，内地始唱出去了‘知识分子下乡’的口号，北京不断有人组织到内蒙古等地去的参观团。”[②]“1937年春，燕京同清华合组了一个三十多人的内蒙古参观团，由安宅带领，式玉参加，同去者还有雷洁琼、梁思懿等。同年暑假，段绳武、顾颉刚组织了一个较大规模的西北参观团，式玉与王乃堂报名参加，到归绥后，‘七七事变’发生，参观计划受阻，式玉由山西、河南绕道到山东，找到在济宁参加五大学合作乡村建设的安宅，回到燕大继续教书。”[③]

甘肃考察持续进行。其间，李安宅离开拉卜楞寺到成都，任华西协和大学社会学系主任、教授、边疆研究所所长。其实李安宅“早在1934年就接到过华西大学的聘书。在拉卜楞时，华西大学来信说华西就地接近边民，应该负起对少数民族工作的责任，请安宅为他们做计划。安宅做了。他们要安宅去执行。安宅强调边民工作应在民族地区，不应在城市里坐在大楼上。与他办交涉的是燕京大学文学院长罗忠恕，建议他到成都与华大同仁见面，并寄了路费。安宅便于1941年到成都，华西大学已任命他为社会系主任。燕大在成都复校，梅贻宝约安宅协助办理社会学系。安宅无法

① 李安宅《藏族宗教史之实地研究》一书汉文本，经四川省社会科学院李安宅、于式玉教授遗著编委会委托王辅仁教授整理，由中国藏学出版社于1989年9月正式出版。

②③ 《民族学刊》2011年第3期。

离开成都”。[①] 1944年李安宅又与张逢吉、任乃强等第二次到西康省南北两路进行藏族社会调查，为时半年，写下了《喇嘛教萨迦派》《西康德格之历史与人口》等文。社会人类学实地调查研究使他的学术之路更加开阔。他开始涉足更广阔的学术领域之后，李安宅接连写了《美学》《意义学》，出版了《语言的魔力》（北平友联社）、《语言和巫术》（商务印书馆），于1945年出版了《美学》（世界书局）。《藏族宗教史之实地研究》在他生前未能出版《语言和巫术》，是他根据听萨丕尔讲课的笔记整理而成的。他所翻译的人类学家马林洛夫斯基的《两性社会学》1984年由上海文化出版社影印再版，马林洛夫斯基的《巫术·科学·宗教与神话》由中国民间文艺出版社于1986年再版。

李安宅运用社会学原理分析我国古代社会的社会现象，发表了一批很有价值的学术著作，为当时的学术界所瞩目。其中有《仪礼与礼记之社会学研究》《以中国为例评孟子论心》（1931年）等。1934年商务印书馆出版的《美学》和1934年商务印书馆出版的《意义学》构成一套探讨美和语言意义的论著。1934年李安宅赴美国，先后在加利福尼亚大学人类学系和耶鲁大学人类学系学习，并做研究员。1936年李安宅翻译并在国内出版了《巫术·科学·宗教与神话》和《两性社会学》，编译了《巫术与语言》。同年，李安宅回国，继续执教于燕京大学，主编英文刊物《燕京社会科学研究》和中文刊物《社会学界》。他还撰写社会学与民族学论著数十篇并在报刊上发表。[②]

翌年，李安宅应顾颉刚之邀赴英国考察和讲学。1949年回国后，参加人民解放军，投身于解放西藏的事业。1955年他回到成都，在西南民族学院和四川师范学院任教，直至1985年3月4日在成都去世。

李安宅的学术成就分布在多个领域。通常学界将他定义为社会学家、民族学家（尤以藏学名世），他是最早运用现代科学的知识和方法实地考察和研究藏区的学者之一。但他同时毫无疑问又是一位有建树的美学家，而且是有独特学术主张的美学家。美学方面他有来自西方的知识谱系，也有来自中华传统文化的本土知识渊源。这点，学界对其认识甚少，实为遗憾。

---

① 《民族学刊》2011年第3期。

② 参考汪洪亮《社会学家李安宅生平述略》，同道中人论坛2006年。

事实上，早在20世纪20—40年代，李安宅就写了不少美学文章，如《美学基础》（与C. K. 欧格顿、J. 吴德合写）、《意义的意义》（与C. K. 欧格顿合写）。他“在《意义学》的第六章深入探讨美学，后抽出作为《美学》一书的上编《价值论》，讨论‘什么是美学’的问题，并增添中篇《传达论——怎样了解美》，与下篇《名论》，合辑成《美学》一书，于1934年，由世界书局出版”①。他“将社会学这门学科广泛运用于研究社会生活各个方面，出版了不少富有开创价值的学术著述。例如，他从社会学角度研究分析原始信仰和民俗，撰写和编译了《巫术的分析》等书；研讨语言的意义和作用，写出了《语言的魔力》《意义学》等书；研究社会人生，提出美是一种社会现象，撰写《美学》一书”。② 李安宅研究美学，既有独到的认识，又是有师传的。在《美学》“后记”中他说出自己在美学研究上的师从：“临了，很高兴在这里声明一句：本人对于美学的研究，系因剑桥大学教授吕嘉慈先生的指导与他所介绍的书籍，才有相当门径；燕京大学教授黄子通先生也启发我不少，敬在此地致谢。”

二、中国现代美学的奠基时期

20世纪30—40年代，除了朱光潜、宗白华、蔡毅等全力从事美学研究外，更有大多数人像李安宅、丰子恺、梁宗岱、朱自清、闻一多、周扬等也对美学有研究。他们对中国的了解不一样，对西方的了解也千差万别。但总的来说，作为中国现代美学奠基者，这一代美学家对于中国美学的探索，西方美学的引进都做了大量而有意义的工作，这一时期可以说是中国美学史上的奠基阶段。一批中国现代美学的早期开拓者开始了构筑中国现代美学体系的尝试。其标志就是一大批美学基础理论著作的蜂起，其中有吕澂、范寿康、陈望道各自撰写的《美学概论》、朱光潜的《文艺心理学》、金公亮的《美学原论》、蔡仪的《新艺术论》《新美学》以及李安宅的《美学》等。这批著作初步辨析了美学的学科性质，界定了美学的对象和方法，设计了美学的理论框架，探讨了美学的本质，探讨了美、美感、艺术的关系。同时还论证了艺术特性、艺术创造、艺术类型、艺术的

① 李安宅：《语言·意义·美学》（编后记），四川人民出版社1990年版，第297页。
② 李安宅：《语言·意义·美学》（序），四川人民出版社1990年版，第2页。

内容与形式之间的关系等问题，以致每一本书都成为一个粗具规模的理论体系。但是它们有一个共同的特点，那就是大多都建基于国外美学理论之上。其中也有不少论著主要致力于译介国外美学家的观点和著述，在体例上大多采用“编述”“编著”“编译”的形式。

这一时期对中国美学思想发展影响最为显著的西方美学思想，一是以康德、叔本华、尼采等为代表的德国“哲学的美学”，例如陈望道、李安宅等援引康德的三大关系说界定美学的学科性质；另一个是克罗齐的直觉美学（李安宅《美学》第二章“启示论”的说法就引用了克罗齐的观点）以及“移情说”“心理距离说”等为代表的近代心理学美学。这两部分美学思想都极其重视审美主体或审美心理的研究，有的就是专门研究审美主体和审美心理的，这就使得20世纪初直到30年代的美学研究自然把审美主体和审美心理研究作为重点。吕澂、陈望道等将利普斯的“移情说”奠定为其美学体系的基石，朱光潜将西方美学中的“直觉说”“距离说”等作为探讨美学问题的切入点。一些有影响的美学家和美学著作，甚至把审美主体或审美心理研究作为建构自己美学理论体系的核心，如范寿康的《美学概论》（商务印书馆1927年版），陈望道的《美学概论》（上海民智书局1927年版），几乎都是以利普斯的“移情说”作为主要的理论出发点。蔡仪1947年由群益出版社出版的《新美学》，从亚里士多德、康德、黑格尔的美学理论中提炼出来著名的“典型说”。[①] 这些著述在对美的认识上都显现出对西方美学主流派别的借鉴，涌动着对生命、对理式、对真理的追求，彰显着“对抗意义之下的斗争”（海德格尔语）。可以说，这一时代的美学思考都是作用于他们的时代的。这是一个美学史与战争现实的双重向度问题。实际上审美活动作为一种文化生存方式，已经与人的全部物质生活和精神生活产生紧密关系。毫不夸张地说，一部人类文明史，就是一部人类战争史。战争作为人类社会的特殊现象，正义与邪恶的较量，美与丑的极致表现必然深深地烙在哲学家、美学家的精神世界之中，故黑格尔和萨特都曾正面写过战争，思考过战争给人类命运带来的深刻而持久的影响。黑格尔甚至称自己撰写的书为“马背上的精神现象学”。

真所谓“文变染乎世情”。战争破坏了人们的梦想，改变了人们看待

① 参考汪洪亮《社会学家李安宅生平述略》，同道中人论坛2006年。

世界的角度，改变了知识分子的写作范式。从学术理路上看，战争使中国现代美学早期开拓者们的学术路向发生了变化：开始由注重个体审美态度的显现，自我心灵审美情趣的书写，逐渐向反映时代的方向转变。朱光潜接续王国维、蔡元培，主张“审美教育救国”；钱锺书作诗“同其敌忾，相濡以沫”；王朝闻则称自己是“朝闻道，夕不甘死”的寻美者。宗白华最明显，由主张“生命的意义在于从有限到无限再到有限的回转”，改变为要“擎起时代的火炬”，他悲愤地沉吟：“我们的时代还有诗吗？即使有也是前线的战士。”

李安宅走的是西部之路。这一时期李安宅研究社会学、民族学、人类学，也研究抗战及社会，研究美学。他将时代使命、社会责任、美学研究与对现实问题的思考融合起来，用人类学学者独特的目光，结合社会学的广阔视角谈美。即便是那些看起来与抗战无关的学术著作，所举案例，无不触及战争思考，在精神背景上透露出战争的萧肃氛围。字里行间，可见满目疮痍的战争景象。可以说，他的学术思想是在西部广阔的被蹂躏的土地上彻悟出来的，有着抗战时期中国美学家特有的民族化追求。

第二节　美学与新文化建设

李安宅在学术上有一个突出特点，即有所选择、有眼光地引进西方学术思想，比如他对语义学的研究和引进。20 世纪上半叶，引“西”入“中”，是中国美学研究的基本范式，即以西方观念为参照系来建构理论模态。李安宅也不例外。吸收西方美学资源方面他博采多家，但主要介绍的是吕嘉兹的语义学、萨丕尔的语言学、皮亚杰的理论。当年他所“拿来”的东西，很多至今仍是学界热点。对中国传统美学的继承方面，可以从他不同时期的代表作一探究竟：如《〈仪礼〉与〈礼记〉之社会学的研究》《藏族宗教史之实地研究》《语言和巫术》《意义学》《美学》等，可以看出他善于借助于人类学家、民族学家的身份，形成自己对本民族语言文化的独特体认。他的研究素材、研究对象大多来自一个特殊时段的中国。他对中国尤其是西部地区民族、社会的状况认识很深。难能可贵的是通过自己的田野考察，获得大量第一手材料。这样中西交融之后，产生了新的东西。当然，由于各人学术背景和爱好的缘故，对吸收哪一种理论与学科，认识是不一样的。与同时期的宗白华、邓以蛰先生比较来看，李安宅更注重从社会学、语义学角度考察美学。着重考察的是人的审美特质与社会关系，以及语义学意义上生发的美的价值，借此来凸显他的学术主干。李安宅抗战时期的美学创建，首先就是他初步建立起一个引“西”入“中”的社会学美学框架，提倡美学在新文化建设中的作用。

李安宅承认“美学问题千头万绪”。他讨论美的次序可以归纳为价值论、认识论和表现论。按他自己的说法是：“以上编讨论价值，讨论什么是美；以中编讨论传达，讨论怎样知道美；以下编分别讨论几个单独问题；然后再以两项附录介绍西洋美学变迁大势与几本研究美学的重要参考书。”其中尤以认识论为长。“我们在本编讨论了‘什么是美’，次编再讨论‘怎样了解美’。特别是在第六章乙节讲‘具有创作能力的想象’更要补充本章。”

一、具有语义学特征的社会学美学

李安宅最初是从审美发生学角度探讨美的，必然涉及社会的更替、文明的嬗变和美之意义。在他的美学框架中，明确提出美是一种社会现象。美学的作用不是四面包围中的“审美避难所”。当战争使文化的变革处于边界之处时，李安宅提出以美的理想、美的价值来提振人的精神。

李安宅逐渐思考从社会学角度切入美学。他由此来思考现代中国的文化危机与出路。这其中有实用理性运思下的文化制衡思考。近代以来的美学先驱，在探索救亡图存的道路中大多秉承了儒家“天下兴亡，匹夫有责”的传统，满怀救民族于危难的正气。抗日战争的特殊情境，更激发了他们的斗志。他们希望以美的理想，美的价值来振奋国民精神。他们相信美对人的作用。如朱光潜曾说：“要求人生净化，先要求人生美化。”① 可以说，抗战时期的中国美学家们，希望从一个侧面推动美学在新文化建构中的作用。

李安宅认为美是一种社会性的精神活动，用社会学的观点和方法研究审美及艺术，必然涉及艺术家、艺术创作和欣赏的社会依存关系，审美和

① 朱光潜：《朱光潜全集》（第二卷），安徽教育出版社1987年版，第6页。

艺术的社会职能，审美及艺术的发生学，艺术形态学以及艺术风格的演变等。社会学角度论美有一个特点，即注重社会关系。既然是社会性的，那么就不能与实践隔离，因为社会生活的本质是实践。一切社会现象都离不开实践，甚至我们人本身也离不开社会实践。这个实践应该从广义上、从意义关系当中来理解。尽管美是离不开一定的物质载体的，并且很多载体都是由人直接创造的，对象的美当然与人的创造有关，但美只能是在与人的关系中显现出来，而不是一种实体的存在。李安宅的社会学美学，从它的逻辑起点、它的整个框架、它所推论出来的东西，我们能看到，它具有意识形态性，同时又是与当时人们的生存状态相适应的。他的美学重视意识，更重视人的意识创造，强调美在任何生存状态中都必须寻找其意义系统。

1943 年，随着世界反法西斯战争的深入，抗日战争处于最后阶段。围绕“中国之命运”“中国向何处去”，产生了针锋相对的讨论。周恩来发表《论中国的法西斯主义——新专制主义》一文，以反击蒋介石抛出的《中国之命运》。周恩来提出中国存在着法西斯主义，有历史根源，有思想体系，是“买办的封建的法西斯主义”。认为他们主张的“中国固有的文化”实质上是“伪装了的中国法西斯主义文化”。战争的激烈残酷、政治上的黑暗，经济上的危机迫使知识分子必须面对现实、担当磨难。朱光潜、马一浮等学者，从不问政治到关心民族解放大业，经历了思想的升华。1944 年 10 月在宋庆龄与郭沫若发起的邹韬奋追悼会上，郭沫若说了这样一段话，可以代表学者的思考，他说邹韬奋：“是活着的，永远活着的，从中国的历史上，从我们人民的心目中，谁能够把邹韬奋的存在消灭掉呢?”文化人要像邹韬奋“永远保卫这支笔杆，不让法西斯有抬头的那一天，不让人类的文化有倒流的一天”。[①] 借用海德格尔的话，救亡“是在一个历史性民族的命运中质朴而本质性的决断的敞开状态”（《艺术作品的本源》）。在这样的背景下，李安宅在他的《意义学》中考察了战争时期审美的意义话语怎样与政治话语、人性话语渗透在一起。审美怎样和政治话语互渗乃至对抗。认为对美的判断必须考虑时代的、社会的、政治的、哲学的、宗教的等方面的环境。李安宅认为“艺术对于社会的贡献，是发酵作用，是

① 《新华日报》1944 年 10 月 1 日。

解放社会”。他强调美学对社会的价值作用，认为美学的任务是要解决理想的问题：“由此看来，不管知识与行为，都有这三方面，就是所谓真、善、美。‘真’是方法与形而上学的工作，‘善’与‘美’都是理想的工作。一般提到理想，即刻有个迷信，以为那是‘玄之又玄’，‘可望而不可即’。其实，人这种动物本来是有理想的，是与理想并存的；理想的存在，就像吃饭睡觉那样真实。只要是一个人，必定有个理想——至于那个理想究竟是‘昼梦’，还是合理而可以实现的东西，或在态度里面实现，或在行为与成绩里面实现，都是另一个问题。人间既有理想这个事实的存在，于是希望得到美满的生活，必不能忽视理想，必要加以研究。在行为上或存心上研究善恶或应该不应该的理想，是伦理学的范围。在艺术上或态度上研究美丑或心理健康与不健康的理想，是美学的范围。本书所要研究的，即属于后者。”①

二、艺术乃“人文知行之学”

在美与人生，功利与非功利之间，李安宅明确主张“受用之学”。他说：“艺术对于人生的贡献，乃在能够影响整个的人生态度。整个的人生态度提高以后，才会做出种种个别高尚的事物。固然造桥梁要请教工程学，采煤矿要请教矿物学，分析土壤要请教实用化学，其他一切衣食住行的设备，也都要请教各门个别的科学；不过这些个别的科学，既被利于社会的人所用，也被害于社会的人所用，所以科学本身还不能担保达到功利主义的目的，所以在科学背后还需要一种规定怎样利用科学的力量。这种力量就是根本的人生态度。”②

这样一来，对美就不能仅做无所为而为的观赏了，而是要尊奉“道问学”传统，从“泰山北斗般的作品”中养成“根本的人生态度”。“这样说起来，艺术生活还是耗费时光的不急之务吗？还是矫揉造作、虚无缥缈吗？提高反应水平，辨别出什么是香，什么是臭，什么是‘君子坦荡荡’，什么是‘小人长戚戚’，什么是忠于自己的生活，什么是‘金玉其外败絮其中’，乃是各种生活经验交互影响推陈出新的结果，乃是人生的究竟。

① 李安宅：《语言·意义·美学》，四川人民出版社1990年版，第154页。
② 同上，第156页。

倘若这样还是耗费时光，则时光根本不值得可惜。倘若这样还是不急之务，则人生根本不会有应急之务。另一方面，自己的口味喜欢什么，不喜欢什么，倘若还是矫揉造作虚无缥缈，则天下根本没有真的东西。睁开眼看看事实，艺术不管怎样被人误解，第一流的艺术作品依然是泰山北斗般摆在我们眼前；极下流的艺术作品也终于是魔鬼般钻到任何地方，迷住成千成万的反应很低的同辈。只看下流的艺术作品怎样有害于心理健康，也该研究研究真正的艺术或‘美满’生活是怎样一回事，以便提高反应水平，维持心理的健康了。”①

他推崇席勒这段话：“艺术的功用不在使人成就某项个别事物；凡欲某事成功，达到某项目的，而欲采用艺术为工具，便没有再比艺术更不适宜的工具了。艺术只能影响整个的人格，整个的人格受了影响个别的事物与个别的行为也就受了影响。艺术对于人的一般影响，就等于爱情对于英雄的一般影响。”②

为了不单纯地说美在于社会，就要考虑到美的形式，在这基础上便具有了象征性。他认为美的对象一定要具有宜人的感性形式，没有宜人的感性形式，是不可能成为美的对象的。对象的契合、和谐、协调，假如没有自然条件的宜人性，（对象）是不可能成为美的。自黑格尔以来在美学史上往往过分地强调内容、强调理念与人的意志，最大的弊端就是忽视自然美。李安宅指出黑格尔强调理念的弊端，说他守着狭义的崇高，同时又将广义的象征艺术与古典艺术僵硬的分开，“将每一类归在一个时期（象征居先，题材模糊，只有不自然的表现；古典居次，已能清楚自然；罗曼居后，精神的题材更特别发展区区感官的表现不足以承担）”。③ 李安宅认为，黑格尔对感性形式尤其是自然美的忽略，与克罗齐相比即可看出，其最大的弊端是缺少了美的统一性。李安宅从精神结构方面分析了美学为揭示意识形态与社会生活之间的复杂联系提供了范例，使社会学方法也成为艺术史和美学研究的一种重要途径。同时，他认为美学也应揭示出艺术作为社会现象的规律。从而把美学的发展变化的原因概括为个人、环境和时代三种力量作用的结果。

① 李安宅：《语言·意义·美学》，四川人民出版社1990年版，第156页。
② 同上，第153页。
③ 同上，第233页。

第三节　具有新人文主义特征的“美的境界”论

李安宅用了很大的篇幅探讨“美的境界”。一方面，他引用西方宗教观中的“天国说”、尼采的强力意志，重视人的精神本体在美的境界观念中的影响；另一方面，他充分运用具有本土品格的传统美学思维，糅合《庄子》《论语》《礼记·乐记》等著述中的思想精华，将中国传统宇宙观、人生观和美论融合在一起。共同阐发出他对美的境界的理解。尤其是他联系当时时代风云，反复提到在目前“中国这样百孔千疮的时代”。

按照李安宅论美的次序，是在探讨美本体意义上来分析美的境界的。首先批评了关于“美”的两种错误认识：“在这粗浅的科学观念与粗浅的艺术观念很流行的时代，特别是在中国这样百孔千疮的时代，只要提到‘美’，便有两种对立的误解。一种是站在粗浅的科学立场或功利主义的立场，以为研究美是耗费有用的时光，去作不急之务；或者以为美是矫揉造作，虚无缥缈。一种是站在粗浅的艺术立场，以为‘艺术是为艺术而艺术’，不管怎样浪漫，不管怎样规避了人之所以为人的义务，都有‘美的对立境界’作护符，以与前一种相对抗。其实，两种误解都未走进真正艺术的宫室，都未窥见真正美的境界。”① 他认为美学应该反映一个民族在精神上和历史上的真实，与一定自然和社会环境分不开，尤其在战争这样的特殊年代，美的境界是整个中国现实的产物。他在《美学》一书中，进一步对美的境界做了民族、社会特性方面的考察。

一、“实境”与幻境——新兴人文主义的美学尺度

李安宅认为“美的独立境界”既是人生的实境，更是人生的“幻境”。

他提出问题：“‘美的独立境界’在哪里呢？那是离开人生的吗？离开人生还有什么美的境界吗？”他认为我们所感知的美，其实是人生的幻境，其实质是模拟人生，在人生实境的基础上剪裁和模拟而成的。故而它似真似幻，为人生之至理。李安宅的境界论体现了他在审美主客体之间的矛

① 李安宅：《语言·意义·美学》，四川人民出版社1990年版，第155页。

盾，同时，在矛盾的碰撞中他给出了新兴人文主义的美学尺度。“不用说艺术作品是人生的产物，根本离不开人生；即我们所欣赏的大自然的美与某种人所希望的天国的美，也是有了欣赏的人生态度才有大自然的美，有了在死后要求永远享受的人生态度才有天国的美。‘天国’是某种人的理想，是某种人的人生观的反映，所以‘天国’的内容跟着生活条件与生活条件所促成的人生观而改变，根本没有客观的存在，根本不是什么独立境界。只是一切具有常识的人都没有不承认的了。至于人生得意，万物自然‘欣欣向荣’；人生正在飞黄腾达，万物也必‘争妍斗艳’；人生恬淡冲和，万物自然‘静观自得’，‘并育而不相害’；人生失意潦倒，定又难免‘天道有常，不为尧存，不为桀亡’。”无论是大自然还是理性所控制的人性，抑或是宗教的天国，充实其中的美的境界都是具有人的主体性的境界：“大自然本不干预人的意向，然而人的意向在一转变之间，竟使大自然显露种种不同的‘意义’出来。可见大自然的美，也不是离开人生的美，不是什么独立的境界。”① “大自然的美都不是什么独立境界，更何况个人胸中一点意境，个人手下一点艺术作品呢?”艺术或美的表现本来是人类生活的自然要求——人不但要活着，而且自然而然地要求活得美满，活得合乎理想，“这个美满的理想，除去实际在生活上实现以外，也可在意态中往复沉思（即审美意态），或在艺术中寄托出来（即艺术品）。因为艺术不过是寄托美满的人生理想，使美满的人生理想表现出来。所以在这一点上可以说是‘为艺术而艺术’”。“不过所谓‘美满’，乃指‘尽其在己’的范围以内”，仅为实景。美还有更高一层，即“幻景”的功能，即便体味人生的痛苦，仍要升华人生的经验。“并不是说我的能力我的权界所不能干预的种种也必得因为我而美满；所以‘美满’只是‘立身行己’完全无缺的过程，不是‘天生德于予’百事遂心的结果。”“因此，‘功成身退’固然再好没有；倘若不能，‘杀身成仁’也不失为‘美满’。‘得一知己’，固然‘可以死而无恨’；倘若不可得，倘若自己真是没有自欺，则‘众叛亲离’，也不失为‘美满’。‘天下有情人皆成眷属’，固然再好没有；然而倘若不能，则忠心耿耿的‘情’即是本身报酬；在无情中创得有情，在有情中甘心为更大的理想而牺牲，即不必成为眷属，也都不失为‘美满’。

① 李安宅：《语言·意义·美学》，四川人民出版社 1990 年版，第 155—156 页。

艺术生活，追求‘美满’的理想生活，乃是生活最认真，最负责任，最负‘责无旁贷’的责任，最能在人之所以为人的去处‘充其量’；所以不是要浪漫，不是要规避了人之所以为人的义务，不是要躲在‘美的独立境界’——而且也没有‘美的独立境界’。”

“这样一来，艺术生活，最‘美满’的理想生活，乃是比一般生活多一层，深一层，不是离开生活，或不如一般生活。所以‘为艺术而艺术’不是为脱离人生的艺术而艺术，乃是为追求美满的人生的艺术而艺术——其实，脱离了人生，也就没有艺术，也就是不能‘为艺术而艺术’。这种道理，恰如‘好人’不是不害人，乃是能利人：不是比坏人本领小，或只于不害人；乃是要比坏人本领大，不但自己不害人，还要制服坏人不害人，还要帮忙坏人去作利人的事业。倘若‘好人’只是不作坏事，则庙里的泥像，不是再好没有了吗？倘若艺术真的是闭门造车，真是矫揉造作，真是虚无缥缈，真是离开生活或不如一般生活，则艺术早就销声匿迹，不为认真的人所欣赏赞叹了。”①

二、追求“美满人生”就是美的境界

从李安宅的境界论可以看出，一方面，他继承了中国传统美学中注重人的主体性境界；另一方面，他又着意避免人的主体性过于膨胀，因而引用了“天国”与人生的关系概念，用天国之“境”引申出“幻境”来分析美的理想，从对二者的辨析中去寻找“美的境界”。

蔡元培说过：“中国人是富于美感的民族。”李安宅也持此见解。他认为：“自有人类历史以来，美的追求与艺术创作，都是见地最清，情谊最富，生活最充实的人所有的事，也唯有见地最清，情谊最富，生活最充实的人才会欣赏，才会了解。所谓‘钟子期死，伯牙不复鼓琴’，足知创作固难，知音亦非亦事。所以站在粗浅的艺术立场的人，既不能为‘艺术’的空名而不顾艺术之所以为艺术的忠实人生；站在粗浅的科学立场或功利主义的立场的人，也不要为了‘科学’的空名见不到科学所要效力的美满人生，看不见表现美满人生的艺术。科学是手段，人生是目的；功利主义是手段，美满生活或艺术生活是目的——追求美满生活或艺术表现所有的

① 李安宅：《语言·意义·美学》，四川人民出版社1990年版，第155页。

训练，是一切手段的根本手段，是一切功利主义的无上旨趣。”① 当他反复谈到“科学是手段，人生是目的”，追求美是“根本的目的”时，我们看到了一位追求审美正义性的独特的美学家。某种程度上，李安宅受了尼采的影响，也有康德“美是道德的象征”之说和黑格尔“艺术即真理外观”的影响。他强调人精神的解放感对于美的重要性。理性主义者强调对客观世界的认识与征服，美能使人在战胜苦难的过程中，使接受者感受到生命力的强大与深厚，从而带来精神的慰藉。尼采的强力意志，显示人的精神本体。他特别注意战争正在给人类精神带来的变化。中国正被日寇铁蹄蹂躏，惨痛的代价换来强烈的正义感。战争催生出一个最直接的美的公式：追求“美满人生”就是美的境界。从中可看到他希望社会从追求美好人生来间接为救亡图存而奋斗的意志与决心。

自古以来，中国文人在为理想而追求美方面受儒家影响可以追溯到孔子的诗教：“诗可以兴，可以观，可以群，可以怨，迩之事父，远之事君，多识于鸟兽草木之名。”（《论语·阳货》）清顾炎武《日知录》曰：“文之于天地间不可绝着，曰‘明道者，纪政事也，察民之隐也，乐道人之善也’。”白居易在《新乐府》序中曾说诗三百之意“其言直切着，欲使闻之者深诫也”。“总言之，为君、为臣、为民、为物、为事而作也。不为文而作。”“自明朝以来，文学中多有乱世之中对‘忠臣烈士’‘孝义廉洁’的歌颂。明清小说中‘叱奸骂佞’、恶扬善之作也深入人心。作为一种审美的道德立场流传后世。”②

抗战期间知识分子继承儒家道义主张，重节操，也有继承庄子“与道合一”之最高精神境界（当然还有崇尚道家隐逸和超脱的一面。但隐逸或神仙趣味、神仙思想，乃至追求朴素趣味，仍为保全于乱世的需要）。面对忧患，推出与苦难抗衡的策略是必然之路。美的境界正在于达到“至德之世”，这是李安宅爱引用的庄子的话。假如借司空图《二十四品》所谓精微之笔与广大之势来言说，可以说李安宅是“广大”一派的，或者说是“雄浑”的，是刚健雄浑的美学境界。其“广大”之境。来源于一种人生况味。其美学思想的出发点和归结点，是要在大动荡的时代找到一个审美

① 李安宅：《语言·意义·美学》，四川人民出版社1990年版，第157—158页。

② ［日］青目正儿著，孟庆文译：《中国文学思想史》，春风文艺出版社1985年版。

境界的“常道”，进而影响世人的人格追求，再将这种人格的追求体现于美的追求与艺术创作中，通过美的意义学阐释形成巨大的张力和深远的意境，最终实现在人生问题上的落实。

第四节　从认识论角度阐述“美的内在价值”与美的定义

顾颉刚先生曾评价李安宅，说他从来不是“空头理论家”。的确，这正是李安宅研究美学的特点。他是一个要解决问题的学者。

一、美学根本问题的提出

什么是美学研究的根本问题？这涉及美学的研究对象。美学当然要研究美和美的规律，要研究艺术，也要研究欣赏艺术、欣赏美的活动。中国美学一开始就没把人类的审美活动限于艺术。如王国维走的是将旧学融入西学的路子，他接受了叔本华，将美学作为超功利的鉴赏追求，艺术美只是美的一种形态。李安宅则接受了尼采，把美学当作人类从精神上把握世界的一种基本方式。他也受到19世纪以来西方实验心理学与心理美学的影响，认为美学研究的对象应当是审美经验与人类的审美心理。从这点来看，他不是一个“空头美学家”。

李安宅认为，研究“什么是美?”是价值论；研究“怎样知道美”，则是传达论。我们说什么是“美”，乃是做了价值判断。这个价值判断的对象，便是“美”。不过“美”这对象所包括的东西，“不只是摆在我们面前的东西，如艺术作品与自然现象之类，也包括我们自己对于当前东西（艺术品或自然现象）所有的感受。因为我们的心理感受觉着很美，我们便说当前的东西很美。实际，当前的东西是因，心理感受是果；不过我们不说心理感受为美，反说当前东西为美罢了”。[①]

他认为美所包含的对象，分“摆在我们面前的东西”和“我们对当前东西的感受”两个部分。而当前东西又分艺术作品和自然现象两个部分。李安宅没有在美本体问题上纠缠，而是将重点向认识论与心理学方面转

① 李安宅：《语言·意义·美学》，四川人民出版社1991年版，第161—162页。

移。他没有停留在抽象的哲学概念的推演方面，而是注重对审美主体、审美经验的研究。他认为：第一步过程先有当前东西甲为“因”，引起心理感受乙为“果”，心理感受才是真正美的所在。第二步过程再有心理感受丙“投射作用”将美投射到当前的东西里面，不与当前的东西相分，是外表美的所在，是“美”显着在那里。倘若当前东西只是自然现象，便很简单，便只是价值问题，就是说：“什么样的心理感受才算美？但若当前东西不是自然现象，而是艺术作品，问题便要复杂一层。因为在艺术作品的背后还有创作艺术作品的艺术家。必是艺术家先有一种美的心理状态，寄托在艺术作品上面或籍艺术作品表现出来。”①

这里问题的复杂在于：“‘作家的美怎能寄托到作品上面或籍作品表现出来？作品怎样能够激动鉴赏人的美？鉴赏人的美又怎样说是作家的美，说是了解了作家？’研究‘什么是美？’在美学上是价值论。研究‘怎样知道美？’是传达论，就是论作家的美怎样传达到鉴赏人。”② 李安宅遇到了自柏拉图以来就一直横亘在寻美之路上的问题：“美本身”与“美的东西”的区分。休谟曾在《人性论》中有更清晰的论述，即“是”与“应该”之间并无排中律的界限。也就是说价值的生成不在被评判是否具有价值的那个事物之内，而在其外，因此价值是具有超越性的。这个观点使李安宅受到启发。他提出问题的关键是：美的价值首先建立在从“本身如此的事实”中分出“应该如此的感受”来，即分出“什么是美”与“怎样知道美”。

二、美的内在价值

于是李安宅认为应“将美学所研究的价值或‘美’检讨一下，看看这个字眼能否加以界范，分出类别：就便指明‘美’究竟是怎么一回事”。③在如何界定“美”的定义，从而确认美的价值何在问题上，他没有停留在抽象概念的推演方面，而是结合具体问题进行研究，不断地否定自己。李安宅先从语言入手。“通常很容易觉着，语言这个东西，只要字眼一样，便能代表同一思想与思想所指的事物。其实，倘若仔细考察，则甲说的与

① 李安宅：《语言·意义·美学》，四川人民出版社 1991 年版，第 162 页。

② 同上，第 162—163 页。

③ 同上，第 166 页。

乙说的，常是驴唇不对马嘴。只因语言文字的习惯太深，总是习而不察，彼此假定同一字眼表示同一思想罢了。”①

“谁都讲论‘美’为何物。或者赞成，或者反对，好像真有一个众所公认的‘美’站在什么地方，由着观者批短论长。但若稍一考察，乃见甲的‘美’与乙的‘美’真是牛马不相及，更不用说丙、丁、戊、己……各有各的‘美’，都未加以界说，便已贸然参加论战了。”②

“在可能范围以内抬出过早的‘法宝’出来，宣告研究终止，总是‘自划’不前，不是不可研究。美学过早地抬出‘生命’，经济学抬出‘用’，数理哲学抬出‘点’，生物学抬出‘生殖力’，精神分析抬出‘无意识’，都是堕性的表现，都是急于求结果与急于造系统的诱惑。中国旧小说在情节不易穿插的时候，总是请出神仙或超自然的能力来救驾，也是这种缘故。”③

看来从语言上定义什么是美行不通，是“惰性”的表现。李安宅接着将美做价值论认定，并以此作为评论作品的标准。他说：“‘美’的意义既因内容粗分类别，加以界范了；现在再讨论每一定义，看看哪个足以指导我们去作艺术批评的标准，哪个足作美学价值论的基础。”④

于是他将什么是美的问题梳理成三大类，十六小条，逐一加以评析。这就是“美在物本身的价值”“美在心与物的‘替身’”“美在‘启示’与‘模仿’”三类：“评论美与不美的标准，历来虽不明说，细察不过三种：(1) 是直接说到物（艺术作品或自然现象）的本身，说物内在的美；(2) 是说到与物有关的东西，如自然、天才、完满、理想、真理等，以为与这些有关系的才美；(3) 是说到物在我们身上所有的影响，以为物的本身没有内在的美，只是我们身上所有的经验为美。根据这种标准，可将‘美’已经有过的界说，分为三大类别，十六小条目（这十六条目的分析，系根据 C.K. 殴格顿、I.A. 吕嘉慈、J.吴德合著《美学基础》，1922 年在英国出版）。”⑤

---

① 李安宅：《语言·意义·美学》，四川人民出版社 1991 年版，第 161—162 页。

② 同上，第 166 页。

③ 同上，第 170 页。

④ 同上，第 168—169 页。

⑤ 同上，第 167 页。

下面，我们将李安宅对这三类美的定义进行辨析。由于第二类与第三类有极强的关联性。我们打乱他原有的线索提取观点。

（一）关于美在“物本身”或内在价值

李安宅首先分析了将“美”认作物的固有品德的观点，认为此说就像说物有颜色、方圆、温度一样，未始不简便。然其毛病，便在太简单了。用这样方法来解释“美”，就等于说：“什么叫作美？美就是美！”① “退一步讲，物的美不在物的固有品德，乃是物的某种组织，某种特殊方式。然而方式本身怎么便有高下之别，怎么就不美，也不是只单说组织或方式为美，便算了事。这话也等于上面所说，与不说一样，也是因为指不出什么是美，为什么就美。”②

由此看来，“将‘美’看成艺术作品或自然现象的内在价值，不管这价值是物的性质或物的结构与方式，都不能解答这内在价值为什么有价值，或‘美’的性质是什么样的性质，‘美’的结构与方式是什么样的结构与方式。这种看法，自苏格拉底以来（参看附录甲《西洋美学变迁大势》)，便是美学思想或艺术批评一塌糊涂的原因。既说‘美’为物的内在价值，就是说‘美’的性质不能分析，‘美’的经验是独一无二的经验。只是宇宙间找不到这种独一无二的经验，所以越说越玄妙，越说越无法理解。这就等于说有上帝也好，没有上帝也好，反正上帝是看不见、摸不到的，是不能用科学方法来证明的。”③

（二）关于美在心与物的“替身”

“或说物的本身性质，或说物的本身组织，那样将美看成内在价值即放到对象里面的说法，凡是稍微细心一点的人，都以为不够用了。于是来了第二种说法，拉个替身来，凡与替身有关系的，便算是美。现容我们讨论这些与艺术作品或自然现象有关系的东西，看看这些东西或替身能否成为美学标准”④。李安宅辨析了几种当时流行的所谓“美之为美的界定标准”，即所谓“替身”。

第一是“模仿自然”说。

“模仿自然”，恐怕是美学或艺术批评里面最流行的见解了。“所模仿

①② 李安宅：《语言·意义·美学》，四川人民出版社1991年版，第169页。

③ 同上，第169—170页。

④ 同上，第171页。

的‘模特儿’可以不美，但不管‘模特儿’是什么，只要‘模仿’的逼肖，便算是美的艺术，有价值的艺术。所谓写实派与自然派的主张，大体说起来，就是这样。所描写的对象如战争、罪恶、病态之类，尽管是丑恶的，然因描写得逼切事实，便算成功。这种说法，自有相当真理。然若不加限制，一以模仿为能事，则原物不是绝对逼真？何劳艺术家的模仿？可见艺术不在模仿，美与不美不在是否逼肖。”①

“模仿派的美学根据，最初是在假定现世界为最美满的世界。这样假定的看法，在宗教家最流行，以为宇宙万物都是上帝的‘大手笔’。上帝是至善，他的创造物当然也是至善。既是这样，则艺术顶大的作用，便是尽量模仿自然。譬如莱布尼兹以现世为至美至善的世界，他的弟子鲍姆迦顿首创《美学》，便以艺术的美为绝对模仿自然。只是上帝的势力不足维持《创世纪》的信仰，且兼举世都是满目疮痍，非复原来‘闭门造车’的时代，于是模仿自然就算美的说法，便一天比一天存在不住。”②

第二是与模仿说相近的“启示论”。

凡属启示论的说法，都以为艺术与真理有关，因而引起神秘观念。亚里士多德说，艺术家除了模仿以外，尚要保存类型，使之崇高。……克罗奇以为艺术是使自然理想化，将自然加以理想化的模仿。其他“大自然的精神”，“此中有真意，欲辨已忘言”，诸如此类的说法，都以越真，越普遍，越久远者为美。“固有许多时候，我们因为艺术作品的帮助，可以悠然神往，莫逆于心；可以意会，不可以言传——俨然超出常态，独与‘真如’相见。然此纯属心理状态，我们暂时‘心地两闲，无营无待’，自然特别轻松；除非有个客观的‘真如’、理想、真理等，倏被艺术品启示出来。若将‘美’与这些东西打在一片，硬到客观界去找有形可见有体可触的‘真’，恐怕是水中捞月。”③

李安宅对此说的驳论是：假如启示人们创生幻象者便有价值，那艺术即等于酒与鸦片等毒物了。他说如此下去就别怪许多人会反对艺术。现世三大祸患，一是战争，二是贫穷，三是无知。“终日惺惺以求真知尚嫌不

---

① 李安宅：《语言·意义·美学》，四川人民出版社1991年版，第170—171页。

② 同上，第171页。

③ 同上，第172—173页。

足，哪里还有闲心闲力去求幻象的奢侈！”①

第三是功利主义之说。

“反对幻象不切实际者，正好采用了功利主义，认为美是利于世道人心的东西。罗斯金以为美术有三种功用：一是加强人类的宗教情绪，二是完成人类的伦理习惯，三是贡献物质福利。后二者有摩利斯加以注重，前一者有托尔斯泰加以注重。”列撒伯说：“艺术最好看作有益的劳动，那就是既利作者，又利观者。美是这样劳动的证据。美是活动中的德性。”中国文以载道的传统艺术观，也是这种意见。这在具有善意的人的心里固有促成舒适状态的好处，然而艺术的美与不美都在社会实效上去找根据，究竟不免本末倒置。李安宅认为：“中国在某时期只有代圣人立言的文章，歌功颂德的文章，革命与不革命的文章，而无恰合本心，真情流露的文章，原因就在此处。有了圣人的人格，革命的意识，因有感人深切的文章，移风易俗的影响，自属可以；然不能皮相是重，只以外面的影响来论艺术的美恶。”②

还有一种不赞成功利主义者，又正好走到表现主义。李安宅认为如果克罗奇的“意境也是表现”说可行。“这样一来，则一切直观，一切表现，一切感情都是艺术品，则艺术品无奈太多。……好像一切直观都是真的，都是美的，然而真的不是还有美与不美的不同吗？”③

经过一番考察，李安宅的结论是：除非有个客观性的“真如”，或上帝的“大善”，否则三者都不能界定“美”。但事实上，“真如”只是“水中捞月”，“大善”也是行不通的。于是他放弃了直接定义，转向美的生成结构的探讨，转向了对美的心理本体的探讨。李认为人的审美能力与道德理性相似，康德“美是道德的象征”即如此。因此它更倾向于情感的范畴。康德就曾将感受美的心灵能力（审美判断力）连接上知识与道德。“情”和“意”是人性中非理性的力量，其生命层次使其更靠近“灵性”层面，引领人往正义、善的方面发展。

看来物本身和“心与物的替代”都不能用来解决美本体问题，语言也不能用来解决美的原生性问题，不同的理论对其定义不清。这样一来对

① 李安宅：《语言·意义·美学》，四川人民出版社 1991 年版，第 173 页。

② 同上，第 173—174 页。

③ 同上，第 174—175 页。

“美”的认识就产生了情感与科学，或者说科学（理论）与经验事实的矛盾。“研究美，研究艺术，本又不是一件很容易的事。懂得艺术或美的人常是能够自己享受，不能指示同好来共同享受；能够用情感的语言来譬喻美的状态，不能用科学的语言来说明美是怎样一回事。反过来说，一般惯用科学的语言的人，又多对于艺术没有深湛的了解与直接经验，所以隔靴搔痒，抓不到问题本身。凡研究这个问题的同志，必要分别做出据事说事的科学语言与譬喻来激动心理态度的情感语言，才在字里行间领悟到真意所在，不被语言文字的表面作用所蒙蔽。”①

第五节　美的结构与判断的构造机制问题

看来物本身或“心与物的替身”都不能用来解决美的本体问题。这样一来对“美”的认识就产生了矛盾。李安宅提出了几点美的认识论路径。

一、从美的情感结构与判断机制来认识

李安宅建立了自己的解释学美学，尝试研究“物本身的美”投射到我们身上，所产生的情感判断能否提出美与不美的标准。换句话说：借鉴物的质料和“物本身的美”，从其“投射到我们身上”及产生的情感评判中提炼出美的判断标准。

“我们对于任何东西，都有两种看法。一种是艺术家的看法，将对象看作自然物，自己用选择力量，加以取舍；我们的精神，是自动的。另一种是鉴赏家的看法，将人家已成的作品，加以品味；我们的态度，要受前人的影响，精神是被动的。美学或艺术批评所谓‘审美经验’，便是对于事物发生欣赏、品味、羡慕等经验。艺术批评所根据的标准，什么为美，什么为不美，便是美学的价值论。美学所下的艺术批评是做美不美的价值判断，不是做巧不巧的技术判断。”②

李安宅的解释学具有发生学美学的特点。他强调因为不同环境的“投

---

① 李安宅：《语言·意义·美学》，四川人民出版社1991年版，第161页。

② 同上，第156页。

射物”而形成美的不同外形或标准，强调的是对主客体共同作用的发生认识论的审美价值。由于观念发生与事件起源的不同，严格意义上的发生学就具有认识论与方法论的意义，作为认识论，它有别于强调认识结果的经验主义；作为方法论，它有别于研究事件起源的实证主义。李安宅运用发生认识论的主要原理解释美是怎样在知识发展过程中构成的。其前提是，美是不断在物与人的关系构造中投射的结果。在每一次投射中，美的因素总有一定程度的进化被包含在内；美从一个阶段向另一个阶段过渡，总是以一些新结构的形成为标志，而中心问题就是关于美的结构与标准的构造机制问题。因此，李安宅探究与发生认识相关的结构生成，不仅研究美的“物”如何发生，也研究美的认识为何发生。从某种程度上说，这种从自然科学“嫁接”到人文科学的发生学将美从静态的语言现象描述迁移到动态的历史—发生学分析，从注重外在形式要素的研究到注重整体内容与功能的研究，从对主客体相互作用的结果的研究到对主客体相互作用的过程的研究，从事件与现象的历史性研究到观念与认识的逻辑性研究。当李安宅的思考深入的逻辑结构、具体内容，直到细枝末节方面，他开始从人类行为整体中寻求普遍性与规律性。因此它总结了十六条称为美的投射物。反对行为主义心理学的刺激—反应公式，主张研究直接经验（即意识）和行为，强调经验和行为的整体性，主张以整体的动力结构观来研究心理现象。其哲学背景，首先就是康德的思想。康德认为客观世界可以分为“现象”和“物自体”两个世界，人类只能认识现象而不能认识物自体，而对现象的认识则必须借助于人的先验范畴。李安宅接受了这种思想观点，只不过它把先验范畴改造成了“物在我们身上的影响”，它决定着我们怎样知觉外部世界。康德认为，人的经验是一种整体现象，不能分析为简单的元素，心理对材料的知觉是赋予材料一定形式的基础并以组织的方式来进行的。康德的这一思想实际上也是李安宅美学理论思想源泉以及理论建构的主要依据。

二、愉快情感与投射作用

研究方法上，李安宅反对脱离实际的研究方法。他批评那些“安于名词的置换，不管真正的对象的去处正是不少；则日常言论与学术著作都免不了搭空架，弄把戏，不与实际问题相干”的研究方法。

李安宅用了比较的方法，对“物本身”的美与“经验的美”做了辨析。他认为这两种对美的说法，“或将‘美’看作物（艺术品或自然现象）的本身价值，或是拉个替身，将‘美’看作物与替身的关系，都难使人满意”。李安宅认为将物看作美的说法，忽视人的心灵与情感的需要。容易造成物对人的挤压，实质上易使人单向度、片面化和机械化：“物本身的说法似乎太武断”，好像宗教上的信仰，只能信，不能追问底细。”而后一种即“物与人关系”的说法，又“似乎隔靴搔痒，好像能够解说某种审美经验，然又解说不到好处。现容我们探讨第三类说法，那就是将‘美’看作物在我们身上所有的影响”。这就进入了“影响”与“意义”的心理层面。

为了更细致地分析美是什么，李安宅从心理学入手，引用了几位美学家的观点。首先他引用斯宾塞（Spencer，1820－1903）的游戏理论“以心理解释艺术的美与不美”，“艺术是一种较为洗练的游戏，他的标志便是完全不与效用相干”。这种观点把美的问题归纳到心理解释：“凡给愉快者都美。一切愉快都有内在的积极价值，将愉快客体化，便是美。”桑塔亚纳也从心理上解释美，认为“美是将愉快看成东西的属性”。李安宅对二人的心理认同说，或者美即“愉快的客体化”做了进一步的论述。他说：“实际说起来，一个东西‘甲’在我们身上引起某种影响‘乙’，影响‘乙’的性质是‘丙’，丙便是美或不美。然而我们每每不甚注意，致在谈话或经验的时候，好像‘甲有属性丙’，好像我们所见的就是‘甲夹着丙’。这样疏忽的毛病，谁都容易犯，只是单将‘美’看成愉快，则愉快自愉快，美倒有种种等等。于是描写愉快的字眼未免太少，不足形容美的境界。而且愉快是暂时的，局部的。专以愉快作标准，势必至这个愉快与那个愉快冲突起来，弄的美无定评。更不用说，好多艺术作品所给我们的是痛苦，是悲愤，是耻辱，本无愉快可言，然而不失为美的作品。”①

他考察了“以愉快为根据的美学”，认为其“最初发现于希腊罗马时代，大盛于18世纪，复盛于19世纪后半叶”。“愉快说”的历史，是这时说这个愉快为美，那时说那个愉快为美，或者拉住旁的与愉快不相干的质素以做后盾，如说满足知识道德等要求之类。故而，他引用克罗奇

① 李安宅：《语言·意义·美学》，四川人民出版社1990年版，第171页。

(Croce)《美学要素》的观点阐明了“愉快”说的弊端：“一方面既不稳定，另一方面又不易吸收外来因素而消化无遗，结果便是以愉快始，以旁的学说终——即使不自觉地窃取论点也罢。”李安宅总结：“自文以载道的说法失了优质势力以后，在中国最流行的，便是以为越足激动情感，越算好的艺术；性的小说流行中外，总有一部分是激动情感之说奔放无忌结果。守旧者视为洪水猛兽，必要因噎废食，捣毁艺术本身而后快；新进者以为艺术是美的独立世界，不与是非的逻辑世界或善恶的伦理世界相干，守旧态度，不足折服人心。于是两不了解，各走极端。然试问情感本身究有什么稀奇？狂喜狂怒，奢欲无度，都可不假艺术而随处都是：只以情感的激动为能事，又何贵乎艺术?”

既然泛泛地以情感为美不足取，那“独一无二的特殊情感”如何呢，以独一无二的情感当作美的标准是否可行呢？英国人贝尔（Clive Bell）持这种观点。李安宅引述贝尔的话：“一切美学的起点必定是对某项特俗情感的个人经验。激动这项情感者，便是艺术作品。凡足激动这项情感的东西，都有一项共同质性，就是‘意义显著的方式’，就是足在美学方面激动我们的方式。”（见贝尔所著《艺术》第6—7页）又说：“倘若艺术能表现什么，则所表现的必是情感——对于纯粹方式所起的情感；纯粹方式所以发生，乃在意义特别显著。”李安宅认为这种说法“说了等于不说”。因为“凡足激动我们的就是艺术品，等于凡是艺术品都有一项共同性质，都足激动我们，可是足以激动我们怎么就是美呢？足以激动我们的显著方式（艺术品的共同性质）又在乎什么呢”。

再看所谓“投射说（Empathy）”，初意即指自我或人格在某种意义之下走入对象。记述我们感受审美情绪的时候，究竟是怎么一回事，必有两方面：一方面记述我们的冲动与本能组织，以及这些东西由于环境与最近过去而有的临时布景；另一方面记述艺术品用作刺激物的时候，有什么当前影响，触起什么冲动。因为情感永远不是单一冲动所得引起，而是许多冲动所得的相互作用。我们能将不动的线条与形状看成动的模样，就像我们将画在平面上的图看成有体积的模样。这种现象，利普斯叫作投射作用。诗的音节实是读者读到加重与不加重的字音的时候自有的音节，然而好像诗有本身的音节。李安宅举了若干例证进一步分析“投射说”：比如人们加在音节与声调的那些心理反应，不是都曾听到见到，只是表明我们有了声音之感的时候身体内部所起的变化。所以我们自己的血液受了激动，起了勇武的情态，反说军乐是在“耀武扬威”。其他如说“菊花隐逸”“莲花君子”，“牡丹富贵”，直线代表正直与强毅，圆圈代表自然与无极，都是我们自己的投射作用。投射说的长处，便在看清此点，李安宅认为投射说不能成立，原因乃在不能确定美的标准；这种作用太普遍，不能都算美。正如驰马、试剑、击球、溜冰，其效究不同于读诗看画；两方功用，不能混为一谈。一个是身体的健康，一个是心理的健康。两者固然可有相互的关系，可是直接入手，究竟不是一套功夫。

李安宅肯定的是“艺术家的经营构造”，即心理建构对美的发生所起的作用。他认为审美作用是由于“当时心理组织，某种活动系统被某种冲动组合所支配，所以活动结果（艺术品）也易代表该项心境——假设艺术里面的传达技术足以表现作家心境的话。同时，鉴赏艺术的人，若有相当准备（曾有相似经验，或想象力特别大），真正了解艺术品（那就是真正了解作家的心境，未被传达技术所阻碍），亦易引起同样意境”。[①] 这种把审美直接经验作为研究对象的方法是现象学的方法。其认识过程往往借助于人的直觉，强调运用自然观察法。由于直接经验中也包括一种类似于意识的东西，对这一部分的研究就依赖于主体的内省，但是内省不能用作分析，只能用来观察。其理论视野相似于同型论。一切经验现象中共同存在“完形”特性，使其在客体、生理与心理现象之间具有对应的关系，三者彼此是同型的。这正符合格式塔心理学家提出的心物和心身关系的理论。格式塔心理学家认为，心理现象是完整的格式塔，是完形，不能被人为地区分为元素；自然而然地经验到的现象都自成一个完形，完形是一个通体相关的有组织的结构，并且本身含有意义，可以不受以前经验的影响。不论是人的空间知觉还是时间知觉，都是和大脑皮层内的同样过程相对等的。因此，不管是观察还是内省，都要求从整体上去把握。可以说李安宅美在于心理的“经营构造”理论，实际上借鉴了格式塔完型理论来解决心物关系和心身关系。按照康德的看法，其实人人都具有“自我”的观念，能对生发性体验进行“自我观察”，有“内感觉体验”。审美愉快就是一种激发起直接的感官愉快，而不是经由概念与理念再回到具体感性的表象。

---

① 李安宅：《语言·意义·美学》，四川人民出版社1990年版，第170—183页。

这是一个持续的意义发生的过程。[①] 李安宅主张美是心与物相互作用的产物，认为他们不是独立存在的实体，因为它们的内涵具有不确定性。所以他从现实生活对人的影响入手，研究审美价值是如何形成的，艺术作为审美意识的集中体现，它的结构特征和本质如何反映生活，艺术是怎样反映和激发人的精神气质的。

三、“经线”“纬线”论

李安宅认识到，对美本体的认识上，从事件与现象的历史性研究到观念与认识的逻辑性研究，这中间是脱节的。因为“物在我们身上的影响”是没有规律的。更重要的是，它是功利性的，因为人总要做出趋利避害的选择。而美是无功利的合目的性（康德语）。这个悖论怎么解决？取决于“经线”和“纬线”的共同作用。

他说：“人类心理状态，普遍都有一定的结构与间架。这样有组织的间架或系统，用比喻来说，就是织布的‘经’线，外面新来的刺激，乃是织布的‘纬’线。纬线往复于经线，因以织成整个的经验。外面刺激在实际整个的经验里面所引起的影，都非纯因该项刺激所致，乃因过去经验里面所引起的影响，都非纯因该项刺激所致，乃因过去经验汇合而成。这样引起来的混合情形，便是所谓‘思想’，思想既是这样东西，所以引起思想的对象，与其说是单独的东西，毋宁说是以往经验与当前刺激汇合而成的东西。过去的经验里面，某项对象曾同旁的东西，引起某种心理状态，以后久而久之再有相类的对象，即使旁的东西不在，也可引起原来的心理状态，就好像那个东西实际存在且与当前刺激共作心理状态的原因一样。这种只因部分相同便引起全部经验的东西，便是认识途中的记号（Sign）。譬如时常与爱人共游西山，久而久之，一旦不与爱人同去，而在心理上所引起的反应，也与同去一样，则西山便是记号。‘举头望明月，低头思故乡’，明月是记号，足以引起原来在故乡与故乡的人物共同赏月所有的心理状态。其他一切触景生情的作用，都是记号引起原来的心理组织的缘故。人类认识作用，随时都可以将相类的对象，用经验的‘经’看作记号，用作‘纬’线，织成当前的经验。当前的经验，又被看成记号，用作

---

① 参见［德］康德著，邓晓芒译《实用人类学》，重庆出版社2004年版。

‘纬’线，织成更新的经验。于是所见越多，经验越复杂，‘经’线越有用，越足利用新的刺激，当作记号，织成新的经验。”①

“经线”是人类心理状态的结构和间架，“纬线”是外面的不断刺激。二者反复往返，经验刺激汇合而成心理的结构与机制，对外在事物投射将产生美的反映与“记号”。这是美的本体。这实际上是康德“先验综合能力”的化身。李安宅称为“艺术家的经营构造”。这里有康德“美是道德的象征”的影子。这一来，对美本体的认识功能打开了。李安宅的思路放开了，他开始从人类行为整体中寻找美的普遍性与规律性。

当然，受制于时代和理论发展的限制，李安宅对美本体的阐发仍显矛盾，思考也未能深入下去。一方面，他看到了心理结构组织的丰富内容，确立了“艺术家的经营构造”对美的发生所起的本体性作用；另一方面，他忽略了作为“由人类自己历史地建构起来的心理本体”（李泽厚语），实际上充满了丰富的、社会的、历史的内容。同时，他自身美学思想系统也出现了矛盾：从美的价值论看，是心理本体；美的传达论，是人生本体。事实上，在马克思主义哲学看来，主客二分是人的存在的本质结构。没有主客（或曰心物），人的主体性与人的活动对象的区别将会丧失，历史的实践作用也就无从谈起。所以，李安宅始终未能回答他自己提出的这一问题：“足以激动我们怎么就是美呢？足以激动我们的显著方式（艺术品的共同性质）又在乎什么呢？”

第六节　美的传达：人文化成的目的论追求

李安宅很看重美的传达功用，认为美的传达是在价值论基础上产生的。美不是孤立的对象，而是与人的需求被满足时的精神状态相联系的，是人与刺激物的互动关系。美学或艺术批评所谓“审美经验”，“便是对于事物发生欣赏、品味、羡慕等经验。艺术批评所根据的标准，什么为美，什么为不美，是美学的价值论。它要与怎样了解美发生关联”，这就是人文化成的目的论。他试图通过引入艺术作品结构的客观分析，从美感和审

---

① 李安宅：《语言·意义·美学》，四川人民出版社 1990 年版，第 188—189 页。

美功用的心理学基础方面建立起审美判断与传达的循环。通过感悟、体验与美的教育，使人将艺术的审美价值、道德价值、信仰价值（宗教价值）融合起来，达至“中和态度”——美的态度。

一、中和态度

李安宅所说审美判断“既发之后，则有发而中节的‘和’”，即体现了中国古典美学中“发而皆中节”的审美态度修养。

“归根结底，经验怎样判定高低呢？第一，越无修养的人越要‘拔剑而起，挺身而斗’，一有刺激，即刻反应；不但反应，且要形之于外。越有修养，越在刺激（或内部或外部）来时，所有冲动停而不发；虽然不发，随时都有发的可能。这种未发而待发的冲动，便是‘态度’。以相当态度先于直接行动的经验，要算高一等的经验。艺术的美，并不是日常见不到的美，只比日常一般的态度更广更深而已。第二，态度之中又要怎样判定高下呢？凡是一样冲动，倘若受到抑制便足破坏其他者，这个冲动算‘重要冲动’。所有重要冲动无一相互抵触，便算组织最高，态度最美。所谓有价值的经验，产生美的艺术的美的态度，就是各个冲动都在未发之前具有毫不冲突的‘中’；既发之后，则有发而中节的‘和’。中是平衡，和是协作；既中又和，在作家本身为有价值的经验，美的经验；发为艺术作品，则在欣赏者的眼里，便是有价值的作品，美的作品；欣赏者本身所感受的，也是有价值的经验，美的经验；因为欣赏者已由这项艺术作品的媒介得到同样价值的共鸣，因而经验‘中和’了。”① 李安宅引用了《中庸》的中和思想。孔子通达人情，知道率性不是易事，因此教人调理情感，使达中和之境，然后便能率性。中庸说：“喜怒哀乐之未发，谓之中。发而皆中节，谓之和。”所谓“致中和，天地位焉，万物育焉”。“致”，是达到。喜怒哀乐无论哪一种情，一经发动，如果不能节制，都能令人违背本性，伤天害理。而且这些情感都不是学来的，所以礼运说是“弗学而能”。李安宅在这个问题上反对对美的理性分析。就像情感是学不来的，美，也是“弗学而能”的，要通过感悟，掌握“适度为美”。

具体过程是：以欣赏者自身审美经验为据，连接作品所产生的经验，

① 李安宅：《语言·意义·美学》，四川人民出版社 1990 年版，第 180 页

以“不相上下”为度。“若是作品太高，便难攀援；美与不美，不生关系。相等或稍高，则感美；太低则感不美，以为作品不好。”这个标准注重个人主观因素。“因一般人都是各种冲动相互冲突，所以人格破碎，总是片面人格对付外界，弄得分隔隘陋，处处显着有个我在（personal）。及至各种冲动全部调和起来，每种冲动都可自由表现，则是人格全体没有丝毫缺损。然而奇怪得很，人格具足圆满以后，我之为我真正无疑的时候，倒可‘豁然大公，物来顺应’，显得毫不偏私，处处没有个我在。”① 由此引出美与道德问题。

“说到这里，有人就要问：‘道德与宗教不是培养人生态度的吗？这种说法，不是将艺术混作道德或宗教了吗？’其实不然。道德所以有力，不在几条格言，乃在执行行为的人乐意那样做，乐意那样存想。乐意那样做，乐意那样存想，不是道德教训的力量，乃是自动的习惯，自然口味。习惯与口味是慢慢积累成功的，培养成功的，不是抽象的规条教训成功的。不必我们故意改变口味，口味即在潜移默化中改变了我们。艺术对于我们的作用正是这样，一点一点促使我们的心理反应细微起来，高尚起来；及至遇到下一流的事物，自然而然地有个反感，觉着不屑去做，用不着丝毫顾忌到道德不道德。艺术所成就的反应水平，被伦理学一条一条地综合起来，抽象起来，结果便是所谓道德。一个人勉强办了一件好事，可是一点乐趣也没有，或者很自然地办了一件极其违反道德的事，虽然表面极力遮掩，心坎里一点也觉不到什么反感，这里所表明的，并不是一个很好的好人。”②这段话可以看出李安宅美学思想的道德诉求，相信通过艺术可以帮助世人纠正对现实世界的感知与认识。注重“中和”是中国传统美学教化功能的基本态度。李安宅在这方面是典型的传统文化捍卫者。他将认识论与道德论统一起来。其深刻之意在于通过艺术与美的训练促进国民精神品行的陶冶。他认为美的传达抓住了“人的需求被满足”这个美的本质。庄子说：“天地有大美而不言，四时有明法而不仪，万物有成理而不说。”李安宅认为美是积极的、固有的、教育形成的价值。由于美所具有的建立在内在心理基础之上的社会功用，李安宅竭力主张大力强化美与艺术在改造国民，改造社会方面的作用。这大概也是战争危机中的特殊需

①② 李安宅：《语言·意义·美学》，四川人民出版社1990年版，第181页。

要。战争中人和物都是那么脆弱和渺小。因此李安宅特别看重文艺的坚强和宏大作用，认为写黑暗应有光明托着，写战争应有和平隐着，这里有“中和之美”的自我调适。他从中外文学经典中提取例证。作为亲历战争的学者，他在貌似冷静的描述中，以简洁的语言讴歌美的理想。而美作为娱情游乐方面的作用，在李安宅那里暂时搁置了。

二、“固定象”与“自由象”——鉴赏美的心理过程

李安宅始终认为美是需要传达的，他对美的研究目的就是通过反思把审美体验变成观念和经验。但为了这观念的提取，他更看重美怎样传达以及实际效果：“价值与传达，实为美学或艺术批评的两大柱石。”因为作为审美对象的存在形态，美是通过艺术作品等感性材料形式在审美知觉中完成的。在此感性经验中包括身心关系。

李安宅认为对美的认知过程并非简单根据所接受的外在印象做出判断，“我们每遇一件艺术作品，常易轻于判断是好是坏，是美是丑。这样轻易的判断，常要忽略我们所判断的对象究有怎样的内容；制造该项对象或艺术品的人究有怎样的心理过程，究有什么经验；而且更要忽略我们进行批评或鉴赏的时候自身所有的经验或心理过程”。[①]

外在关于美的标准还只是美发生的条件，并非审美发生本身。判断鉴赏美需要个人的反思，广泛的观察，需要接受社会和历史的检验，更要根据审美情感为中介。说到底，只有欣赏者以个人主体身份与对象建立了联系，使得认识关系中的客体对于欣赏者来说不是外在于他的，并在欣赏的情感体验中所感动的东西，才能进入内心。而这个过程就是“传达”的过程。因此“传达”是鉴赏美的深入一步的过程：“讨论好坏美丑，是价值方面的批评；详察作者与观者的心理过程，是传达方面的了解。凡是鉴赏任何艺术作品，必将作者的经验翻译一遍，然后才成观者的经验，然后才知所论价值是否究与作者有关。”[②] 在审美过程中不能简单地接受和感知外在，而要通过我们的内在感官（夏夫兹伯里语）给予“翻译”。

安宅举当时风行全国的《天演论》的翻译者严复为例。认为严复在文

---

① 李安宅：《语言·意义·美学》，四川人民出版社1990出版，第185页。

② 同上，第186页。

字方面论翻译的成功，有信、达、雅三种功夫。“信与达都是传达工作：信是所译实为作者所说，达是真将作者所说译成旁人可以了解的媒介文字。雅一方面，乃是价值问题。作品所代表与所引起的心理态度利于品格的发展，便是雅；否则为不雅。雅与不雅，美与不美，都不是修辞的工作。修辞只是帮助传达的工具，但常被人看好丑雅鄙的本身，所以文艺批评与文学本身都被弄得本末倒置；只有华辞，而无美文。”[①] 可见李安宅重视将美的体验融入价值当中，同时也注重美的载体的判断结构能力。

李安宅认为，在各门类艺术中“美的传达”是相通的，不会因“工具和手段的不同”而影响价值。因此，他以诗词为例研究美的传达问题。

他分析读诗时候的心理过程，[②] 认为传达美的过程由这几步构成：首先是字的感觉与象（包括“字的听觉象”“字的诵读象”、字句本身的固定象）；其次是思想和意义；再次是情感与态度；最后是经验与组织。

关于字的感觉与象：“在这里，字是刺激，因字而起的心理作用，便是冲动；冲动所有的感觉，便是感觉。”“第二，由着所见的字，在听官上可以感到某种象，可以名为‘字的听觉象’；在读该字的时候，即使并不出声，也在唇上、嘴上、喉头上，得到一种特殊感觉，可以名为‘字的诵读象’。这两种象，因为根据字的形状声音接紧而来，所以叫作‘固定象’。固定象供给诗以‘外表结构’的质素，是字的本身所有的象，不是字所代表的象。譬如说‘黄河之水天上来’，‘黄’所给予喉头的圆滑作用，给予听觉的宏通作用，都是固定象。同样其他几个字给我们的作用，也都是一样，都是字的本身给我们的象。至于我们想到或看到黄河之水接天而流，乃是这句诗所代表的象。”[③]

象之所以感人，乃因该象之为心理状态实与某种感觉关系密切，能为感觉的代表。因它代表某种感觉，我们对它才有理智与感情的反应；并非象的本身，因似某种感觉，便可引人反应。明白这层，我们才不致专事字面的刻画，迷信固定象的效力。第三，由着字句本身的固定象，我们可以再深一步，得到字句所代表的意向，那就是比较自由的象（Free imagery）。“上面所举的‘黄河之水天上来’，若能给你黄河、天、流动等意象，也是

① 李安宅：《语言·意义·美学》，四川人民出版社1990出版，第191页。
② 李安宅自言这里参考了吕嘉慈的《文艺批评原理》第6章。
③ 李安宅：《语言·意义·美学》，四川人民出版社1990年版，第185页。

这等自由象。最常见的自由象，就是心里所想象的图样，‘刻画尽致’便是赞美这种艺术的评语。因为艺术批评好多都在赞美刻画功夫，所以使人误解艺术好坏全凭能否使人看见什么图样。其实，看见图样只是视官的自由象；任何旁的感觉，都有旁的相当的象。例如，‘柔荑其手’一句话，对于惯于视觉象的人当在心里看见那样的手摆在面前；至于惯用触觉象的人，便在想象中摸到那样滑柔的手。所以艺术批评家多半误认视象为唯一的‘象’，只以眼前有否东西表现出来，来作艺术作品是好是坏的评价。然而事实上，对于同一作品，百位不同的人会感百种不同的象；倘若作品价值专以视象来定，则批评一途，真是毫无标准。倘若避过字面的笼统，实察心理的状态，则见自由象之被称赞。"①

李安宅没有专论意象一词，而谈其自创的"自由象""固定象"等，但实际上谈的就是意象问题。有关诗歌传达中的自由象与固定象，实际上是美学意义上的意象。如《韩非子·解老》所言："意想者皆谓之象。"②钱锺书先生也说过这个问题："诗也者，有象之言，依象以成言，舍象忘言，是无诗矣，变象易言，是别为一诗甚且非诗矣。"③ 这里的象，认识论上是方法，体验论上是心理功能，它能调动感官功能，将"黄河之水"等物象、事象所产生的心理状态与主体创作产生共鸣。这样的"字象"，"不在其为视象，也不在任何感象的本身究竟怎样‘跃跃欲生’，乃在能够代表感觉，替代感觉，能够影响思想与情感。在价值论里面具有真正地位的，不在象的本身，而在象是观察的记录，可以激动情感"。④

关于思想在传达中的的作用："一见字面，与固定象同时并来的，乃是思想。字一看到，字多代表的东西，即时可以想到。所谓想到某种东西，便是那种东西所引起的心理状态。读一首诗而得的思想，第一层可因字所代表的东西，那就是字的意义；第二层可因字的听觉象而有思想。有的字音即似字所代表的外界事物的音，例如潺潺之为水声，隆隆之为雷声，丁当之为铃声，均是如此。有的字音不似外界事物的音，只在指示外界事物的音，例如‘龙吟虎啸’，吟与啸两个字音，均非龙与虎所发的音，

① 李安宅：《语言·意义·美学》，四川人民出版社 1990 年版，第 185 页。
② ［清］王先慎撰，钟哲点校：《韩非子集解》，中华书局 1998 年版，第 148 页。
③ 钱锺书：《管锥编》（第 1 册），中华书局 1979 年版，第 187 页。
④ 李安宅：《语言·意义·美学》，四川人民出版社 1990 年版，第 1188 页。

不管似与不似，可是字使人感觉到象，则都不常与意义无关。第三层，直接意义与间接猜想或解释，两面相互影响，也可得到思想。读了‘夕阳在山’而想搭在山头的太阳，就是直接意义。除此而外，若再想到暮景所关联的一切意义，什么垂老、残局、休息、闲散之类，便是直接间接两面影响而来的意思。”

关于“符号”（李安宅使用“记号”一词言符号）：“记号所代表的都是不相上下的型类，不是纤细不差的特殊东西。所以记号牵动经验的全局，可以范围很广。诗的范围以内所有的真与不真，只是这样不相上下的东西，没有毫厘不失的诗境。因为这种缘故，才会因着几个字的小小刺激，引起某项冲动；而且小小局部冲动，又可引起全体人格大为奋兴的全部冲动。”“对象越简单，反应越复杂；因为简单的对象可以看成任何已有经验的记号，致使许多极不相同的反应，都会合乎这种不相上下的简单对象，合乎这种便于牵合的型类。也正是因为这种缘故，我们才有了解旁人的诗或艺术的可能。倘若产生《蜀道难》，才算得到《蜀道难》的诗境，则普天之下除了李白写那首诗的时候以外，再没有另个场合，另个人物，配得上了解。”“所谓思想既是这样，所以有的诗只有‘辞达而已’，便可了事。如‘采菊东篱下，悠然见南山’，还要什么旁的悬测呢？有的诗，便要‘醉翁之意不在酒’，需要再进一步的追求。例如，‘田彼南山，芜秽不治；种一顷豆，落而为萁。人生行乐耳，需富贵何时？’当然不只字面所指便可了事。然而不管只是辞达而已，或是另外尚有醉翁之意，都是达到的方法与手段。”[①]“辞达而已”与“醉翁之意不在酒”两种诗的意蕴见出思想的高低。李安宅在这里将体验论引入认识论中的思想，即对现实的整体把握能力，“一个人所能享受世界的大小，以其所能感觉、所能认识的范围为限”。[②]这种传达活动是理性不是情感，是一种“内部的善”（亚里士多德语）。因此李安宅认为这仍然是一种手段与方法，思想是符号的象征，需要记忆与刺激。唯有不断刺激“使之成为一种善良并使其出色运用其功能的品质”，[③]它才能产生意义。正因如此，思想才需要与情感联系

① 李安宅：《语言·意义·美学》，四川人民出版社1990年版，第192页。

② ［德］卡西尔著，甘阳译：《人论》，上海译文出版社1985年版，第16页。

③ ［古希腊］亚里士多德著，苗力田译：《尼各马可伦理学》，中国社会科学出版社1990年版，第16页。

在一起。

这就进入审美传达的第五步：情感与态度。“情感有所指，是指引起情感的原来物件。因着情感以知事物，我们说是直观；因着推理以知事物，我们说是思想。直观根据整个经营；思想根据分析。分析方法因为所用的工具是估计造来用以按名指实的符号（Symbol），容易支配，便于传达，可以公开，长处易见。直观认识，因为所用的工具是自然养成凭以引起原来心理反应的记号（Sign），难于支配，不使公开，不易传达，人只见其短处。然而符号所指范围很小，记号则直截了当，无假外求；思想与直观取径虽然不同，实际都是利用过去经验，帮助当前反应，初无高下之分。不但没有高下之分，除非误解思想，或则误解情感，或则全都误解，也非彼此相反。然而通常都以为思想与情感根本不相容纳，不只通途不同，原因便在曾被语言骗过。”

与情感想通的是语言：“语言的用途，实有两种：或则所指有物，是非要到外边去看，可以叫作科学的用途，或符号的用途；或则只为引起相当心理状态，不问借以引起心理状态的手段为何，可以叫作情感的用途，或记号或比喻的用途。譬如说，某件东西有某种作用，可以满足我们的冲动。虽然所指不错，分析得很清楚，能够满足科学的要求，然在心理方面，总不如说它或‘善’或‘美’之类较易得到直接的安慰。实际没有脱离情与意的知，也没有脱离知与意的情，更没有脱离情与知的意；然而我们总易分别来说‘知’‘情’‘意’；只是因为这样说，反倒心里痛快而已。亚里士多德说得好：‘与其得到不合情理的可能，不如有个言之成理的不可能。’我们在情感上的要求，也就不过如此；因为‘思想’在这等情形之下所有的心理活动，乃是全被脑子内部所支配的冲动；外面的刺激不能为力，故在外面难有所指。”① 李安宅认为，靠着外面所指以为真伪评价者，便是思想；不靠外面所指，或其所指只是用作工具，而以所起心理状态作为目的者，便是情感。在其所编《意义逻辑》中，曾对语言的情感功能进行分析：认为专在引动心理状态，不计及借以引起心理状态的手段如何，故谈神也好，说怪也好；腾云也好；缩地也好，撒诳也好，论真也好。目的是要借着这些引起可泣、可歌、可喜、可愤、可玩味的心理状态。

① 李安宅：《语言·意义·美学》，四川人民出版社1990年版，第189页。

关于经验与组织，即传达的最后一步，李安宅认为经验之所以可贵，不在怎样觉得紧张、痛快、激烈、兴奋，而在各种冲动的组织能使生活更为自由，更为圆满。这种有组织，不相冲突，互相调和，待发未发，而且随时可发的冲动，中庸活泼的“经验”，李安宅认为正是艺术精神所要寄托的东西，是艺术家自己创作的东西。同时，他认为艺术之所以成为艺术，不在信奉什么主义，什么规条，乃在随时随地组织零星经验，表现当时当地组织起来的经验，以使一切经验里面的各种冲动都如水银在盘，流转自如，一切表现出来的经验都表现得恰到好处，增一分不得，减一分不得。

以上六步过程，艺术批评与美学“即不外乎讨论这些东西，当然需要心理学的知识。说话越多，去真越远。隔雾观山，隔靴搔痒，很难批中肯綮。一般眼光，多视艺术为神秘莫测，具有不能分析的灵力；以致不曾尝试者不敢问津，肯于尝试者因为不得康庄，成功匪易”。[①]

最后，李安宅批评了为了传达美而滥用语言的现象。

“普通说‘诗意’，西洋说‘审美感情’，都易因为语言文字的魔力，使人误会有个绝对的‘诗意’与绝对的‘审美经验’。至如‘诗是文之有声韵可歌咏者也’，‘诗人，谓工于韵语者’一类的中国定义（《辞源》）；‘诗是主要习于普遍真理’，‘热心到了疯狂的程度，则可离开自己，变成自己所想象的东西’，‘将灵魂由事实的捆绑里面解放出来’，‘内容与形式相合起来’一类的西洋定义；‘入神’‘风骨’‘气’一类的中国艺术用语；‘寓变异于统一之中’‘习称’‘模式’一类的西洋用语，哪个足以使你便于了解？再加一般态度对于艺术以为玩物丧志，对于艺术家以为落拓不堪，于是有所谓‘诗人多穷’‘作诗害道’‘文人无行’一类的警告。这样，哪里还有正当的培养？”[②] 李安宅认为，这样滥情的或者消极语言都是不利于人文化成的。

① 李安宅：《语言·意义·美学》，四川人民出版社 1990 年版，第 190 页。
② 同上，第 191 页。

结 语

可见，在李安宅构造的美学理论框架中，一直在寻找一个方法：如何从美感和审美功用的心理基础方面建立审美判断与传达的循环。他提供了一些独特的话语，分析了社会学家对人审美现象的观察。他注重语义学美学的审美发生论，但其核心却是“中和”“适度”的审美人生三重奏，绵延至孔孟的完善为美，又结合着大时代的民族之声。其基本范畴与理论神韵，可借用钱穆评价康有为的一句话：为“人文知行之学”，重在“行”和“用”。他在道德与审美、理性与感性之间、个人审美理想与知识分子责任之间，保持着一种清醒的自觉性与高度的融合性。

当然，受制于时代和理论发展的限制，李安宅对美本体的阐发仍显矛盾，思考也未能深入下去。一方面，他看到了心理结构组织的丰富内容，确立了“艺术家的经营构造”对美的发生所起的本体性作用；另一方面，他忽略了作为“由人类自己历史地建构起来的心理本体”（李泽厚语），实际上充满了丰富的、社会的、历史的内容。同时，他自身美学思想系统也出现了矛盾：从美的价值论看，是心理本体；美的传达论，是人生本体。因此，李安宅始终未能回答他自己提出的这一问题：“足以激动我们的怎么就是美呢？足以激动我们的显著方式（艺术品的共同性质）又在乎什么呢?”

最终他要体现中国古典美学中庄子“与道合一”的精神境界。他说：“人格具足圆满以后，我之为我真正无疑的时候，倒可‘豁然大公，物来顺应’，显得毫不偏私，处处没有个我在。”李安宅美学思想具有天然的道德诉求，相信通过艺术可以帮助世人纠正对现实世界的感知与认识。中国传统美学注重美的教化功能。李安宅在这方面是典型的传统文化捍卫者。他将认识论与价值论统一起来。其深刻之意在于通过艺术与美的训练促进国民精神品行的陶冶。美的传达与“人的需求被满足”相通。无论多么残酷的现实，李安宅坚信美所具有的积极的、固有的、教育形成的价值，美具有建立在内在心理基础之上的社会功用。他多次引用庄子所说“天地有大美而不言”句。他竭力主张强化美与艺术在改造国民，改造社会方面的作用，特别看重文艺的坚强和宏大作用，这大概也是身处战争危机中的特殊需要。

作为亲历战争的学者，李安宅在貌似冷静的描述中，以简洁的语言反复讴歌美的理想。其美学思想的出发点和归结点，是要在大动荡的时代找到一个审美境界的“常道”，进而影响世人的人格追求，再将这种人格的追求体现于美的追求与艺术创作中，最终实现在人生问题上的落实。其美学思想具有理论的丰富性和现代性特征。

诚然，以今天的眼光来看，李安宅对美的认识，蕴含着经历战争的人生境遇，是属于他那个时代的独特体悟与感触。但它仍然是一种审美的方式，并不影响其独特价值。战争、苦难，与大地和死亡的深切接触，在西部民族地区艰难行走的经历，使他彻悟了很多，迎来又一个学术迸发期。

我们不能去历史化地看待李安宅这类学者。他们在战争年代完成的著述，作为久被遗忘的美学文本，反映了战争给中国美学研究带来的刺激与创伤，也凝聚着这一代学者特殊的治学路径。

后　记

这是我主持的四川省委宣传部与四川省社会科学院重大项目“中国·四川抗战文化研究”丛书（九卷本）中的一部。

记得20世纪80年代初期，我由四川大学中文系毕业分配到四川省社会科学院不久，到文学所后的第一次出差，就是跟随廖永祥副院长、文天行老师、李士文老师到重庆调研抗战文化。那几日，我着实领略了重庆的“秋老虎”。廖老师带着我们穿梭在曾家岩、解放碑……顶着烈日，大汗淋漓，他兴致盎然地讲述当年在重庆做地下党的往事，至今令人难以忘怀。回成都不久，我协助文天行、李仕文老师写出了给省里的报告，申报开展抗战文学的研究，很快获批。

20世纪80年代，四川省社科院的抗战文学研究开展得有声有色，成就斐然。接连召开了一系列的国际国内学术研讨会；巴金、沙汀、艾芜、阳翰笙“四老”共聚成都；一系列抗战文化的研究专著问世，创办了影响颇大的《抗战文艺研究》杂志……学术界公认：抗战文学研究的中心在四川省社会科学院。廖永祥、文天行、吴野、廖全京等老一辈学者在这个领域的艰难开拓，随时间的流逝而愈发显得弥足珍贵。

2011年，四川省社科院侯水平院长到我时任所长的文学所调研。我将酝酿多时的《关于重启四川抗战文化研究的方案》向院长做了汇报。侯水平院长当即表示：“这是一项很有价值的方案，我完全支持。”有了院长的支持，我们心中有了底。接下来，我带领文学所一群学者开展了一连串的申报工作。此项研究得到了四川省委宣传部的重视，得到四川省政府的大力支持，得到四川省社会科学院党委的全力支持。经过两年多的努力，省级课题“中国·四川抗战文化研究”正式立项。新的历史时期，开始了对四川抗战文化新的研究。我作为课题责任人开始组织九卷本“中国·四川抗战文化研究丛书”的撰写。

近三年时间，我们不分寒暑，足迹遍布四川、南京、重庆、广西、台湾、北京的各大图书馆、档案馆、抗战遗址。在抓抗战文化大课题整体学术工作的同时，我撰写了这部专著《中国·四川抗战时期的美学家研究》。真正进入美学家抗战历史的梳理，就会发现这是一个何等艰巨的题目。其研究范围之广，研究对象之复杂，材料查找之困难，都是我始料未及的。我曾尝试从多种角度：意识形态角度、传统文化角度、战争再发现角度等，但都不如从人的角度，从美学家的生存状态与学术史关联角度去书写。于是我把这部书的重点放到了美学家与战争的关系，重新寻找、发现中国现代美学史料，从大量第一手资料中去分析中国抗战大后方美学家的特殊贡献。

我们在关注“重要文献”的同时，也尽可能关注不为人熟知的作品；不仅关注流传下来的符合规范的文本，也关注在档案中挖掘出来的文本。美学从来不是仅有审美形式的单晶体，而是包含着社会、文化、精神、意义等多种要素的复合体。诚然，以今天的眼光来看，这批美学家由于经历战争，对美的认识有不少是片段的甚至破碎的思考，似乎美学体系的分析也不很规范，是属于他们那个时代的独特体悟与感触。但它仍然是一种审美的方式，凝聚着这一代美学家特殊的治学路径，并不影响其作为重要的中国美学阶段性发展的独特价值。

面对那些久被遗忘的美学论著，我非常感慨，战争催发了一些美学研究的新命题，如战争与人性的突变、生命的价值。近年来学界热衷的“人生美学”，在当时是常态。我尽可能从美学家实际的战争经历来考察其美学思想的创建与流变。有些章节尽量还原历史原貌，在真实的历史情境中去体验。在研究中，客观的历史事实，美学家的活动路径，战争中诞生的美学著述，美学家隐秘的意图、手段和方法，各部分内容彼此支撑。这就使本书立足于历史，又超越了历史；立足于美学，又超越了美学；从历史与美学、战争与人性的角度反观中国现代美学的成长。

本书写作情况如下：苏宁完成导论、第六章、后记，同时负责全书体例和大纲设计、基本思路、全书统稿、修改完善工作；赵以保完成第一章；陈玉华完成第二章；何雪莲、苏宁完成第三章；江燕完成第四章；何睿、苏宁完成第五章。

以上各章在成书之前，大多已撰写成专题论文在《四川师范大学学报》《西南民族大学学报》《社会科学研究》《中华文化论坛》《人民日报》等报刊刊发。部分内容在第 8 届中华全国美学大会、日本名古屋大学“移动的战时媒体与宣传——身体·声音·映像”国际学术研讨会等重要学术会议上做过发表，引起了中外学界的关注。谨在此向上述刊物致谢。

“中国·四川抗战文化研究丛书”重大课题九部书得以完成并获出版，衷心感谢四川省委宣传部、四川省社会科学院，感谢中国文联出版社，感谢朱庆社长、蒋爱民老师、褚雅越编辑。尤其感谢“中国·四川抗战文化研究丛书”课题组的成员，他们中有文艺学、美学、中国现代文学界著名学者文天行、冯宪光、苏光文、段从学、陈思广、李北东；有近年来在学界活跃的青年学子魏红珊、马晶、王菱、赵雷等；还有正在攻读学位的博士生、硕士生赵以保、何雪莲、何睿、陈玉华、江燕等。我会铭记和你们一起“抗战”的日子。

本项目是中共四川省委宣传部和四川省社会科学院专项重大课题，2012 年获得立项。在丛书完稿之际，欣闻入选中宣部、总局“纪念中国人民抗日战争暨世界反法西斯战争胜利 70 周年重点选题”，深感荣幸，深深感谢！

苏宁

2015 年 6 月 26 日